中国物流运输业
效率与政策研究

张　毅◇著

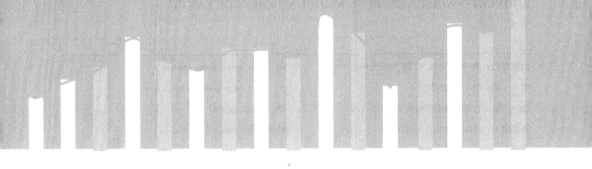

知识产权出版社
全国百佳图书出版单位

图书在版编目（CIP）数据

中国物流运输业效率与政策研究 / 张毅著. —北京：知识产权出版社，2017.7
ISBN 978-7-5130-4515-5

Ⅰ.①中… Ⅱ.①张… Ⅲ.①物流－交通运输业－研究－中国 Ⅳ.①F259.22

中国版本图书馆 CIP 数据核字（2016）第 243092 号

内容简介

物流产业特性决定了其运营效率极易受到政策的影响，本书针对效率测评前沿方法进行了创新与完善并从中观和微观角度研究了政策对物流企业成本效率的影响。首先从效率的时变性与异质性视角，考察了山西省 37 家公路客运企业 2010—2014 年的成本效率表现，提出了对中小物流企业有价值的经营策略。其次，在关注政策等环境变量对我国运输企业效率的柔性影响的基础上，将传统的柯布道格拉斯随机成本前沿函数模型拓展为一个柔性的、半参数随机成本前沿面板数据模型，并将其应用到考察道路运输企业成本效率研究中。最后，梳理了物流业发达国家和地区物流业政策的演化路径、制度手段，并对中国物流业产业政策的脉络做了深入分析，提炼出符合中国国情的对策和建议。本书可作为物流专业相关企业和研究人员的参考用书，也可作为高等学校物流专业相关教材。

责任编辑：许　波　　　　　　　　　　　　　责任出版：孙婷婷

中国物流运输业效率与政策研究
ZHONGGUO WULIU YUNSHUYE XIAOLÜ YU ZHENGCE YANJIU

张毅　著

出版发行：知识产权出版社 有限责任公司		网　　址：http://www.ipph.cn	
电　　话：010－82004826		http://www.laichushu.com	
社　　址：北京市海淀区西外太平庄 55 号		邮　　编：100081	
责编电话：010-82000860 转 8380		责编邮箱：xbsun@163.com	
发行电话：010-82000860 转 8101/8029		发行传真：010-82000893/82003279	
印　　刷：北京中献拓方科技发展有限公司		经　　销：各大网上书店、新华书店及相关专业书店	
开　　本：720mm×1000mm　1/16		印　　张：14.25	
版　　次：2017 年 7 月第 1 版		印　　次：2017 年 7 月第 1 次印刷	
字　　数：230 千字		定　　价：42.00 元	

ISBN 978-7-5130-4515-5

项 目 资 助

本书得到 2014 年度教育部人文社会科学研究青年基金：空间经济视角下我国区域物流业生产率地区差异及政策研究（14YJC630200）；2013 年度教育部高等学校博士学科点专项科研基金：基于地区技术差距视角的我国区域物流业生产率研究（20131402120017）；2015 年度山西省高等学校创新人才支持计划；山西省高等学校优秀青年学术带头人支持计划（晋教科[2015]3 号）；2013 年太原理工大学引进人才科研启动项目（TYUT-RC201318A）；2013 年太原理工大学校青年基金项目：基于现代服务业发展的山西 FDI 绩效评价、制约因素和发展思路研究（2013W006）；太原理工大学 2014 年度立项的教学改革项目：《物流管理》课程实践教学体系的构建研究等项目的资助。

目　　录

第1章 绪 论

1.1 背景

自 2013 年起，我国成为世界第二大经济体、第一大货物进出口国，也是物流总量第一大国。根据美国供应链调研与咨询公司的统计分析，2013 年，中国物流市场占全球物流市场的 18.6%，已经超过了美国的水平（15.8%）。随着我国生产力水平的提高，以整合交通运输、仓储、配送等环节而成一体，实现企业与社会成本最低、效益最大的物流业被人们当成"新经济"的重要内容，它能够大幅降低制造业生产和经营成本，被广泛地称作"第三利润源泉"。现代物流是衡量一个国家现代化水平与综合国力的重要标志，是转变经济增长方式和促进国民经济持续发展的重要因素。

近年来，我国出台的一系列物流政策措施都旨在提高我国物流行业资源配置的效率，增强物流企业的竞争力。特别是党的十八大以来，习近平总书记明确提出，我国要转变经济发展方式，必须实行创新驱动战略。党的十八届三中全会又进一步提出明确要求，把创新提到了一个新的高度上，创新驱动成为物流业发展的新动力。"十二五"是我国物流业创新的五年，"互联网+物流"、智慧物流成为目标，信息化技术大量应用，平台思维改变传统模式，园区基地平台、电商物流平台、供应链集成平台、协同采购平台、供应链金融平台风起云涌，产业联动、跨界经营、线上线下、联盟互助、转型升级等层出不穷。2014 年 6 月，李克强总理主持召开国务院常务会议，在借鉴日本、德国、新加坡等国发展物流成功经验基础上，实施了强有力的国家推动，将物流业发展列入了"十一五""十二五"规划，于2009—2011年的《物流业调整和振兴规划》基础之上，又制定发布了《物流业中长期发展规划（2014—2020年）》，明确了三个发展重点、七项主要任务、十二项重点工程、九项保障措施，将物流业明确定位为我国"基础性、战略性产业"。重视中国现代物流业的发展，对于提高经济运行质量、推进经济体制与经济增长方式的两个转变具有十分重要的意义。

但我国现代物流业起步较晚，总体发展水平较低，尤其是中国全面加入WTO后，随着经济全球化趋势的不断发展，我国物流业面对更加激烈的国际竞争，不得不进入一个跨越式的发展阶段，形势不容乐观，主要表现在以下几方面[1]：

（1）全社会物流运行效率偏低，物流成本高。全社会物流总费用与GDP的比率高出发达国家1倍左右。我国物流系统各环节的衔接较差，运转效率较低，反映在货物在途时间、储存时间、基础设施劳动生产率等方面均有较大幅度改善和提高的余地。

（2）社会化物流需求不足和专业化物流供给能力不足。"大而全""小而全"的企业物流运作模式还相当普遍，市场分散，造成资源浪费。

（3）物流基础设施能力不足，兼容性差。目前我国物流基础设施不完备，尚未建成布局合理、衔接顺畅、能力充分、高效便捷的综合交通运输体系，物流园区、物流技术装备等方面也有待加强。

（4）地方封锁和行业垄断对资源整合和一体化运作形成障碍，物流市场还不够规范。竞争主要集中在价格战上，阻碍行业专业性发展，服务产品同质化严重，造成行业缺少协同竞争机制。

（5）物流技术、人才培养和物流标准还不能完全满足需要，物流服务的组织化和集约化程度不高。突出的专业人才供需矛盾，依然是行业发展瓶颈，物流业呈现功能化分工，而非行业化分工，造成一体化运作不顺畅。

因此，我国物流业必须走"市场化、专业化、社会化的发展道路"，

---

[1] 丁俊发. 中国"十二五"物流业发展的十大进步[J]. 中国流通经济，2013（12）：1-5.

充分发挥市场优化资源配置的作用，打破部门间和地区间的分割和封锁，创造公平的竞争环境，促进物流服务的社会化和资源的市场化。加快推进我国现代物流的发展，降低物流企业成本，提高物流业运营效率，对于提高整个国民经济的运行质量和效益，提高物流企业、地区乃至国家的整体竞争力，促进国民经济各产业部门之间的协调发展，都具有十分重要的意义。

1.2　研究意义

现代经济领域中的竞争，很大程度上是流通效率的竞争。特别是从制造业的再生产过程来看，产品处在制造环节的时间越来越短，而流通环节所占时间越来越长（占 85%～90%）。流通效率和速度的高低决定着一个企业、一个行业甚至一个国家经济效率和速度的高低。因此，中国物流业的效率研究对降低全社会的交易成本、优化资源配置具有重要意义。

中央和地方各级政府对调整振兴物流业的高度重视，促成了政府对物流业的大力支持和投入，但随之而来的便是如何能够科学合理地配置物流资源、降低物流成本、提高利用效率，这对于解决当前物流业所面临的问题，特别是进一步发挥其对国民经济的服务与支持作用，无疑具有重要的现实意义。

中国物流企业和地区物流产业的良好运行需要有效的监督和评价。针对其运行状况和效率进行测度、评价与检验，分析近年来的演变特征与发展规律，寻找区域物流业和物流企业发展进程中可能存在的不足与问题，对于进一步完善产业政策体系和企业管理制度、明确战略目标、提高区域和企业的竞争优势具有重要的价值。

国内外学者在物流效率理论研究方面取得了许多成果，这些理论方法已经广泛应用于经济测评的各个领域，但在物流企业效率方面的应用还十分有限。对现有成果进行认真梳理，切合实际地将其应用于中国物流业效率的研究中去，对于进一步完善效率测评理论、探求适合中国国情的测评模型与方法无疑是具有积极意义的。

物流产业是综合性、服务性的产业，包括铁道运输业在内的多个子行业，其自身产业特性和发展历程决定了物流业极易受到政策和行政管理体制的影响。而我国物流业管理体制条块分割、政出多门的问题由来已久。这种分散的多元化物流格局，导致专业化流通和集约化经营优势难以发挥作用。因此，从微观角度研究政策和行政管理体制对物流企业成本效率的影响，能够为各级政府和相关部门制定物流产业政策提供现实依据。

1.3 内容安排

根据以往研究中的不足和本书的主旨，本书研究内容做如下安排。

1. 基于松弛分析和情景依赖 DEA 改进模型的我国城市物流效率研究

基于松弛分析和情景依赖 DEA 改进模型对我国城市物流效率进行研究，分析国内代表性城市的物流效率，提供城市物流业提升效率的参考路径，帮助识别出城市的潜在竞争者和恰当的比较对象，进行分层研究，同时测量各城市物流产业的吸引力与进步力，从而帮助城市了解自身所处的全国城市物流位置及竞争环境，识别出适当的城市物流学习目标，为城市自身物流效率渐进式改善提供依据。

2. 基于情景依赖数据包络模型和层次分析法的我国城市物流效率研究

进一步改进情境依赖数据包络分析法，结合专家 AHP 决定投入产出权重，对我国各城市物流产业产值效率进行评价，选择该方法主要基于以下三项优点：第一，采用 DEA 分析可兼顾投入与产出面向的调整战略；第二，可纳入关于专家对客观数据的权重偏好；第三，可进行分层比较，度量各城市物流产业的吸引力与进步力，并绘制治理决策矩阵，据此提出城市物流业治理战略与政策建议。

3. 基于异质性与时变性随机前沿模型的公路货运企业成本效率研究

从微观货运企业的角度，基于异质性与时变性随机前沿模型对山西省公路货运公司进行成本效率研究，得出公路货运公司具有异质性与时变性的结论，并表明从成本效率能更好地反映货运企业的经营效率，这不仅为政府提高货运公司的效率提供依据，也为企业测度自身内部效率和经营能力提供工具。

4. 我国上市物流企业规模与成长研究

对影响物流企业成长与规模的因素进行研究，以中国上市物流企业为研究对象，考察其效率、规模、风险规避和成长等问题，旨在从更全面的角度分析中国物流业的发展问题。以 Gibrat（1931）的成长模型为基础，加入FDI 与财务结构两个方面，应用 Koenker 和 Bassett（1978）的分量回归法实证检验 1998—2013 年在不同企业规模分量下影响我国物流业企业成长的因素，提出为我国制定企业成长策略提供依据时，应考虑企业的年龄与规模大小，适时调整企业的负债比率与流动比率，并致力缩短技术差距，适度增加外资持股比例，进而促进企业快速成长。

5. 基于宏微观视角的我国物流业效率研究

从宏观的全国物流效率视角，微观的企业运营战略和物流效率角度分别开展研究，旨在全面考察我国运输物流业的效率问题。另外，选择当前发展较快的快递业作为新的切入点，通过问卷调查快递业效率的影响因素，为全面提升我国物流业效率问题提供更准确的决策参考。

6. 基于效率视角的中国物流运输业政策分析

基于上述不同层次物流运输业效率的实证分析，自然延伸得到政策建议，结合我国现有物流政策体系，借鉴发达国家政策经验和教训，梳理政策脉络，完善政策体系，给出针对性建议。

1.4　研究方法

1.4.1　研究方法

在研究过程中主要采用实证分析的方法，适当采用各种定量分析技术。

1. 基于松弛分析和情景依赖 DEA 改进模型对我国城市物流效率做出评价

Morita 等（2005）[1]提出的 SBM 情境依赖模型，可建立所有 DMU 的效率分析框架，但其仅引用超级效率中求解最短距离的做法计算吸引度，并未说明改进度的计算方法，而若使用相同模型计算改进度则无法求得最优解。本书拓展了这一研究方法，并以城市物流产业进行实证研究。在传统 DEA 方法中，效率不佳单位的参考集合均由效率最佳单位所组成，效率不佳单位仅能选择一次到位的效率改善，而 SBM 情境相依模型所建立的参照分析框架，提供了各城市采取渐近式改善效率的可行做法。以不同效率层级作为评估情境所得到的吸引度及改进度数值，可对相同效率层级中的城市进行效率排序，并有助于效率较差城市从参考集合中识别出更适当的学习目标，建立最佳的效率改善路径。领先效率层级中的城市则可通过改进度的观察，识别出效率最为接近的竞争者，预先采取措施。根据城市物流业参照分析框架中所得结论，可帮助城市了解自身在全国物流业中所处的位置及竞争环境，以供资源改善或策略调整参考。

2. 通过情景依赖数据包络模型对我国各城市物流产业产值效率进行评价

通过 AHP 问卷方式，于 2014 年 9 月 1 日至 2014 年 11 月 1 日通过访谈取得了广州、南京、北京、大连、青岛、太原等城市 20 位物流领域专家学者的意见，并将得到的事前产出项权重纳入评价过程中，希望可以使得评价结果更贴近实际。通过 AHP 层级比较，先得出第一层投入与产出的相对权重，再进行第二层投入项目与产出项目的权重评比，符合 AHP 的层级分析程序。经由访问学界专家后所决定的产出权重，物流产业总产值为 0.681，参与出席人数为 0.354。本研究是加入专家主观价值判断的情境依赖数据包络分析法（context-dependent DEA），使用 DEA-frontier 软件计算出各分层城市的分布情况，以及相对吸引力值与进步力值，从而得出实证分析结果。

3. 通过异质性与时变性随机前沿模型对公路货运企业成本效率进行研究

通过利用不同的随机成本前沿模型，针对 2010—2014 年山西 37 家公路货运公司的成本效率进行评价。同时，将异质性与时变性随机前沿模型应用于估计成本效率，并与其他模型加以比较。接着，通过评价出的成本函数与成本效率指标，进行 Tobit 回归分析与经济特性分析，然后根据结论针对公路货运企业和政府提出建议。

另外，还建立了一个半参数成本前沿模型，该成本函数的系数设定为随时间变化而灵活调整。成本函数的光滑系数被指定为时间趋势的非参数函数。无效被假设为中性的，以截距的形式表现，并随时间和不同企业而灵活调整。这样，企业和时间对技术无效的影响就是完全柔性灵活的。基于此，进一步考察了公路货运企业的成本无效率情况。

4. 运用吉布瑞特定律和分量回归法对我国物流企业规模与成长进行评价

吉布瑞特定律是由 Robert Gibrat 在 1931 年研究了法国制造业 1920—1921 年的数据后提出的，该定律认为公司增长的速度与公司在观察初期的规模无关。本书以 Gibrat（1931）的成长模型为基础，加入 FDI 与财务结构从内外两个角度来系统探讨影响物流企业成长的因素，进而为我国物流业制定企业成长策略提供参考依据，同时协助政府制定物流业外资投资政策。有别于过去的研究方法，应用 Koenker 和 Bassett（1978）所提出的分量回归法（quantile regression），检验企业规模在不同分量下，吉布瑞特定律在我国物流业是否成立，同时亦检验影响企业成长的 FDI 外溢边际效果与财务结构边际效果的变化。

5. 基于 DEA 模型和利润函数模型对我国物流企业获利能力进行研究

DEA 属于一种效率边界生产函数法，采用数学规划（Mathematical Programming）的方式来衡量单位间的相对效率值。产出变量（Q）为有效反映物流企业的产出水平，本节以扣除中间投入后的附加价值（Value

Added）作为产出变量，包括薪资、利息、租金及税前净利的加总，并除以物流产业的批发物价指数（Wholesale Price Index，简称 WPI）。为评估我国物流产业的获利绩效，本书将分别使用资产报酬率（ROA）、净值报酬率（ROE）及每股盈余（EPS）三种衡量指标，作为利润函数的因变量。而在解释变量方面，采用效率结构假说变量、市场力量假说变量和其他控制变量。

此外，本书还将应用文献分析方法对相关研究进行物流业政策挖掘和分析，应用归纳分析方法对物流产业和企业改善效率过程中的规律进行总结，并用研究推理的方法去建立相关假设和进行理论深化。

1.5　创新之处

第一，研究对 Morita 等（2005）[1]在差额分析情景依赖资料包络分析法中未提及的改进度模型予以修正完善，并应用此方法对我国 34 个城市的物流效率、吸引度及改进度进行实证分析。研究结果可协助城市物流产业部门了解自身所处的产业位置及竞争环境，作为资源改善或策略调整的依据。

第二，从效率的时变性与异质性视角，通过不同随机成本前沿模型，以山西 37 家公路货运企业为例，考察了其 2010—2014 年的成本效率表现。使用 True Random-Effects Model 或效率区间方法研究政府补贴的政策建议，进而将补贴资源作最佳配置，达到社会福利整体最佳的状态；构建了非参数公路货运企业成本前沿函数，灵活考察了其无效率情况。

第三，以 Gibrat（1931）的成长模型为基础，加入外商直接投资与财务结构两个方面拓展成新的企业成长模型，应用 Koenker 和 Bassett（1978）的分量回归法，以 2000—2013 年我国 38 家物流上市企业为例，探讨了不同企业规模分量下影响企业成长的因素，发现了对中小物流企业有价值的经营策略。

第四，系统梳理了日本、美国、欧洲等物流业发达国家和地区物流业政策的演化路径、制度手段和政策背景，同时对中国物流业产业政策的脉络做了深入梳理和分析，并有针对性地提炼出能为我国所用的政策建议。

第2章 基于松弛分析和情景依赖DEA 改进模型的我国城市物流效率研究

2.1 引言

城市是现代交通体系的枢纽和连接，也是现代物流产业多式联运的承载平台。现代物流产业通过加快物品流通速度，降低了物流成本，这不仅打造了城市的品牌，提升了城市的竞争力，更促进了现代化城市圈的快速形成，同时还发挥着调整产业结构、转变经济发展方式的重要作用。但近年来由于受金融危机、国际油价大幅波动和不尽合理的物流业管理体制与政策等宏观因素的影响，我国物流业效率普遍不理想，而且区域差距显著[2]。国家和地方政府已经出台一系列政策，旨在破解物流业效率低下的瓶颈。目前相关宏观经济因素已发生重大变化，在此背景下，城市作为物流业主要积聚地，其物流效率是否有所改善是各界关注的热点问题，本章将对此展开探讨。

2.2 文献回顾

近年来物流效率问题越来越受到学者关注，代表性的如机场和物流企业效率研究，如 Sarkis 等（2004）[3]、Yoshida 等（2004）[4]、胡华清等（2006）[5]、Barros 等（2007）[6]、Fung 等（2008）[7]、张宝友等（2008）[8]、邓学平等（2008）[9]。上述研究采用各种前沿方法考察了各国机场、物流公司的效率，发现了效率的发展趋势和众多有价值的结论。区域物流产业的效率研究也是一个方向，贺竹磐（2006）[10]，田刚等（2009）[11,12]等对此进行了有益探索。

关于我国城市物流效率的研究较少。刘满芝等（2009）[13]基于 DEA 方法数据，考察了江苏省 13 个城市 2006 年的城市物流效率，给出了相关城市在物流资源投入冗余和产出不足两方面的建议。王晓珍（2013）[14]通过对三元结构系统的物流效率内容构成分析，构建了城市物流效率的综合评价指标体系。高詹（2013、2014、2014）[15~17]进行了相关研究，首先以中原经济区地级市为基本研究单位，运用 Malmquist 指数模型，对2001—2010 年中原经济区 29 个地级市的城市物流效率进行了实证分析，发现各地区城市物流活动效率分布呈现不均衡局面，且都处于改进状态；他还探讨了要素空间转移活动的效率对城市和区域经济增长的影响，运用Malmquist 指数模型和重心计算公式，继续研究了物流效率和经济重心轨迹，发现经济重心转移方向和城市物流效率提高区域基本一致。另外，他还运用数据包络分析和空间计量模型，以河南省的 18 个地级市为例，对城市物流效率的空间结构和效率溢出的影响因素进行了研究，发现城市物流效率具有较强的空间溢出特点。

相关研究为本章提供了可以借鉴的思路和方法。结论虽然存在争议，但有一点是相同的，即物流业效率普遍较低且地区差距明显，而这正说明了城市和区域物流业高效运营管理的迫切性，本章将从以下方面拓展。

第一，学者们充分关注了物流产业整体产出的有效性，或是省域的物流产业效率问题，或是部分区域内城市的物流效率问题，而关注全国范围内城市层面的物流效率的期刊文献却十分鲜见，这方面研究的空白是亟须填补的。这不仅因为城市物流是物流业存在的主要经济形态，更在于城市是物流产业存在的媒介和发展关键，也是当前物流产业发展迫切需要的抓手和切入点。尤其需要通过实践对全国范围内城市物流效率做较全面地分析和比较，为我国城市物流业高效发展的模型和路径提供理论支持。

第二，上述研究没有对区域间存在各种差距的事实给予充分关注。众多学者都提出了目前效率研究中必须考量地区差距的相同看法。地区行政垄断在我国物流业中是需要特别注意的，歧视性的门槛进入政策和政出多门的物流业管理体制带来的区域物流业差距显而易见。由于传统前沿分析方法本身的缺陷导致研究结果缺乏共同基准，结论的意义有限（详见张毅等对此的评述）[2,18~22]。

　　第三，虽然前期学者对物流产业的研究在不同层面推动了流通经济学的完善和发展，但是缺乏对城市或产业技术效率增长的源泉分析和对策研究，并且讨论治理层面的问题往往未能将被评价的城市进行分层比较，此外，规模较大的城市是否更具备物流产业发展的能力也亟待研究，对于城市管理者而言，具有可行性的发展愿景应该是与同一分层内的城市彼此竞争，抑或是对前后层级的城市群的潜在竞争者进行分析。务实的针对性研究才能落实城市发展政策，而非好高骛远地将规模与发展程度不同的城市拿来作比较。

　　因此为避免传统前沿方法评价效率的不足，本章将完善 Morita 等（2005）[1]提出的松弛分析（slack-based measure，SBM）情境依赖模型（context-dependent DEA），分析国内代表性城市的物流效率，提供城市物流业改进效率的参考路径，帮助识别出城市的潜在竞争者和恰当的比较对象，同时测量各城市物流产业的吸引力与进步力。这将比过去采用DEA-CCR 模型更能了解资源如何做最有效的配置，以此提出的城市物流效率的改善战略与政策建议也将更具有针对性和可操作性。

2.3　松弛分析情景依赖数据包络分析改进模型（slack-based context-dependent DEA）

　　Morita 等（2005）提出的松弛分析情景依赖模型，是在 Seiford 和 Zhu（2003）[23]的情景依赖模型中，加入 Tone（2001）的差额分析效率测量方法（slack-based measure，SBM）构造而成的。情景依赖模型以 CCR 模型为基础，可选择投入或产出两种不同面向测量效率，但采用径向效率测量方法（radial efficiency measure），忽略了差额大于 0 的 DMU 的处理。SBM 模型可同时测量投入及产出差额，且由于采用非径向效率测量方法（non-radial efficiency measure），能从 CCR 模型已判定具备效率的 DMU 中再区分出效率欠佳的 DMU，故 SBM 情景依赖模型较 CCR 情景依赖模型能更有效地将 DMU 区分出不同的效率层级。当 DMU 以不同效率层级作为评价情境时，可利用吸引度（attractiveness）及改进度（progress）数值对位于相同效率层级中的 DMU 进行排序，具备高吸引度及低改进度的 DMU 效率较佳。吸引度较高者可为落后效率层级中 DMU 的学习目标，落后效率层级中的 DMU 可按传统 DEA 模型，选择整体产业中的效率最佳者进行改善，或者以在不同效率层级所形成参考集合中的 DMU 作为学习目标，进行阶段式调整；改进度较低者可被领先效率层级中的 DMU 视为潜在竞争者。

2.3.1　区分效率层级

情境相依模型引用消费者选择理论（consumer choice theory）的观点，认为消费者选择产品时会受到产品在市场中的定位影响，当某一产品与一群相对较差的同级产品进行比较时，则相对具有吸引力，反之则相对不具吸引力，以此观念为基础将 DMU 区分出不同的效率层级，同层级中的 DMU 可视为效率相同。SBM 情境相依模型的分数形式为

$$
\text{Min} \quad \rho_o^l = \frac{1-(1/m)\sum_{i=1}^{m} s_i^- / x_{io}}{1+(1/s)\sum_{r=1}^{s} s_r^+ / y_{ro}}
$$

$$
\text{s.t.} \quad x_{io} = \sum_{j \in J^l} \lambda_j x_{ij} + s_i^- \qquad i=1,2,\cdots,m
$$

$$
y_{ro} = \sum_{j \in J^l} \lambda_j y_{rj} - s_r^+ \qquad r=1,2,\cdots,s
$$

$$
\lambda_j, s_i^-, s_r^+ \geqslant 0 \qquad j \in J^l
$$

（2.1）

当 $l=1$ 时，式（2.1）为一般的 SBM 模型，此时 $J^l = \{\text{DMU}_j, j=1,\cdots,n\}$，投入项的资料集合为 $x_j = \{x_{1j},\cdots,x_{mj}\}$，产出项的资料集合为 $y_j = \{y_{1j},\cdots,y_{sj}\}$，$s_i^-$ 及 s_r^+ 分别为 DMU_0 投入及产出项的差额变量，经运算可得到第 1 条效率前沿线上 DMU 组成的集合为 $E^1 = \{\text{DMU}_0 \in J^1 \mid \rho_o^1 = 1\}$。式（2.1）的演算法如下。

步骤 1：计算所有 DMU 的相对效率，此时 $l=1$，得到第 1 层具备效率

的 DMU 集合 E^l。

步骤 2：排除前 1 层具备效率的 DMU 后得到新的子集合 $J^{l+1} = J^l - E^l$，若 $J^{l+1} = \phi$ 则结束计算。

步骤 3：子集合 J^{l+1} 经过式（2.1）计算，得到第 $l+1$ 层具备效率的 DMU 集合 E^{l+1}，即新的效率前沿线。

步骤 4：累加 $l = l+1$，回到步骤 2。

在计算上，式（2.1）的分数形式有多重解之虞，利用 Charnes 等（1978）[24] 所提方法，引进数量变量 t（>0）转换成线性规划模型，即

$$\text{Min} \quad \tau_o^l = t - 1/m \sum_{i=1}^{m} s_i^- / x_{io}$$

$$\text{s.t.} \quad 1 = t + 1/s \sum_{r=1}^{s} s_r^+ / y_{ro}$$

$$t x_{io} = \sum_{j \in J^l} \Lambda_j x_{ij} + s_i^- \qquad i = 1, \cdots, m \tag{2.2}$$

$$t y_{ro} = \sum_{j \in J^l} \Lambda_j y_{rj} - s_r^+ \qquad r = 1, \cdots, s$$

$$\Lambda_j, s_i^-, s_r^+ \geqslant 0 \qquad j \in J^l, t > 0$$

将式（2.2）所得解还原，得到最佳解为

$$\tau_o^*, \lambda_j^* = \Lambda_j^* / t^*, s_i^{-*} = S_i^{-*} / t^*, s_r^{+*} = S_r^{+*} / t^* \tag{2.3}$$

式（2.3）中，λ 向量决定 E^k 效率层级中 DMU_0 的参考集合 $R_o^{\text{SBM}}(l)(l < k)$。其数学式为

$$R_o^{\text{SBM}}(l) = \{ j \in J^l \mid \lambda_j > 0 \quad in(2) \} \tag{2.4}$$

依序运算得到 $R_o^{\text{SBM}}(1), R_o^{\text{SBM}}(2), \cdots, R_o^{\text{SBM}}(l-1), R_o^{\text{SBM}}(l)$ 成为 DMU_0 在各效率层级中的参考集合。

2.3.2　计算吸引度

吸引度的度量采用 Tone（2002）为求具备效率 DMU 间的排序而提出的超级效率（super-efficiency）模型，计算效率较佳的 DMU_0 与各落后效率层级间的最短距离，以 (x_o, y_o) 代表 DMU_0 的投入项与产出项，并运用生产可能集合（production possibility set）的观念，定义为不包含 DMU_0 的集

合。集合的数学式为

$$\bar{A}_{-o} = \left\{ (\bar{x}, \bar{y}) \mid \bar{x} \geqslant \sum_{j \neq o} \lambda_j x_j, 0 \leqslant \bar{y} \sum_{j \neq o} \lambda_j y_j, \lambda \geqslant 0 \right\}$$

$$\cap \left\{ (\bar{x}, \bar{y}) \mid \bar{x} \geqslant x_o, 0 \leqslant \bar{y} \leqslant y_o \right\} \tag{2.5}$$

(x_o, y_o) 与式（2.5）间的最短距离，即为 DMU_0 对各落后效率层级 E^l 的吸引度，所得最佳解为不小于 1 的数值，其线性规划模型为

$$\text{Min} \quad \tau(A) = 1 / m \sum_{i=1}^{m} \bar{x}_i / x_{io}$$

$$\text{s.t.} \quad 1 = 1 / s \sum_{r=1}^{s} \bar{y}_r / y_{ro}$$

$$\bar{x}_i \geqslant \sum_{j \in E^l} \varLambda_j x_{ij} \qquad i = 1, \cdots, m \tag{2.6}$$

$$\bar{y}_r \leqslant \sum_{j \in E^l} \varLambda_j y_{rj} \qquad r = 1, \cdots, s$$

$$\varLambda_j \geqslant 0, t > 0, \bar{x}_i \geqslant t x_{io}, 0 \leqslant \bar{y}_r \leqslant t y_{ro} \qquad j \in E^l$$

超级效率与 SBM 情境相依模型计算吸引度的差异，在于前者的计算过程中，每一 DMU 面对的前沿线均不相同，后者则是位于相同效率层级上的 DMU 均面对相同的效率前沿线。

2.3.3 计算改进度

Morita 等（2005）的文献中并未提及改进度计算模型，改进度与吸引度的不同在于改进度是计算效率较差的 DMU_0 与各领先效率层级所形成效率前沿线的最短距离，若仍引用式（2.6）计算改进度，由于任一 DMU_0 均被包含于生产可能集合中，会造成所得解均为 1 的不合理结果。本研究完善式（2.5），定义 $\bar{P}_{-o}$ 集合的数学公式为

$$\bar{P}_{-o} = \left\{ (\bar{x}, \bar{y}) \mid 0 \leqslant \bar{x} \leqslant \sum_{j \neq o} \lambda_j x_j, \bar{y} \geqslant \sum_{j \neq o} \lambda_j y_j, \lambda \geqslant 0 \right\}$$

$$\cap \left\{ (\bar{x}, \bar{y}) \mid 0 \leqslant \bar{x} \leqslant x_o, \bar{y} \geqslant y_o \right\} \tag{2.7}$$

(x_o, y_o) 到 $(\bar{x}, \bar{y}) \in \bar{P}_{-o}$ 的距离可定义为

$$\tau(\rho)=\frac{1/s\sum\limits_{r=1}^{s}\overline{y}_r/y_{ro}}{1/m\sum\limits_{i=1}^{m}\overline{x}_i/x_{io}} \qquad (2.8)$$

式（2.8）中，由于任一 $(\overline{x},\overline{y})\in \overline{P}_{-o}$，故分子为 y_o 到 $\overline{y}(\geqslant y_o)$ 的距离权值（weighted distance），表示自 y_o 到 $\overline{y}$ 的平均增加率，分子越小表示 y_o 到 $\overline{y}$ 的距离越近；分母为 x_o 到 $\overline{x}(\leqslant x_o)$ 的距离权值，代表自 x_o 到 $\overline{x}$ 的平均减少率，分母越小表示 x_o 到 $\overline{x}$ 的距离越远。$\tau(\rho)$ 构成投入项与产出项两个维度的单一指标，可用以度量距离的概念，因分子数值>分母数值，故求解可得 $\tau(\rho)>1$。

经以上说明，定义 DMU_0 对各领先效率层级（E^l）的改进度 $\tau(\rho)^*$ 的线性规划模型为

$$\text{Min} \quad \tau(\rho)=1/s\sum_{r=1}^{s}\overline{y}_r/y_{ro}$$

$$\text{s.t.} \quad 1=1/m\sum_{i=1}^{m}\overline{x}_i/x_{io}$$

$$\overline{x}_i\leqslant\sum_{j\in E^l}\Lambda_j x_{ij} \qquad i=1,\cdots,m \qquad (2.9)$$

$$\overline{y}_r\geqslant\sum_{j\in E^l}\Lambda_j y_{rj} \qquad r=1,\cdots,s$$

$$\Lambda_j\geqslant 0,t>0,0\leqslant\overline{x}_i\leqslant tx_{io},\overline{y}_r\geqslant ty_{ro},j\in E^l$$

2.3.4　投入产出变量和研究对象

物流业生产率准确测度的一个关键问题就是选取科学的投入产出指标。本章借鉴张毅等[2,18~22]对相关投入产出指标的分析和归类（见表 2.1）。

表 2.1　部分物流业效率研究文献总结

作者	方法	研究对象	投入	产出
Sarkis，Talluri（2004）	DEA-CCR Cross-efficiency DEA model	43家美国机场（1990—1994 年）	（1）运营成本；（2）员工人数	（1）运营收入；（2）专用航空量；（3）货运总数；（4）货运总量；（5）飞机移动地区

续表

作者	方法	研究对象	投入	产出
Yoshida, Fujimoto (2004)	DEA-CCR, DEA-BCC	43 家日本机场（2000 年）	（1）跑道长度；（2）期末吞吐量；（3）投资成本；（4）时间成本；（5）期末员工人数	（1）登机旅客；（2）货物吞吐量；（3）飞机运行时间
Barros, Dicke (2007)	Multiple DEA 模型	31 家意大利机场（2001—2003 年）	（1）劳动力成本；（2）建设投资；（3）运营成本（不包括工资成本）	（1）飞机数量；（2）乘客数；（3）普通货运量；（4）受理业务收入；（5）航空部门售货额；（6）商业部门售货额
Fung 等 (2008)	Malmquist DEA model	25 家中国国内机场（1995—2004 年）	（1）跑道长度；（2）期末吞吐量	（1）客流量；（2）货物流量；（3）飞机运行时间
贺竹磬，孙林岩 (2006)	DEA	31 个省（自治区、直辖市）（2002—2004 年）	（1）国内生产总值；（2）居民消费能力；（3）固定资产投入；（4）交通网密度；（5）从业人员收益能力；（6）土地投入；（7）劳动力投入	（1）货运量；（2）货运周转量；（3）物流产值
张宝友等 (2008)	DEA	深沪两市 21 家物流上市公司（2002—2005 年）	（1）职工人数；（2）固定资产净值；（3）主营业务成本；（4）管理费用	（1）主营业务收入；（2）净利润
邓学平等 (2008)	DEA-Malmquist	深沪两市 8 家物流上市企业（2001—2006 年）	（1）企业固定资产；（2）职工工资总额运营成本（不含职工工资）	税前利润总额
田刚，李南 (2009)	DEA-Malmquist	30 个省（自治区、直辖市）（1999—2006 年）	（1）固定资产净值；（2）从业人员数	货运周转量
田刚，李南 (2009)	SFA-Malmquist	29 个省（自治区、直辖市）（1991—2007 年）	（1）固定资本存量；（2）物流业年均从业人数	货运周转量
刘满芝等 (2009)	DEA	江苏省 13 个市（2006 年）	（1）等级公路里程；（2）民用汽车拥有量；（3）从业人员	（1）公路货物运输量；（2）城市 GDP

　　借鉴张毅的研究成果[2,18~22]，投入指标为：居民消费能力、国内生产总值、固定资产净值（具体参看朱钟棣（2005）[25]方法）、从业人员数。产出指标为：货运周转量、物流业产值（数值都被换算为 1992 年不变价）、

货运量。数据为中国 10 省（直辖市）物流业 1998—2013 年的投入产出数据，来源于《中国物流年鉴》（2000—2013）和《中国统计年鉴》（1998—2013）。

所选 34 个城市（见表 2.2）分属我国经济发达地区和主要城市圈，其物流业发展较为成熟，交通便利，基础设施完善，具有较高的代表性。

表 2.2　所选城市名单

城 市 级 别	城 市 名 称
直辖市（4 个）	北京、上海、天津、重庆
省会城市（18 个）	南京、武汉、成都、广州、杭州、长沙、西安、昆明、沈阳、郑州、太原、济南、福州、哈尔滨、合肥、南昌、兰州、乌鲁木齐
地级市（12 个）	大连、青岛、宁波、厦门、深圳、无锡、苏州、扬州、徐州、珠海、佛山、中山

2.4　实证分析

本节采用修正后的 SBM 情境相依模型进行实证。运用 Saitech Inc（2005）DEA Solver Professional 4.1 版软件，区分出各效率层级及参考集合，另结合 Microsoft Office Excel 2007 的规划求解功能编写程序以计算吸引度及改进度。

2.4.1　效率层级

经计算，将 34 个城市区分为 5 个效率层级（见表 2.3）。

表 2.3　34 个城市物流效率分层表

效率层级	城市名
E^1（6 个）	大连、青岛、宁波、厦门、深圳、广州
E^2（15 个）	无锡、苏州、扬州、徐州、中山、南京、武汉、成都、福州、济南、杭州、长沙、西安、昆明、合肥
E^3（8 个）	北京、上海、天津、重庆、沈阳、郑州、乌鲁木齐、哈尔滨
E^4（4 个）	南昌、兰州、珠海、佛山
E^5（1 个）	太原

大连、青岛、宁波、厦门、深圳、广州 6 个城市的效率值为一层，形

成第一条效率前沿线。剔除这 6 个城市后，其余 28 个城市中，无锡等 15 个城市的效率值为一层，形成第 2 条效率前沿线，依序运算后，仅太原 1 个城市落在第 5 条效率前沿线，可判定为效率最差的城市。如果以一般的 SBM 模型计算时，仅能得到位于第 1 层的 6 个城市有最高的效率值，SBM 情境相依模型能有效将所有城市区分出不同的效率层级，有利于进行各城市间的参照分析。比较显著的一点为沿海港口城市的物流效率普遍较好，沿江城市的物流效率也表现尚可，而四大直辖市的城市物流效率却差强人意。不难发现，效率并不是通过规模的扩大就可以得到提高。正如小野宫太郎指出的，行业管理应保持产业集约与有效竞争之间的平衡。建立在规模简单比较基础上的合意性判断并不能反映出实际的问题。城市规模过大或过小，其物流产业治理效率都未必好，城市规模过大会导致物流资源的投入浪费和利用效率不高，只有适度的城市规模才能使得物流企业和产业更具有效率。

2.4.2　吸引度与改进度

表 2.4 为各城市与不同物流效率层级间的吸引度及改进度，表 2.4 中，上三角形为吸引度，下三角形为改进度，对角线为各城市与自身所在前沿线的比较结果，其数值均为 1（省略），各数值右边括号代表排序，数值越小表示排序越高。由表 2.4 可知，领先物流效率层级中的任一城市依次向下对各落后物流效率层级的吸引度数值及落后物流效率层级中的任一城市依序向上对各领先物流效率层级的改进度数值均呈现递增趋势，符合式（2.6）及式（2.9）的描述。吸引度越高，表示该城市相对于落后效率层级的距离越远，说明该城市比位于同一效率层级上的其他城市表现出更好的物流效率；改进度越低，则表示该城市相对于领先效率层级的距离越近，说明该城市比位于同一效率层级上的其他城市有更好的物流效率。

表 2.4　各城市物流效率的吸引度与改进度

层级	城市	第一层	第二层	第三层	第四层	第五层
第 1 层	大连		0.9662（6）	1.0759（4）	1.1030（6）	1.2227（6）
	青岛		0.9822（3）	1.0839（3）	1.1138（5）	1.2290（5）

续表

层级	城市	第一层	第二层	第三层	第四层	第五层
第 1 层	宁波		0.9902（2）	1.0292（6）	1.1254（4）	1.2640（4）
	厦门		0.9814（4）	1.3097（2）	1.6184（2）	1.9406（2）
	深圳		0.9752（5）	1.0355（5）	1.1685（3）	1.4133（3）
	广州		2.0386（1）	2.7721（1）	3.4417（1）	4.0384（1）
第 2 层	无锡	1.1672（9）		0.9721（10）	1.0180（10）	1.0927（10）
	苏州	2.7217（14）		0.9298（11）	1.0018（11）	1.0648（12）
	扬州	2.5588（13）		0.9217（12）	0.9595（13）	1.0072（13）
	徐州	1.0229（6）		1.0718（9）	1.2634（8）	1.4731（8）
	中山	1.4815（11）		0.9001（14）	0.9676（12）	1.0729（11）
	南京	0.9001（1）		3.4111（1）	4.5100（1）	5.4190（1）
	武汉	0.9345（3）		1.0958（5）	1.1591（9）	1.3895（9）
	成都	0.9589（4）		1.3700（2）	1.7435（2）	2.1350（2）
	福州	0.9182（2）		1.2819（3）	1.5636（3）	1.9290（3）
	济南	1.0067（5）		1.0861（8）	1.2723（7）	1.5360（7）
	杭州	1.0951（8）		1.1398（4）	1.3874（5）	1.6331（5）
	长沙	1.2052（10）		1.0860（7）	1.4557（4）	1.7500（4）
	西安	2.9746（15）		0.9001（15）	0.9199（15）	0.9568（15）
	昆明	1.0392（7）		1.0886（6）	1.3397（6）	1.5854（6）
	合肥	2.0053（12）		0.9073（13）	0.9316（14）	0.9712（14）
第 3 层	北京	1.1732（5）	0.9941（6）		1.0300（4）	1.1481（7）
	上海	1.2300（7）	0.9824（5）		1.0040（5）	1.1543（6）
	天津	1.3057（8）	1.0411（8）		1.2682（1）	1.5463（1）
	重庆	1.1677（4）	1.0122（7）		0.9528（7）	1.0042（8）
	沈阳	1.1288（2）	0.9506（2）		1.0004（6）	1.1750（5）
	郑州	1.2263（6）	0.9535（4）		1.0506（3）	1.2396（3）
	乌鲁木齐	1.1550（3）	0.9534（3）		0.9907（8）	1.2037（4）
	哈尔滨	1.0711（1）	0.9001（1）		1.1693（2）	1.4960（2）
第 4 层	南昌	1.1908（5）	0.9703（1）	0.9118（1）		1.1656（1）
	兰州	1.3882（4）	1.1191（4）	1.0138（4）		1.0111（4）

层级	城市	第一层	第二层	第三层	第四层	第五层
第 4 层	珠海	1.2629（2）	1.0677（3）	0.9939（3）		1.0155（3）
第 4 层	佛山	1.3404（3）	1.0613（2）	0.9713（2）		1.0919（2）
第 5 层	太原	1.4014（1）	1.1386（1）	1.0342（1）	0.9568（1）	

　　传统 SBM 模型并无法对第 1 层的大连、青岛、宁波、厦门、深圳、广州 6 个城市的物流效率进行排序。而在 SBM 情境相依模型中，当引入其他 4 个效率层级作为不同的评价情境时，可根据吸引度数值处理排序问题。表 2.4 中，对吸引度进行观察，可知第 1 层的广州、宁波对第 2 层的 15 个城市更具吸引度，而广州、厦门则对第 3 至 5 层的 13 个城市有较高的吸引度。广州对各层级而言最具有吸引度，而大连则对第 2、第 4、第 5 层最不具有吸引度。第 2 至 4 层可同时根据吸引度及改进度进行排序，对任何一个城市而言，理想的结果为高吸引度与低改进度。第 2 层中，南京对第 3 至 5 层的吸引度最高，对第 1 层的改进度最低，其效率最佳，而西安则正好相反，其效率最差；第 3 层中，哈尔滨相对于第 4、第 5 层而言，其吸引度虽落后于排序最佳的天津，但哈尔滨相对于第 1、第 2 层的改进度排序远高于天津，可综合判定哈尔滨效率最佳，而重庆则表现出低吸引度、高改进度，其效率最差；第 4 层中，南昌的效率最佳，兰州的效率最差，可判定为效率最差的城市，在所有城市中仅优于第 5 层的太原。

　　表 2.5 的参考集合中可能同时存在多个城市，本节列出了优选结果，利用吸引度及改进度得到的效率排序结果，可识别出更适当的学习目标。表 2.5 中，太原在第 4 层的参考集合为南昌、兰州、珠海及佛山，比较表 2.4 第 4 层对第 5 层的吸引度，可得南昌的效率排序更高，据此原则可知第 3 层的哈尔滨优于天津，第 2 层的南京优于成都。因此太原欲改善效率时由下而上的最佳学习路径为南昌、哈尔滨、南京及广州。处于落后效率层级中的城市，可从各效率层级形成的参考集合中选择效率排序较高的城市作为学习目标，建立明确的效率改善路径，并评估自身与学习目标间的优势与劣势条件来决定最佳改善方案。由改进度观察，城市所得到的改进度数值越高，表示其具备的效率改善空间越大，若处于相同的投入水平时应更致力于提升产出，或在相同的产出水平下减少较多的投入资源。相对

而言，城市所得到的改进度数值越低，表示其赶上领先效率层级的效率水平所需的资源调整越少，而目前处于领先效率层级中的城市经营者也可根据此观点，在落后效率层级中分析市场上的潜在竞争者。例如，第 1 层中，大连、青岛、宁波、厦门、深圳、广州 6 个城市，可视第 2 层的南京、福州及武汉为潜在的竞争者，尤其宁波与南京同在长三角地区，竞争关系明显，福州与厦门同样如此；第 2 层中，合肥、西安与中山由于吸引度较低可分别视第 3 层中沈阳、乌鲁木齐及哈尔滨此类改进度较低的城市为潜在的竞争者；第 3 层中，乌鲁木齐、重庆和沈阳可分别视第 4 层中南昌、珠海及佛山为潜在竞争者。对城市而言，由该分析框架中识别竞争者，能预先了解相近地区中的城市物流产业竞争态势，通过所处竞争市场上的机会和威胁分析，预先采取措施改善效率。

表 2.5　效率分级参照下的城市物流效率参考集合

城市	层级	$R_o^{SNM}(1)$	$R_o^{SNM}(2)$	$R_o^{SNM}(3)$	$R_o^{SNM}(4)$
北京	3	广州、厦门、青岛	南京、成都、福州		
无锡	2	青岛、宁波、广州			
南昌	4	广州、厦门、深圳	南京、成都、福州	天津、哈尔滨	
苏州	2	广州			
扬州	2	厦门、广州			
徐州	2	大连、宁波、深圳、广州			
上海	3	广州、厦门、青岛	南京、成都、福州		
中山	2	青岛、深圳、广州			
南京	2	厦门、广州			
武汉	2	宁波、广州			
兰州	4	广州、厦门、深圳	南京、成都、福州	天津、郑州、哈尔滨	
成都	2	青岛、宁波、广州			
大连	1				
青岛	1				
宁波	1				
厦门	1				
深圳	1				

续表

城市	层级	$R_o^{SNM}(1)$	$R_o^{SNM}(2)$	$R_o^{SNM}(3)$	$R_o^{SNM}(4)$
太原	5	广州	南京、成都	天津、哈尔滨	南昌、兰州、珠海、佛山
天津	3	广州、厦门、青岛	南京、成都、福州		
重庆	3	广州、厦门、青岛	南京、成都、福州		
福州	2	宁波、广州			
沈阳	3	青岛、广州	南京、成都		
珠海	4	广州、厦门、深圳	南京、成都、福州	天津、哈尔滨	
郑州	3	广州、厦门、青岛	南京、昆明、合肥		
济南	2	青岛、广州			
杭州	2	宁波、广州			
佛山	4	广州、厦门、深圳	南京、成都、福州	天津、哈尔滨	
长沙	2	青岛、广州			
乌鲁木齐	3	广州、厦门、青岛	昆明		
广州	1				
西安	2	广州			
昆明	2	青岛、厦门、广州			
哈尔滨	3	广州、厦门、青岛	昆明、合肥		
合肥	2	宁波、广州			

注：参考集合一般都是参照上一层级中城市物流效率吸引度排序前几位的城市作为参考对象，但也要根据城市所在层级改进度排序合理选择参考对象，如容易追上的城市也可作为参照对象。

2.5 结论

Morita 等（2005）[1]提出的 SBM 情境依赖模型，可建立所有 DMU 的效率分析框架，但其仅引用超级效率中求解最短距离的做法计算吸引度，并未说明改进度的计算方法，而如果使用相同模型计算改进度则无法求得最优解。本章拓展了这一研究方法，并以城市物流产业为对象进行实证研究。在传统 DEA 方法中，效率不佳单位的参考集合均由效率最佳单位所组成，效率不佳单位仅能选择一次到位的效率改善，而 SBM 情境相依模型所建立的参照分析框架,提供了各城市采取渐近式改善效率的可行做法。以不同效率层级作为评价情境所得到的吸引度及改进度数值,可对相同效率层级中的城市进行效率排序,并有助于效率较差城市自参考集合中识别出更适当的学习目标,建立最佳的效率改善路径。领先效率层级中的城市也可通过改进度的观察,识别出效率最为接近的竞争者,预先采取措施。

　　本研究自城市物流业参照分析框架中所得的结论,可帮助城市了解自身所在的全国物流业中所处的位置及竞争环境,以供资源改善或策略调整参考。本章研究没有考虑数据资料在时间序列上的趋势变化,未来将对不同期间的效率改变进行研究。

　　本章基于松弛分析和情景依赖 DEA 改进模型对我国城市物流效率进行了研究,帮助城市了解自身所处的全国城市物流位置及竞争环境,并识别出适当的城市物流学习目标,为城市自身物流效率渐进式改善提供了依据。但是如何分层渐进式改变,将是第 3 章研究的重点。

第3章　基于情景依赖数据包络模型和层次分析法的我国城市物流效率研究

3.1　引言

第 2 章基于对 Morita 等（2005）[1]在差额分析情景依赖资料包络分析法中未提及的改进度模型予以修正完善，并应用此方法对我国 34 个城市的物流效率、吸引度及改进度进行实证分析，为本章提供了重要借鉴。但第 2 章研究还缺乏专家的建议和参考，所关注的相关指标内涵还存在争议，且地区差距明显。这进一步说明物流园区和产业的高效运营管理需要针对性建议的迫切性。本章研究从以下几方面拓展。

第一，同第 2 章，学者们缺乏对城市层面的物流效率的研究，且对其期刊文献研究的关注甚少，而城市不仅是物流产业存在的媒介和发展的关键，也是当前物流产业发展迫切需要的切入点，所以对城市层面物流效率的研究是急需填补的，更重要的是，关注城市层面的物流效率研究可以为研究我国城市物流业高效发展的模型和路径提供理论支持。

第二，方法需要进一步完善，要综合考虑主客观方法。白俊红（2010）认为，随机前沿方法考虑了随机误差对技术效率的影响，只能较好地处理单产出的效率评价情况，对多产出的情况处理则较为困难。而普遍采用的 C-D 生产函数假定物流产业的资本和劳动的产出弹性是固定不变的，这也不符合实际，所以传统 DEA 方法也无法给出有针对性的建议。

第三，没有考虑区域技术异质性，其估计的技术效率可能是有偏的。传统随机前沿方法的假设中回避了我国区域经济存在明显地区差距的实际，自 20 世纪 90 年代以来，区域差距的扩大非常明显（王小鲁和樊纲，2004）。我国地域间的文化传统习俗本身就差异较大，加之经济差距的加大和资源要素的不均衡流动，使得各城市物流业水平更是千差万别，而传统参数法 SFA 和 DEA 在进行实证分析时，均将全国各城市物流视为同类型的决策单元加以测度，没有考虑不同地区间经济水平、技术水平及制度存在着差异的情况。在不同技术文化背景下运营的城市物流，因所面对的生产前沿不同，使得以前沿的距离比值度量的效率值与生产力指数失去了比较的共同基准，度量结果也可能会产生偏误，无法得出潜在效率改善的参考指标，因此采用传统的前沿方法没有考虑决策单元之间的差异，使得前沿面基准的意义有限。

第四，方法瓶颈导致缺乏对物流区域或产业技术效率增长的源泉分析和对策研究。对于城市管理者而言，具有可行性的发展愿景应该是与同一分层内的城市彼此竞争，抑或是前后层级的城市群的潜在竞争者分析。讨论治理层面的问题往往未能将被评价的城市物流进行分群比较，不同发展阶段的城市物流经济也应当有不同的治理战略，而通过情景数据包络分析法，更能从分层的角度考虑城市物流发展的可能性，这比过去采用 DEA 的 CCR 模型更容易了解如何最有效地配置资源。

基于以上诸多考虑，本章采用情景依赖数据包络分析法，结合专家 AHP 决定投入产出权重，对我国各城市物流产业产值效率进行评价。选择该方法主要基于三项优点：第一，采用 DEA 分析可兼顾面向投入与产出的调整战略；第二，可纳入专家对于客观数据的权重偏好；第三，可进行分层比较，度量各城市物流产业的吸引力与进步力，并绘制治理决策矩阵，以此提出城市物流业治理战略与政策建议。

3.2　研究变量

城市物流的选择主要根据所在城市近两年物流产业发展情况，兼顾东中西地区，参考福布斯中国大陆最具物流竞争力城市名单和中国城市物流指数排名，选出了最具代表性的 19 个城市（见表 3.1）。

表 3.1　所选城市名单

城市分级	城市名称
直辖市（4 个）	北京、上海、天津、重庆
省会城市（8 个）	南京、武汉、成都、广州、杭州、长沙、西安、昆明
地级市（7 个）	大连、青岛、宁波、厦门、深圳、无锡、苏州

物流产业的类别选择是研究基础。本章在《2013 年中国城市物流产业发展报告》、北京市物流产业规划（2008）和上海市物流产业分类目录（2013）的基础上，按以下原则确定物流产业的类别：以《国民经济行业分类》为基础，根据物流活动的特点，将行业分类中相关的类别重新组合；借鉴国内外物流及相关产业分类标准，涵盖国内外物流及相关产业中的主体行业；兼顾部门管理和物流活动自身的特性，围绕物流产业发展的重点内容和方向，同时考虑物流活动的自身特点。据此将物流产业分类确定为仓库业、集装箱租赁业、远洋货运业、集装箱联运业、沿海船运业、起重装卸业、内河船运业、运输代办业、汽车货运业、快递业、拆船业、托运业、航空货运业、中转储运业、拆车业、托盘联营业、铁道运输业等。

DEA 投入产出变量的选取，一般是根据生产函数的原理，利用投入（如劳动、资本）转换创造产出。而应用在政府部门的研究时，除考虑数据可得性的原则以外，多以经费、人力、空间、资本等类型的指标作为投入项目。在单位上，考虑到各城市的人口规模差异，本研究以每万人口为分母，将变量单位转化成相同基准，减少人口规模所造成的评价偏差。另外，数据包络分析要求投入产出项目之间必须要具备有正向的关系，因此需将指标先以 Person 相关系数检验是否为正向变动。同时，决策单元数量需要是投入产出项目的两倍以上，模型结果才有意义。综合上述要求和借鉴张毅的研究成果[2,18~22]，投入指标为居民消费能力、国内生产总值、固定资产净值[具体参看朱钟棣（2005）[25]方法]、从业人员数。产出指标为货运周转量、物流业产值（数值都被换算为 1992 年不变价）、货运量。数据为中国 10 省（直辖市）物流业 1998—2013 年的投入产出数据，来源于《中国物流年鉴》（2000—2013）和《中国统计年鉴》（1998—2013）。

变量中具体数据的采集严格按照以上界定，囊括物流产业发展的重点内容，具体指标的选择也充分依据 3T 理论。人既是城市的核心要素，也是城市提供服务的对象，所以投入变量均以人均指标来度量，最大程度上契合城市的包容内涵，也尽可能地消除由于城市规模和所辖权利的巨大差异造成的影响。

物流园区不作考虑有以下原因：过去只重硬件结果的思维方式及高昂的建设成本导致我国城市物流以园区型、高科技、大品牌为主的，使得原本开放式的建城成为封闭式的造园，广大物流阶层被拒之门外，最终物流园区成为城市精英独享的商业游戏。而 3T 理论认为科技、人才与包容对于物流经济发展都是必要且缺一不可的。投入变量没有采用物流产业资产价值或固定资产投资也是出于上述考虑。产出变量没有纳入物流产业总产值的原因在于物流产业已被列入"营改增"范围，通过增加值能更准确地反映物流产业的实际发展，这也源自物流产业的价值增值原理。

本节数据来源于《2014 中国城市统计年鉴》、各城市《2014 年统计年鉴》《2014 年中国城市物流产业发展报告》、中国国家统计局网站及中国物流产业网。

3.3　研究模型

3.3.1　context–dependent DEA 思想

在 CCR 与 BCC 模型之后，数据包络法模型的理论发展和应用如雨后春笋般层出不穷，然而多数模型均是将所有的决策单元一起评价，仅仅将其区分为相对有效率与相对无效率两类，相对无效率决策单元的增减并不影响效率前沿与相对有效率决策单元的效率值，而且相对无效率决策单元的效率值是根据相对有效率决策单元来决定的，并且搜寻邻近相对有效率决策单元为参考集合，以此寻求改善的方向，所以相对无效率决策单元并未扮演任何角色。而且，相对无效率决策单元以相对有效率决策单元为基准进行投入产出的调整，对有些相对无效率的决策单元而言是无法达到的，如此评价的结果并无太大的意义。

如果数据包络法可以利用不同层的效率前沿建立不同的吸引力水平，这将是一个有价值的问题。所以本研究采用 Seiford 和 Zhu（2003）[23]提出的 context- dependent DEA 模型，不仅无效率决策单元在评价过程中扮演了重要的角色，而且也可将决策单元区分为不同的层级，以评价出相对吸引力与进步力值。

在 context-dependent DEA 模型中，将所有的决策单元采用剔除法分成不同的层（level），每一层各自有一条效率前沿，而每一条效率前沿都提供了一个评价背景（evaluation context），可以用来度量决策单元的相对吸引力（attractiveness）和相对进步空间（progress）。例如，以产出导向分析，若所有决策单元分成 3 层，则最外层的效率前沿为相对最有效率的决策单元，最靠近原点的效率前沿为相对效率最差的决策单元。如果想评价效率较佳层决策单元的相对吸引力，则可以将相对效率较差层作为评价背景，以此度量出相对效率较佳层决策单元的 1 至 2 阶相对吸引力值；相反地，如果是以相对效率较佳层当评价背景，则可度量出相对效率较差层的相对进步力值，由此可看出相对无效率决策单元在此模型中也起到重要作用。此外，也可依据估算出的吸引力值与进步力值将所有的决策单元重新排序，并且由吸引力值与进步力值来判断各决策单元是否具有竞争优势或是否存在潜在竞争对手。该模型已运用于一些产业中，如研究商业银行的利润和市场效率（Seiford, Zhu, 1999）[26]、图书馆的效率（Chen 等，2005）[27]、世界银行赞助计划效率（Ulucan，Atici，2009）[28]等（图 3.1）。

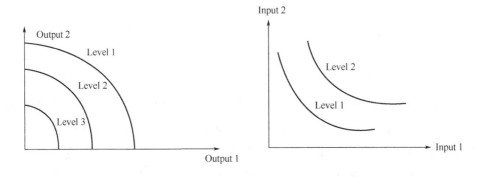

图 3.1　产出导向和投入导向 context-dependent DEA 的效率前沿

3.3.2　context–dependent DEA 模型

关于 context-dependent DEA 模型如何找出最佳效率前沿，说明如下：假设有 n 个 DMU_s，$DMU_s(j=1,2,\cdots,n)$ 利用 m 个投入 $x_j=(x_{1j},x_{2j},\cdots,x_{nj})$ 生产 s 个产出 $y=(y_{1j},y_{2j},\cdots,y_{sj})$，定义 $J^1=\{DMU_j,j=1,\cdots,n\}$ 为包含所有 DMU_s 在内的集合，$J^{l+1}=J^l-E^l$，$E^l=\{DMU_K\in J^l\mid\phi*(l,k)=1\},l=1,2,\cdots,L$，而 $\phi*(l,k)$ 是由以下线性规划问题求出的最佳解。

$$\phi*(l,k)=\max_{\lambda_j,\phi(l,k)}\phi(l,k)$$

$$\text{s.t.}\sum_{j\in F(J^l)}\lambda_j x_{ij}\geqslant\phi(l,k)y_{rk}\quad r=1,2,\cdots,s$$

$$\sum_{j\in F(J^l)}\lambda_j y_{rj}\leqslant x_{ik}\quad\quad r=1,2,\cdots,m$$ (3.1)

$$\lambda_j\geqslant0\quad\quad\quad\quad\quad j\in F(J^l)$$

其中，x_{ik} 和 y_{rk} 是 DMU_k 的第 i 个投入和产出；$j\in F(J^l)$ 表示 $DMU_j\in J^l$；$F(\cdot)$ 为 DMU 下标符号的集合。当 $l=1$，式（3.1）则为 CCR 模型，在 E^1（即第 1 层效率前沿）内的决策单元均为有效率的。当 $l=2$，表示为在排除 E^1 的有效率的决策单元后，再由式（3.1）得到新的 E^2（即第 2 层效率前沿），重复此过程直到 $J^{l+1}=\phi$ 停止，如此可得到多层的效率前沿，称 E^l 为第 l^{th} 层效率前沿。

步骤 1：设定 $l=1$。将所有的决策单元一起评价，由式（3.1）找出第 1 层效率的决策单元 J^1、E^1。

步骤 2：删除步骤 1 中有效率的决策单元，$J^{l+1}=J^l-E^l$，若 $J^{l+1}=\phi$ 则停止。

步骤 3：再利用 DEA 模型找出第 2 层的效率前沿 E^{l+1} 和有效率的决策单元 J^{l+1}。

步骤 4：令 $l=l+1$，重新进行步骤 2 且反复此程序。

停止原则：若 $J^{l+1}=\phi$ 则停止，表示所有的决策单元均已有所属的层（level）或效率前沿。如此可知 l 为 1 至 L，而 L 的值为多少则由停止原则决定。以下将针对产出导向和投入导向的 context-dependent DEA 模型分别说明。

1. 产出导向的 context-dependent DEA 模型

1）相对吸引力值

若以 E^l 为评价背景，可依据式（3.2）得到相对吸引力，即

$$\Omega_q^*(d) = \max_{\lambda_j, \Omega_q(d)} \Omega_q(d) \qquad d = 1, 2, \cdots, L - l_0$$

$$\text{s.t.} \quad \sum_{j \in F(E^{l_0+d})} \lambda_j y_j \geqslant \Omega_q(d) y_q$$

$$\sum_{j \in F(E^{l_0+d})} \lambda_j y_j \leqslant x_q \qquad\qquad\qquad (3.2)$$

$$\lambda_j \geqslant 0 \qquad\qquad j \in F(E^{l_0+d})$$

其中，$\mathrm{DMU}_q = (x_q, y_q)$ 是属于某一特定层 (E^{l_0})，$l_0 \in \{1, 2, \cdots, L-1\}$，可知 $\Omega_q^*(d) < 1$ 且 $\Omega_q^*(d+1) < \Omega_q^*(d)$，$d = 1, 2, \cdots, L - l_0$。

定义 $A_q^*(d) \equiv \dfrac{1}{\Omega_q^*(d)}$ 为在特定效率前沿 (E^{l_0}) 下所度量出 DMU_q 的产出导向的 d 阶（d-degree）相对吸引力，由式（3.2）可知 $A_q^*(d) > 1$，且 $A_q^*(d)$ 值越大表示越有吸引力。

2）相对进步力值

若想度量某特定 $\mathrm{DMU}_q \in E^{l_0}, l_0 \in \{2, \cdots, L\}$ 的相对进步力值，则定义 $p_q^*(g)$ 为某一特定层 DMU_q 的 g 阶（g-degree）相对进步力值，而 $p_q^*(g)$ 可利用以下模型求得，即

$$P_q^*(g) = \max P_q(g) \qquad g = 1, 2, \cdots, l_0 - 1$$

$$\text{s.t.} \quad \sum_{j \in F(E^{l_0-g})} \lambda_j y_j \geqslant P_q(g) y_q$$

$$\sum_{j \in F(E^{l_0-g})} \lambda_j y_j \leqslant x_q \qquad\qquad\qquad (3.3)$$

$$\lambda_0 \geqslant 0 \qquad\qquad j \in F(E^{l_0-gd})$$

由此可得到 $P_q^*(g) > 1$ 对任意 $g = 1, 2, \cdots, l_0 - 1$ 都成立，而且 $P_q^*(g+1) > P_q^*(g)$，并且 $P_q^*(g)$ 值越大表示进步空间越大，从而说明此决策单元是相对效率表现较差的。

2. 投入导向的 context-dependent DEA 模型

1）相对吸引力值

如果想计算某一特定层 $(E^{l_0}, l_0 \in \{1, 2, \cdots, L-1\})\mathrm{DMU}_q = (x_q, y_q)$ 的相对吸引力，并以此为评价背景，可依据下式得到相对吸引力，即

$$H_q^*(d) = \min_{\lambda_j, \Omega_q(d)} H_q(d) \qquad d = 1, 2, \cdots, L - l_0$$

$$\mathrm{s.t.} \quad \sum_{j \in F(E^{l_0+d})} \lambda_j y_j \geqslant y_q$$

$$\sum_{j \in F(E^{l_0+d})} \lambda_j y_j \leqslant H_q(d) x_q \tag{3.4}$$

$$\lambda_j \geqslant 0 \qquad\qquad j \in F(E^{l_0+d})$$

由于式（3.2）和式（3.4）是相等的，可得到 $H_q^*(d) = \dfrac{1}{\Omega_q^*(d)}$，故定义 $H_q^*(d)$ 为在特定效率前沿 E^{l_0} 下所度量出 DMU_q 的投入导向的阶相对吸引力，并且 $H_q^*(d) > 1$，值越大表示越有吸引力。

2）相对进步力值

定义 $M_q^*(g) = \dfrac{1}{G_q^*(g)}$ 为某一特定 DMU_q [其中 $(\mathrm{DMU}_q \in E^{l_0}, l_0 \in \{2, \cdots, L\})$]的 g 阶（g-degree）进步空间，$M_q^*(g)$ 值越大表示进步空间越大，即其实际效率较差的 DMU_s。而 $G_q^*(g)$ 可利用以下模型求得，即

$$G_q^*(g) = \min_{\lambda_j, G_q(g)} G_q(g) \qquad g = 1, 2, \cdots, l_0 - 1$$

$$\mathrm{s.t.} \quad \sum_{j \in F(E^{l_0-g})} \lambda_j y_j \geqslant y_q$$

$$\sum_{j \in F(E^{l_0-g})} \lambda_j y_j \leqslant G(\beta) x_q \tag{3.5}$$

$$\lambda_j \geqslant 0 \qquad\qquad j \in F(E^{l_0-gd})$$

3.3.3　加入价值判断的 context–dependent DEA

本章利用加入价值判断（value judgment，VJ）产出导向的 context-dependent DEA 模型进行评价，主要是将专家的主观判断纳入分析模型，

使度量结果更贴近现实状况。模型说明如下。

假设有 n 个 DMU$_s$，DMU$_s$($j=1,2,\cdots,n$) 利用 m 个投入 $x_j=(x_{1j},x_{2j},\cdots,x_{mj})$ 生产 s 个产出 $y_j=(y_{1j},y_{2j},\cdots,y_{sj})$，定义 $J^1=\{\text{DMU}_j,j=1,\cdots,n\}$ 为包含所有 DMU$_s$ 在内的集合，$J^{l+1}=J^l-E^l$，$E^l=\{\text{DMU}_k\in j^l\,|\,\phi^*(l,k)=1\}$，$l=1,2,\cdots,L$，其中 $x_{ik}y_{jk}$ 是 DMU$_k$ 的第 i 个投入和产出。$j\in F(J^l)$ 表示 DUM$_j\in J^l$，$F(\cdot)$ 为 DMU 下标符号的集合。当 $l=1$，在 E^1（即为第 1 层的效率前沿）内的 DMU$_s$ 均为有效率的。当 $l=2$ 表示为在排除 E^1 的 DMU$_s$ 后可得到的 E^2（为第 2 层的效率前沿），反复此过程直到 $J^{l+1}=\phi$ 才停止，如此可得到许多层的效率前沿，称 E^l 为第 l^{th} 层效率前沿。另外定义产出的权重为 u_r，使得 $\sum_{r=1}^{s}u_r+1$。

1）相对吸引力值

如果以某特定层为评价背景，可依据式（3.6）得到相对吸引力，即

$$
\begin{aligned}
\Phi_q^*(d) = \max_{\lambda_j,\,\Omega_q(d)} u_r\Phi_q^r(d) \qquad\qquad & d=1,2,\cdots,L-l_0 \\
\text{s.t.} \quad \sum_{j\in F(E^{l_0+d})}\lambda_j y_j \geq u_r\Phi_q^r(d)y_{rq} \quad & r=1,\cdots,s \\
\sum_{j\in F(E^{l_0+d})}\lambda_j y_j \leq x_{iq} \qquad\qquad & i=1,\cdots,m \\
\Phi_q^r(d)\leq 1 \qquad\qquad & r=1,\cdots,m \\
\lambda_j\geq 0 \qquad\qquad & j\in F(E^{l_0+d})
\end{aligned}
\tag{3.6}
$$

其中，DMU$_q=(x_q,y_q)$ 是属于某一特定层 (E^{l_0})，$l_0\in\{1,2,\cdots,L-1\}$，可知 $\Phi_q^*(d)<1$ 且 $\Phi_q^*(d+1)<\Phi_q^*(d),d=1,2,\cdots,L-l_0$。

定义 $\overline{\overline{A_q^*}}(d)\equiv\dfrac{1}{\Phi_q^*(d)}$ 为位于某特定效率前沿 (E^{l_0}) 的 DMU$_q$ 的加入价值判断的产出导向的 d 阶（d-degree）相对吸引力，由式（3.1）和式（3.2）可知 $\overline{\overline{A_q^*}}(d)>1$，且 $\overline{\overline{A_q^*}}(d)$ 值越大表示越有吸引力。

2）相对进步力值

如果想度量某一特定 DMU$_q\in E^{l_0}$，$l_0\in\{2,\cdots,L\}$ 的进步空间，定义 $\overline{\overline{P_q^*}}(g)$ 为某一特定层 DMU$_q$ 的 g 阶（g-degree）的相对进步力值，而 $P_q^*(g)$ 可利用以下模型，即

$$\text{s.t.} \quad \sum_{j \in F(E^{l_0-g})} \lambda_j y_{rj} \geqslant P_q^r(g) y_{rq} \quad r=1,\cdots,s$$

$$\sum_{j \in F(E^{l_0-g})} \lambda_j y_{rj} \leqslant x_{iq} \quad i=1,\cdots,m \qquad (3.7)$$

$$P_q^r(q) \geqslant 1 \quad r=1,\cdots,s$$

$$\lambda_j \geqslant 0 \quad j \in F(E^{l_0-gd})$$

可得到 $\overline{\overline{P}}_q^*(g) > 1$ 对任意 $g=1,2,\cdots,l_0-1$ 都成立，而且 $\overline{\overline{P}}_q^*(g+1) > \overline{\overline{P}}_q^*(g)$，

而 $\overline{\overline{P}}_q^*(g)$ 值越大表示进步空间越大，从而说明此决策单元是相对效率表现

较差的。

3.4　实证分析结果

本章采用 AHP 问卷方式，于 2014 年 11 月 1 日至 2015 年 2 月 1 日通过访谈取得广州、南京、北京、大连、青岛、太原等城市 20 位物流领域专家学者的意见，并将得到的事前产出项权重纳入评价过程中，希望可以使得评价结果更贴近实际。通过 AHP 层级比较，先得出第 1 层投入与产出的相对权重，再进行第 2 层投入项目与产出项目的权重评比，符合 AHP 的层级分析程序。经访问学界专家后所决定的产出权重，物流产业总产值为 0.681，参与出席人数为 0.354。本研究为加入专家主观价值判断的情景依赖数据包络分析法（context-dependent DEA），使用 DEA-frontier 软件计算出各分层城市的分布情况及相对吸引力值与进步力值，并将实证分析结果说明如下。

3.4.1　各城市物流 2013 年各层（效率前沿）的分布情形

表 3.2 是经由情景依赖数据包络分析法得出的各城市物流 2013 年分层（效率前沿）的分布情形。第 1 层共有深圳、苏州、长沙三个城市，是效率表现最好的城市；第 2 层为青岛、杭州；第 3 层为大连、昆明、厦门；第 4 层有上海、北京、广州、南京、武汉、西安六个城市；第 5 层有无锡、宁波、成都三个城市；第 6 层为天津和重庆，是效率表现最低的两个城市。

表 3.2　各层效率前沿城市分布情形

层　别	城　市
第一层（3）	深圳、苏州、长沙
第二层（2）	青岛、杭州
第三层（3）	大连、昆明、厦门
第四层（6）	上海、北京、广州、南京、武汉、西安
第五层（3）	无锡、宁波、成都
第六层（2）	天津、重庆

注：括号内数字代表该分层的城市个数。

实证结果着实意外，四个直辖市和五个副省级省会城市的城市物流效率竟然明显落后，而深圳、长沙和苏州的城市物流效率领先，这不仅与已有研究存在矛盾，似乎与社会的普遍认识也大相径庭。面对这一结果，本章进行了以下工作。

首先，演算确认无误后，本章考察了研究视角与已有研究的差异。一般认为组织运作的最终结果是由效率与绩效共同组成的，以物流指数为代表的已有研究所采用的评价指标在意义上仅是城市发展存量程度的表现，多数评价指数性质均为产出指标，也就是绩效。绩效是一定资源配置的结果，而效率是对企业投入资源配置状态的比较和事物运行状态的描述，着重于长期和动态的趋势，反映的是经济活动的能力和质量。仅以绩效作为标准是片面的，也是不准确的，绩效良好很可能是过多的投入所造成的（文献里已有定论），因此在资源有限的状况下进行最有效率的治理可以弥补绩效研究的不足，也可以避免城市间竞争公共资源所产生的过度投资和浪费，所以与物流指数研究的差异是正常的。

其次，本章关注了对于城市投入产出指标的差异。已有物流产业和物流区域效率研究选取的投入产出指标，基本上是产值、固定投资、园区个数等常用指标，而上述指标并不能反映其发展内涵。尤其我国在城市建设方面已经出现了一些问题，上述指标的选取不但会带来较大误差，甚至会干扰规划政策的正确制定。城市物流活动是一个完整过程，包括物流理念的产生、产品的投产、市场的营销、产业及协同网络等环节。已有理解试图以最能体现城市物流活动发展成果的最终阶段——物流产业，来取代构建产生物流理念所需要的开放包容的社会环境、理念转化产品所需的公平完善的法制环境、产品投放市场所需的活跃的商业环境等诸多隐性但却十分重要的前期过程，这种只重结果而忽略源头的城市物流是难以为继的。城市物流不是物流产业的简单堆砌，也不是经营城市的权宜之计，更不是城市精英独享的商业游戏，而是具备集聚性、多样性、市民能够参与并共享、拥有持久活力的物流空间，将此理念贯穿于城市投入产出指标选择中，得出的效率评价才能客观准确，起到标杆作用。

本章选择的指标体现了上述内涵：人均、包容性、民众参与性。对城市而言，其受众已不仅是消费者，他们与生产者的互动不仅引导着物流的发展，甚至也会参与物流的生产（电商、网购）。因此具有一定数量和较高水平的受众也是促进城市物流业成长和发展的重要力量。他们不仅可以参与到物流活动中；还可以分享物流所带来的成果。这是促进城市物流经济持续发展、保持城市物流持久活力的基石，当然也是评价结果迥异的原因。

再次，部分一线城市空洞、趋同的目标定位导致了资源配置的效率低下。为了与国际接轨，各城市物流在发展最初就提出了目标与定位，但综观这些"口号式"的定位，大多存在着目标不明确、内容无特色的问题。例如，上海提出要成为仅次于纽约、伦敦、东京的全球第四大物流中心，如此宏大而空洞的目标对于构建城市物流并无实质性的指导意义。另外，对于经济发达、社会结构复杂的大都市，单一的城市定位类型不能满足其发展需求，而应根据自身特色与条件，进行多角度定位构想，这一过程需要不断地摸索，这也是资源配置效率不理想的原因所在。

最后，部分各具特色的城市物流业发展模式。科技和人才是城市的两大基石，真正的物流城市是科技与人才密集的有机复合体。深圳是全国高新技术产品基地和 IT 重镇，高新技术产业的优势为深圳物流产业和科技的结合奠定了雄厚基础。苏州非常重视物流产业的发展，已颁布《中共苏州市委、苏州市人民政府关于大力促进物流产业发展的决定》《苏州市"十一五"物流产业发展布局规划》《苏州市物流产业发展指标体系考核办法》等文件用于扶持物流产业发展。

可以认为，上述城市正是由于能相对准确地把握城市内涵，才通过各具特色的建设理念和治理方法在 2013 年的城市物流效率排名中位居前列。

3.4.2 相对吸引力

相对吸引力值是以效率表现相对较落后的决策单元（如 Level 2）为评价背景来评价相对效率表现较佳的决策单元（如 Level 1）所计算出来的，因而只要不是位于最后一层的决策单元均可计算相对吸引力值。相对吸引力值越大，表示与相对较无效率的决策单元的差距越大，以此可看出是否存在接近的竞争者。例如，Level 1 可分别以 Level 2、Level 3、Level 4、Level 5 和 Level 6 作为评价背景计算出 1～5 阶的相对吸引力，相对吸引力越大者表示其相对效率较佳。

由表 3.3 可以看出，2013 年 Level 1 中，深圳市对各阶层的吸引力值都是排名第一，且吸引力值都高出同一层其他城市（长沙市、苏州市）许多，表明其各项指标都领先很多，且无条件相近的城市。在 Level 2 中，杭州市的 1 阶、2 阶、3 阶吸引力均高于青岛市，4 阶的吸引力则是青岛市高于杭州市，只有这两个城市间的差距微小。在 Level 3 中，大连市的 1 阶、2 阶、3 阶吸引力值都是排名第一，且吸引力值都高出同层其他城市（昆明市、厦门市）许多，表明大连市在 Level 3 的效率表现格外突出。在 Level 4 中，南京市的 1 阶、2 阶吸引力值都是排名第一，且吸引力值都高出同层其他城市（北京市、上海市、广州市、武汉市、西安市）许多，表明南京市在 Level 4 的效率表现独占鳌头。在 Level 5 中，宁波市的 1 阶吸引力排序第 1，但与成都市差距微小，而无锡市的效率表现相对较差。

表 3.3 各城市物流吸引力值与排序

	Level 1						Level 2			
	1 阶	2 阶	3 阶	4 阶	5 阶		1 阶	2 阶	3 阶	4 阶
深圳	5.0078 ①	12.0715 ①	31.6432 ①	40.7820 ①	117.3567 ①	青岛	1.9916 ②	5.3578 ②	10.7878 ②	19.1343 ①
长沙	1.5783 ③	2.6234 ③	8.0099 ③	20.1588 ③	30.3977 ③	杭州	2.2955 ①	5.8890 ①	11.3434 ①	16.4677 ②
苏州	3.4789 ②	8.2390 ②	20.0007 ②	29.0678 ②	47.4437 ②					
平均值	3.3550	7.6446	19.8846	30.0029	65.0660	平均值	2.1436	5.6234	11.0656	17.8010

续表

	Level 3				Level 4			Level 5
	1 阶	2 阶	3 阶		1 阶	2 阶		1 阶
大连	3.2366 ①	9.8977 ①	14.3366 ①	北京	1.1912 ⑤	2.3439 ⑤	无锡	1.1110 ③
昆明	1.5088 ②	2.1755 ③	3.2299 ③	上海	1.5198 ③	2.7289 ④	宁波	3.0022 ①
厦门	1.116 ③	3.2367 ②	6.4472 ②	广州	1.1833 ⑥	1.5622 ⑥	成都	2.9516 ②
				南京	2.7773 ①	7.9700 ①		
				武汉	1.3201 ④	2.9886 ③		
				西安	2.1104 ②	3.0629 ②		
平均值	1.9538	5.1033	8.0046	平均值	1.6837	3.4428	平均值	2.3549

注：圆圈内数字表示排序，平均值为各阶吸引力值的算术平均数。

3.4.3　相对进步力

　　相对进步力是相对效率较差的决策单元（如 Level 2）以相对效率较佳的决策单元（如 Level 1）为评价背景所求得的。所以除了 Level 1 的外，其他层的决策单元均可计算出不同阶的相对进步力值。以 Level 6 为例（见表 3.4），可分别以 Level 5、Level 4、Level 3、Level 2 和 Level 1 作为评价背景计算出 1 至 5 阶相对进步力值，而相对进步力值越大表示其相对效率越差，说明需要更多的努力改善其经营管理战略与资源配置，才可追赶上效率相对较佳层的决策单元。

表 3.4　各城市物流进步力值与排序

	Level 2		Level 3			Level 4		
	1 阶		1 阶	2 阶		1 阶	2 阶	3 阶
青岛	2.0007 ①	大连	1.0349 ①	4.9803 ①	北京	5.0012 ④	7.0277 ④	30.1231 ④
杭州	2.1312 ②	昆明	3.2355 ③	7.1441 ②	上海	5.4009 ⑥	7.1122 ⑤	48.4677 ⑥

续表

Level 2		Level 3			Level 4			
	1阶		1阶	2阶		1阶	2阶	3阶
		厦门	2.2443②	9.0002③	广州	5.1369⑤	8.9903⑥	34.6543⑤
					南京	1.3688①	2.2316①	13.0011①
					武汉	2.3216③	5.8009③	16.1231③
					西安	2.0067②	5.0065②	16.0213②
平均值	2.0660	平均值	2.1716	7.0415	平均值	3.5394	6.0282	26.3984

Level 5					Level 6					
	1阶	2阶	3阶	4阶		1阶	2阶	3阶	4阶	5阶
无锡	1.8860③	4.2237③	10.1236③	33.2135③	天津	1.0002①	2.1078①	5.7422①	12.0109①	47.1003①
宁波	1.1005①	3.2068①	6.1305②	21.3704②	重庆	2.3911②	4.1066②	12.7089②	19.0764②	70.6001②
成都	1.1088②	4.0209②	6.0917①	21.0009①						
平均值	1.3651	3.8171	7.4486	25.1949	平均值	1.6957	3.1072	9.2256	15.5437	58.8502

注：括号内数字表示排序，平均值为各阶进步力值的算术平均数。

由表 3.4 可看出，2013 年 Level 2 中，青岛市的 1 阶进步力值较小，代表其与第一层城市的效率落差较杭州市小，只有这两者的进步力值差距极微。在 Level 3 中，大连市的 1 阶、2 阶进步力值均为最小，表明大连市与第 2 层、第 1 层城市的效率落差相对于同层城市（昆明市、厦门市）较小。在 Level 4 中，南京市的 1 阶、2 阶、3 阶进步力值均为最小，表明南京市与第 3 层、第 2 层、第 1 层城市的效率落差相对于同层城市（北京市、上海市、广州市、武汉市、西安市）较小。在 Level 5 中，宁波市的 1 阶、2 阶进步力值最小。在 Level 6 中，天津市进步力值小于重庆市。在管理意义上，进步力值越大表示城市物流现状表现越差，要下大力气改善本市物流产业的投入产出效率，才能迎头赶上前面几层的城市。

3.4.4　各层次效率较高决策单元研究

context-dependent DEA 模型的亮点在于同层次决策单元之间的比较，

所以实证结果的分析不仅要关注效率最高的层次和决策单元，更要研究每个层次中效率较好的决策单元。

在相对吸引力部分，深圳市对各阶层的吸引力值都是排名第一，表明深圳市物流产业的发展十分成熟与稳定，在 Level 2、Level 3、Level 4、Level 5 分层中，杭州市、大连市、南京市、宁波市分别是该分层中吸引力值最大的城市，表明这些城市在分层中的效率表现最佳。在相对进步力值部分，青岛市、大连市、南京市、宁波市、天津市分别是 Level 2、Level 3、Level 4、Level 5、Level 6 分层中进步力值最小的城市，表明这些城市与领先层城市的效率差距较小，稍微改善即可迎头赶上。因此，相对吸引力值较大且相对进步力值较小的城市有杭州市（与青岛市差异不大）、大连市、南京市和宁波市。除了深圳市外，这些高吸引力、低进步力的城市最有机会能突破现状到表现更佳的分层中，属于相近的竞争对手中较具优势的城市。

虽然不同城市的物流产业发展基础不同，受到城市治理战略的影响也不同，但这些城市都临江临海，交通便利。更值得注意的是，这些城市具有一个共同点——中等规模。从人口规模来看：大连 669 万人、宁波 764 万人、南京 816 万人、杭州 884 万人、青岛 871 万人；从经济规模来看（以 2013 年的城市 GDP/人均 GDP 为例）：大连 7850 亿元/30562 元、青岛 8007 亿元/35227 元、宁波 7100 亿元/41500 元、南京 8000 亿元/39500 元、杭州 8343 亿元/39310 元，不难发现，总 GDP 都处于 7000 亿～8000 亿元的范围，人均 GDP 都在 30000～40000 元❶。一般认为大城市资源较为丰富，在人力、资本、财力等方面的投入上都有良好的政策规划作为后盾，因而会产生较好的效果，取得较佳的效率表现，Stam 等（2008）的研究结果也是如此。那么该如何看待本章与已有研究结论的矛盾性呢？

本章认为应做如下解读：尽管上述城市规模较小，但是规模经济效益并不是通过扩大规模就可以得到提高的。事实上，规模需要按照市场性质确定。正如小野宫太郎[29]指出的，行业管理应保持产业集约与有效竞争之间的平衡，企业必须注重市场的特殊性。鹤田俊也认为，与别国比较企业

---

❶ 数据来自《中国城市统计年鉴（2012—2014）》。

规模的大小，完全没有什么经济学意义。简而言之，建立在与发达国家城市简单比较基础上合意性的判断并不能反映出实际的问题。城市规模过大或过小，其物流产业治理效率都未必较好。适度的城市规模使得物流企业和产业更具有物流性，其主要原因包括城市本身具有适度的物流资本存量（Petrov，2008）和相对充裕的人均物流资源。京津沪渝的效率低下也说明了这一问题，以杭州、南京为代表的中等规模城市极有可能是我国城市物流发展的最合适规模。综上所述，城市规模对城市物流的分层效率影响不是绝对的。

Level 2（青岛市、杭州市）如果要与 Level 1（深圳市、长沙市、苏州市）效率表现相同，必须在现有投入基础上增加产出（物流产业总产值、参与出席人数）。Level 3（大连市、昆明市、厦门市）如果要与 Level 2 效率表现相同，也必须增加产出。Level 4（北京市、上海市、广州市、南京市、武汉市、西安市）如果要与 Level 3 效率表现相同，同样需要增加产出。其他层次类同。此外，结果显示 Level 4 与 Level 3 的效率差距最小，而 Level 6 与 Level 5 的效率差距最大，足见天津市、重庆市的物流产业发展与治理效率仍有相当大的进步空间。

3.4.5 竞争优劣势

决策单元如果想了解自身的优劣位置，可通过合并相对吸引力值和相对进步力值，分辨出其在产业中的竞争优势位置，以判断现有的经营战略与资源配置等是否匹配。而为了更明确地表示出其竞争优劣势，本章以各层的平均吸引力值和平均进步力值为准，将其划分为 4 个象限说明。图 3.2、图 3.3 的垂直线代表吸引力平均值，水平线代表进步力平均值，以此划分出 4 个象限。第 I 象限：是相对吸引力值低、相对进步力值高的区域，表示其现在所处的竞争位置有接近的竞争者存在，而且如果想要达到最接近的相对较佳层的效率前沿，则需要对其资源配置等经营管理战略进行大幅度改善。第 II 象限：是相对吸引力值和相对进步力值均高的区域，虽无较接近的竞争者存在，但要提升效率则需要更加努力才有机会达成。第 III 象限：是相对吸引力值低和相对进步力值低的区域，表示有潜在竞争者存在，但是要追赶上前一层的决策单元较为容易，管理者需审视现行战略是否匹配。第Ⅳ象限：是相对吸引力值高但相对进步力值低的区域，如果是落在此区域，表示其所处的竞争位置较好，效率表现相对较佳，可保持现行的城市治理战略和建设方针。

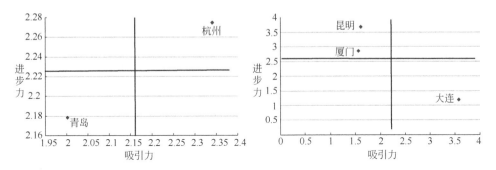

图 3.2　第 2 层 Level 2 和第 3 层 Level 3 城市平均相对吸引力和进步力值（1 阶）

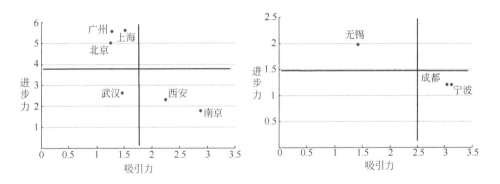

图 3.3　第 4 层 Level 4 和第 5 层 Level 5 城市平均相对吸引力和进步力值（1 阶）

由上述描述可知，一个决策单元相对效率表现较好的标志是要有高的相对吸引力值和低的相对进步力值，所以位于第Ⅳ象限最优，而位于第Ⅰ象限则最不理想，位于第Ⅱ象限和第Ⅲ象限则各有利弊。位于第Ⅱ象限的城市可降低其进步力值，位于第Ⅲ象限的城市可提升其吸引力值，从而达到较具竞争力的第Ⅳ象限。由图 3.2、图 3.3 可以看出 2013 年位于 Level 2 至 Level 5 的决策单元的竞争优势位置（以 1 阶相对吸引力值与 1 阶相对进步力值合并说明）。在 Level 2 中（图 3.2），只有杭州市与青岛市两个决策单元，杭州市落在第Ⅱ象限，应设法降低与第 1 层城市的进步力值差距，以增加其竞争优势；青岛市落在第Ⅲ象限，应提升其对第 3

层城市的吸引力值，以提升其竞争力，管理者亟须审视现行战略是否恰当。

在 Level 3 中，昆明市、厦门市均呈现低吸引力值、高进步力值，落在第 I 象限，相对竞争优势低，被 Level 4 其他决策单元追上的可能性相当高；大连市位在第 IV 象限，同时具有高吸引力值、低进步力值，具有相对最佳优势。在 Level 4 中（图 3.3），广州市、上海市、北京市均呈现低吸引力值、高进步力值，落在第 I 象限，相对竞争优势低，被 Level 5 其他决策单元追上的可能性相当高；武汉市落在第 III 象限，与上一层 Level 3 城市差距不大，但亟须提升其对第 5 层城市的吸引力值，以提升其竞争力，管理者亟须反思现行战略是否匹配。南京市、西安市位在第 IV 象限，同时具有高吸引力值、低进步力值，具有相对最佳优势。在 Level 5 中（见图 3.3），无锡市呈现低吸引力值、高进步力值，落在第 I 象限，相对竞争优势低，被 Level 6 中天津和重庆决策单元追上的可能性相当高；成都市、宁波市位于第 IV 象限，同时具有高吸引力值、低进步力值，具有相对最佳优势。

3.5　结论与建议

本章研究结果发现，物流效率最佳的六个城市分别为深圳市、苏州市、长沙市、杭州市、青岛市、大连市；相对地，无锡市、宁波市、成都市、天津市、重庆市是物流效率表现较差的五个城市，但进步空间仍非常大。很显然，城市规模不是影响我国城市物流治理效率的重要因素之一，如北上广规模毋庸置疑，但其物流效率却并不理想，同样属于直辖市的重庆和天津城市物流效率更是低下。

在此基础上提出以下治理建议。

第 I 象限（以差异化战略重点发展，避免被边缘化）：相对吸引力值低、相对进步力值高的城市，所处的竞争位置有接近的竞争者存在，而且如果想要达到最接近的相对较佳层的物流效率前沿，则需要对其资源配置等经营管理战略进行大幅度改善。此类城市应该以差异化作为治理主线，强化城市自我特色，以改善与现有竞争城市的异质性，并通过城市营销的方式改善城市特性，强化城市性格，以及寻找较具竞争优势的产业类别，采用重点发展的方式突破"瓶颈"。这一类城市包括 Level 3 的昆明市、厦门市，Level 4 的广州市、上海市、北京市，以及 Level 5 的无锡市。

第Ⅱ象限（提升内力，以长期发展战略为重心）：相对吸引力值和相对进步力值都较高的城市，虽无较接近的竞争者存在，但要提升效率则需要更加努力才有机会达成。在此象限内的城市，短期内容易维持现有领先优势的状况，然而要追赶上前一分层的城市需要较大的努力，因此治理的主线为拟定较长远的发展战略，如提升整体文化创意环境的友善程度，强化关于文化创意的教育措施及改善产业环境。Level 2 的杭州市属于此类型。

第Ⅲ象限（运用短期激励制度增加领先优势）：相对吸引力值和相对进步力值都较低的城市，虽有潜在竞争者存在，但是要追赶上前一层的决策单位较为容易，管理者需审视现行战略是否匹配。位于这个象限的城市，应该立即采取短期生效的战略，如奖励或者补助的制度。然而这类短期的战略需要较大的资金投入，虽然现状具有优势，但竞争的风险也较高。Level 2 的青岛市、Level 4 的武汉市属于此类型。

第Ⅳ象限（维持现行治理战略，稳定发展中力求升级）：相对吸引力值高但相对进步力值低的城市，其所处的竞争位置较好，效率表现相对较佳，可保持现行的经营管理方针。Level 3 的大连市，Level 4 的南京市、西安市，Level 5 的宁波市、成都市属于此类型。

本章进一步对城市物流效率做了剖析，与第 2 章不同的是：本章引入专家评价并在方法上有所改进和完善，且在指标选取上更贴近物流业的内涵。本章的研究得到了一系列新的结论，然而研究的视角和关注点还停留在静态的截面数据研究，未来希望能建立动态模型，引入面板数据考察这一问题，另外还将引入空间计量方法和空间数据考察我国城市的空间效率问题。

第4章 基于异质性与时变性随机前沿模型的公路货运企业成本效率研究

4.1 引言

前面两章内容重点关注的是宏观的城市物流效率问题，研究结果可以为政府部门提供决策依据，但对于微观企业而言，近几年效率运营情况仍是模糊领域，本章将重点关注微观货运企业的效率问题。

公路货运是最便利、最灵活及覆盖最广的货运方式。中国公路的高速发展，为公路货运的发展创造了有利的条件，使得公路货运量迅速增加：从增速上来看，1980—1999 年的货运年均增长速度为 8%；从货运结构上来看，从 1980 年公路货运量占总货运量的 64%（铁路占 30%），到目前公路货运占总货运量的比例已经达到 90%❶。但近年来受到国际油价大幅波动、高铁大批开通、私家车剧增等因素的影响，各公路货运企业经营情况日益严峻，公路运营成本逐年增加。目前，公路货运成本已然成为政府与学术界关注的焦点。对成本效率的测度除了可提供政府在制定政策时的参考依据外，也可让相关企业把握本身相对的优势与劣势，最大限度地利用各项有效资源。

---

❶ 我国公路货运的发展状况[EB]. 中国智能交通网，2012-07-19，http://www.zhinengjiaotong.com/news/show- 457112.html.

4.2　文献综述

国外学者对这一问题进行了长期的跟踪研究，而国内文献在这方面的研究却十分鲜见。作者将其主要方法、变量、结论列在表 4.1 中，不再赘述相关文献详细内容。此外，通过梳理有以下发现：

4.2.1　效率测评方法有待于改进

首先，过去使用随机前沿法的文献皆在假设全体企业为同质（homogeneous）的情况下进行分析，然而运营条件与环境的不同会让各企业间存有异质（heterogeneous）现象。例如，在公路货运业中，各公司的营业内容（如一般公路货运、公路货运、城市公交）、路线经营形态（如独营、联营）、运营路线长短、运营路线数、路线种类（如短程通勤线、中长程路线、机场路线、旅游路线）及公司规模、公司战略等，均对各货运企业经营效率影响巨大，即便是不同起止点这一具体的社会经济特性，对于货运需求和货运企业的应对方式也都会有相当程度的影响。如果不将上述企业间的异质现象纳入考虑，所度量的经营效率程度难免会有谬误。

其次，现实中公路货运企业的经营效率会随需求、供给、政策三方面影响而呈现时变现象。从市场需求方面角度出发，货运需求会受经济周期、社会事件波动（如 SARS 疫情、旅游旺季等）影响，进而使货运企业的经营效率随时间波动而变化；就供给方面角度而言，各货运企业会随着运营时间的增长累积经验，进而产生技术变化与学习效果；同时公路货运属于政府管控行业，政府不同时期政策、规章、法令等的出台及调整都会对货运业经营造成影响。而传统的随机前沿法限定所评价的各企业的效率表现是不随时间变动（time-invariant）的，当面板数据模型的期间越长，效率水平的静态性质假设就越发显得不合理，所以在经营效率的分析中，应将效率的时变性（time-variant）加以考虑，才能使估计结果更为完善。

表 4.1 应用随机前沿法于公路货运业的文献梳理

作者	研究对象	数据形式	函数形式	采用模型	方法	投入变量	产出变量	其他变量	研究结果
Viton (1986)[30]	美国67家公交车业	Cross-Section 1979	随机前沿生产函数 Translog	Pooled frontier	MLE	驾驶工时、管理工时、耗油量、车队规模	车辆公里	平均车龄、尖峰离峰比率	企业规模不会影响效率估计，不同企业之间效率表现差异不大
Bhattacharyya 等 (1995)[31]	印度32家公交车业	Panel data 1983—1987	随机前沿成本函数 Translog	Random effects	MLE	燃油价格、驾驶劳动价格、管理劳动价格	货运公里	车队规模、承载率	整体公交车业经营效率呈现衰退的现象，私营的企业效率表现较佳
Loizides, Giahalis (1995)[32]	希腊公共运输业	Cross-Section 1971—1989	随机前沿生产、成本函数 Cobb-Douglas	Pooled frontier	MLE	资本、劳动、管理维护等项目	货运公里、延吨公里	无	规模报酬递减，技术进步，另外技术与配置效率程度皆相当高
Sakano 等 (1997)[33]	美国公交车业	Panel data 1983—1992	随机前沿成本 Translog	Random effects	MLE	劳动价格、资本价格、燃料价格	车辆公里	人口密度、路网长度、平均车龄、补贴额	配置无效率来自补贴额与内部因素，技术无效率来自政府管制
Jorgensen 等 (1997)[34]	挪威170家公交车业	Cross-Section	随机前沿成本 Cobb-Douglas	Pooled frontier	MLE	平均车辆大小、乘客数等项目	车辆公里	业务、路线、虚拟变量	公营与私营表现差异不大，不同规模政策与企业表现无关
Matas, Raymond (1998)[35]	西班牙9家公交车业	Panel data 1983—1995	随机前沿成本 Translog	Regression	OLS	劳动价格	车辆公里	路网长度、公司变量、时间变量	长期存在密度经济及固定规模报酬，大公司效率表现较佳
Jha, Singh (2001)[36]	印度9家公交车业	Panel data 1983—1997	随机前沿成本 Translog	Battese, Coelli (1995)	MLE	劳动价格	货运公里	时间、路网、承载率、驾驶使用率、里程数	业存在规模经济现象，且小型公司效率表现较大型公司好
Dalen, Gomez-Lobo (2003)[37]	挪威142家公交车业	Panel data 1983—1987	随机前沿成本函数 Cobb-Douglas	Battese, Coelli (1995)	MLE	驾驶劳动价格、管理劳动价格、资本、燃料价格	城际、市区车辆公里	人口密度、距离、产业、时间、环境变量	管制契约和无效率有相关性，契约中的诱因使企业努力节省成本

续表

作者	研究对象	数据形式	函数形式	采用模型	方法	投入变量	产出变量	其他变量	研究结果
Farsi 等 (2006) [38]	瑞士 94 家公共交车业	Panel data 1986—1997	随机前沿成本函数 Translog	Fixed effects Pooled frontier Random、True Random effects	LSDV MLE SMLE	劳动价格、燃油价格、资本价格	座位公里	路网长度、时间变量	True Random Effects 可降低效率估计偏差，存在未开发密度及规模经济
Piacenza (2006) [39]	意大利 44 家公共运输业	Panel data 1993—1999	随机前沿成本函数 Translog	Battese、Coelli（KGMHLBC）（1995）	MLE	劳动价格、燃油价格、其他物料与服务价格	座位公里	速度、时间、经营形态变量	显示不同的补贴契约与运营速度和企业效率程度存在相关性
Abbes、Bulteau (2006) [40]	法国公共运输业	Panel data 1997—2003	随机前沿成本函数 Translog	Fixed effects	LSDV	劳动价格、资本价格	里程数	路网长度	补贴费率与效率无关，整体存在密度经济与规模经济
Roy, Billon (2007) [41]	法国 135 家公共交车业	Panel data 1995—2002	随机前沿成本函数 Translog	Battese、Coelli (1995)	MLE	劳动价格、燃油价格、资本价格	车辆公里	路网长度、人口密度	私营表现优于公营，管制契约的不同和效率表现存在相关性
Barros 等 (2008) [42]	法国 135 家公共交车业	Panel data 1995—2002	随机前沿生产函数 Translog	True Random effects	MSL	司机数、其他员工数、耗油量、车辆数、路网长度	车辆公里	时间、公民、营运规模变量、驾驶次数	生有技术进步现象，True Random Effects Model 提供有效估计

资料来源：本节整理。

相比较而言，DEA 方法忽略了外在不确定性因素对效率估计的影响，而随机前沿法将实际运营过程中非人为所能控制的不确定随机因素（油价波动、机器故障、自然灾害、政治影响等）纳入考虑。由上述分析可知，对地区公路货运业成本效率进行评价时，利用随机前沿法将显得更为客观。另外，由文献分析观察可得，最常使用的投入项目为劳动、资本、燃油等变量，产出项目则为座位公里、货运公里、车辆公里、总收入等，其他变量则为时间趋势变量、路网长度等运营特性变量。

4.2.2　视角需要拓展

国内外公路货运业效率研究的重点集中于国营、私营、民营化、政府管制、补贴额度等问题，以此彰显效率表现对货运业发展战略、政策制定意义非同一般。过去多数文献是由生产角度出发，设定生产前沿函数或成本前沿函数予以探讨。以生产前沿函数探讨效率仅可测量到技术效率（technical efficiency）的表现，而以成本前沿函数探讨效率时，隐含了同时对技术效率与配置效率（allocative efficiency）进行评价。因此通过成本前沿函数所估计出的成本效率（cost efficiency）将包含更多信息，更能描述企业经营效率的表现。

Cobb-Douglas 与 Translog 是最为常用的函数形式。Translog 函数假设要素替代弹性具有变动性，且允许规模经济、密度经济随产出水平变动，但不易估计，若有 n 个解释变量，函数式展开后共有 $\left\{\dfrac{1}{2}(n+1)(n+2)\right\}$ 个待估参数，参数过多可能产生共线性问题，只有应用于大样本的情况才能维持其自由度；Cobb-Douglas 函数存在预先限制，规模经济、密度经济值不随产出水平变动，要素替代弹性为固定值，估计容易，待估参数较少。本节将以相关文献和最大似然估计（Likelihood-Ratio Test）作为选择函数形式的参考依据，同时引入此两种函数，进行似然估计，进而决定函数形式。分析数据为面板数据模型，其结合时间序列及截面数据的特性，可反映各企业在一段时间内的连续表现状况。

研究国内外相关文献（Dalen and Gomez-Lobo，2003；Jha and Kumar Singh，2001；Loizides and Giahalis，1995；Matas and Raymond，1998；

Piacenza，2006）中，对于度量国内或某一地区货运行业经营效率的研究相当缺乏，更鲜有同时结合企业异质性与效率的时变性进行的综合分析。综上所述，本节将从成本效率角度出发设定成本前沿函数，并采用随机前沿法，对 2010—2014 年山西省 37 家公路货运公司的成本效率（cost efficiency）进行评价，并且在不同的随机前沿模型设定下，将企业异质性和效率的时变性纳入研究，各模型的实证结果将予以比较与应用，为政府、企业作为决策的参考依据。

本节借鉴张毅的前期研究[2,18~22]。首先，利用不同的随机成本前沿模型，对 2010—2014 年山西省 37 家公路货运公司的成本效率进行评价。然后，将异质性与时变性随机前沿模型应用于估计成本效率，并与其他模型加以比较。最后，通过评价出的成本函数与成本效率指标，进行 Tobit 回归分析与经济特性分析，并根据结论针对公路货运企业与政府提出建议。

4.3 模型设计与变量指标选取

4.3.1 成本效率

本节将采用各种随机成本前沿模型对山西省公路货运企业成本效率进行估计（见图 4.1）。

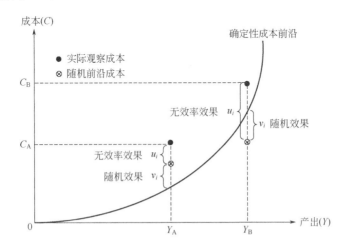

图 4.1 随机成本前沿示意图

图 4.1 中确定性成本前沿表示企业生产最佳状态均位于此线，考虑到随机效应，企业所花费最小成本将由确定性成本前沿上下移动，Y_A 和 Y_B、C_A 与 C_B 分别表示两企业 A 与 B 的产出水平及花费成本。例如，A 企业花费 C_A 来生产 Y_A，相对于确定性成本前沿，此时生产环境中的随机效应是不利于生产的，故双侧分布随机项为一正数 $v_i > 0$，而 u_i 表示成本无效率效应产生的额外成本，也为一正数（$u_i > 0$）。由前述可知，成本效率可从最小花费成本与实际观察成本比值得出，所以最小成本包含企业无法控制的随机性，以 C_A^* 代表，故企业 A 的成本效率值可表示为 C_A^*/C_A。

同样地，B 企业花费 C_B 来生产 Y_B，此时生产环境中的随机效应对成本产生负向影响，有利于生产进而使成本下降，此随机项为一负数（$v_i < 0$），而 u_i 表示成本无效率效应产生的成本，其大于零（$u_i > 0$）。由图 4.1 可知，即使随机效应是有利的，但其有利程度相对小于无效率的负面影响，总成本影响效应还是为正数，其成本效率值为 C_B^*/C_B。综上所述，成本效率可由最小成本与实际成本比值计算，其计算公式可推导如下，即

$$\ln c_i = f(p_i, y_i, \beta) + u_i + v_i$$

$$c_i = \exp\{f(p_i, y_i, \beta)\} \times \exp\{u_i\} \times \exp\{v_i\}$$

$$\text{CE}_i = \frac{C^{\min}}{C} = \frac{\exp\{f(p_i, y_i, \beta)\}\exp\{v_i\}}{\exp\{f(p_i, y_i, \beta)\}\exp\{u_i\}\exp\{v_i\}} = \exp\{-u_i\}, i = 1, 2, \cdots, N \quad （4.1）$$

由式（4.1）可知，成本效率值（CE_i）是通过比值求得的，在假定 u_i 值恒正的条件下，CE_i 值必介于 0～1，若效率值越接近 1，表示该企业在经营上越有效率，若效率值越接近 0，则越相对无效率。

4.3.2　考虑异质性和时变性的随机前沿模型

传统的随机前沿模型均在假设各企业为同质的前提下进行分析，然而现实中企业运营环境常常是异质的，这些无法人为控制的异质性不仅干扰公司的生产过程，而且所导致的协调管理成本可能使各企业的效率衡量产生偏误。以下是本节所采用的考虑异质性现象且使用面板数据的三种随机前沿模型。

1. Random Effects Model with Heterogeneity（REH）

Caudill 等（1995）指出，随机前沿模型中，误差项的异质变异（heterogeneity）很可能造成估计出的各种参数 $(\beta, \sigma_u^2, \sigma_v^2, \sigma^2, \lambda)$ 产生偏误，而偏误的参数 $(\sigma_u^2, \sigma_v^2, \sigma^2)$ 将影响后继效率指标的推估。故此三位学者建议对传统 RE 模型进行修正，修正对象主要为服从单侧分布的无效率项 (u_i)，相关函数设定如下，即

$$
\begin{aligned}
&c_{it} = \beta_0 + \beta' x_{it} + v_{it} + u_i, \quad \sigma_{ui}^2 = \exp(\delta_1 z_i) \\
&v_{it} \sim \text{iid} N(0, \sigma_v^2), \quad u_i \sim \text{iid} N^+(0, \sigma_{ui}^2) \\
&i = 1, 2, \cdots, N, \quad t = 1, 2, \cdots, T
\end{aligned}
\tag{4.2}
$$

其采用 Greene（1990）所建议的计量方法，将原始 u_i 项中的变异数与异质性变量 z_i（此项变量通常以样本规模特征变量代表）相乘。其余模型中变量设定与估计方式如同前述 RE 模型所示。

2. Battese and Coelli Model with Heterogeneity（BCH）

此模型认为企业的无效率表现会随不同企业所面对的非随机环境变量（non-stochastic environmental variables）的不同而改变，因此应将影响企业效率的外生环境变量 z_{it}（environmental variables）纳入模型中分析。由于这种外生环境变量概念和文本所要探讨的异质性相符，故本章将外生环境变量称为异质性变量。其估计方式为将异质性变量 (z_{it}) 纳入无效率回归式中，进行一阶段联立估计，通过这种方式可以部分解释外部异质性对效率的影响，其随机前沿成本函数表示如下，即

$$
\begin{aligned}
&c_{it} = \beta_0 + \beta' x_{it} + v_{it} + u_{it}, \quad u_{it} = \exp(r' z_{it}) \cdot u_i \\
&v_{it} = N(0, \sigma_v^2), \quad u_{it} = N^+(r' z_{it}, \sigma_u^2) \\
&i = 1, 2, \cdots, N, \quad t = 1, 2, \cdots, T
\end{aligned}
\tag{4.3}
$$

式中：u_{it} 服从断点为 $r' z_{it}$ 的非负半正态分布，也称为截断式正态分布；v_{it} 则服从正态分布，估计过程与成本效率计算如同前述 BC 模型。须特别注意的是，式（4.3）中异质性变量 (z_{it}) 会随着时间变动，这表示估计出的 u_{it} 有时变性现象，故此模型所估计出的成本效率也具有时变的效应。

3．True Random-Effects Model（TRE）

Greene（2005）提出一种拓展传统 RE 的新模型——True Random-Effects Model，与之前 RE 模型相比，作者于模型中新增随机性参数，用以反映未观察到的异质性效应。此模型也设定效率为时变形式，其随机前沿成本函数设定如下，即

$$
\begin{aligned}
&c_{it} = (\beta_0 + \alpha_i) + \beta' x_{it} + v_{it} + u_{it} \\
&v_{it} = N(0, \sigma_v^2), \quad u_{it} = |U_{it}|, \quad \alpha_i = N(0, \sigma_\alpha^2), \quad U_{it} = N^+(0, \sigma_u^2) \\
&i = 1, 2, \cdots, N, \quad t = 1, 2, \cdots, T
\end{aligned}
\tag{4.4}
$$

式中：β 代表各项待估参数；α_i 表示潜在异质性（latene heterogeneity）参数，用以反映跨越各企业间的异质性，并假设其服从正态分布；v_{it} 与 u_{it} 假设如同前述。观察式（4.4）可知，异质性参数（α_i）服从特定随机分布，故此模型可视为随机参数模型（random parameters model）。下面进一步介绍此模型的估计方法。

由 Aigner 等（1997）可知，组合误差项的密度函数为

$$
f(\varepsilon_{it}) = f(c_{it}) = \frac{2}{\sigma} \phi\left(\frac{\varepsilon_{it}}{\sigma}\right) \Phi\left(\frac{\lambda \varepsilon_{it}}{\sigma}\right)
\tag{4.5}
$$

由于此函数由三个干扰项（disturbance）所组成，根据 Greene（2005），在已知 α_i 下，c_{it} 的成本条件密度函数可表达为

$$
f(c_{it} \mid \alpha_i) = \frac{2}{\sigma} \phi\left(\frac{\varepsilon_{it}}{\sigma}\right) \Phi\left(\frac{\lambda \varepsilon_{it}}{\sigma}\right), \quad \varepsilon_{it} = c_{it} - (\beta_0 + \alpha_i) - \beta' x_{it}
\tag{4.6}
$$

式中，ϕ 与 Φ 分别为标准正态分布的密度函数及累积分布函数。在 α_i 的条件下，每个企业 i 各拥有 T 期独立的观察值，故考虑到全体样本，期间的条件联合密度函数可写成

$$
f(c_{i1}, \cdots, c_{iT} \mid \alpha_i) = \prod_{t=1}^{T} \frac{2}{\sigma} \phi\left(\frac{\varepsilon_{it}}{\sigma}\right) \Phi\left(\frac{\lambda \varepsilon_{it}}{\sigma}\right)
\tag{4.7}
$$

利用概率定理对 α_i 积分，经过函数替换后，可获得无条件限制的联合密度函数，即

$$ex: \quad f(a \mid b) = \frac{f(a,b)}{f(b)}$$

$$f(a) = \int_{Rb} f(a,b) \cdot \mathrm{d}b = \int_{Rb} f(a \mid b) f(b) \cdot \mathrm{d}b$$

$$L_i = f(c_{i1}, \cdots, c_{iT}) = \iint_{\alpha_i} \prod_{t=1}^{T} \frac{2}{\sigma} \phi\left(\frac{\varepsilon_{it}}{\sigma}\right) \Phi\left(\frac{\lambda \varepsilon_{it}}{\sigma}\right) g(\alpha_i) \cdot \mathrm{d}\alpha_i \tag{4.8}$$

观察式（4.8）可发现，对 α_i 进行积分求解十分困难，因上述函数属于开放性（Open-Form）形式而非传统封闭性（Close-Form）形式。因此 Greene（2005）利用蒙特卡罗模拟积分（Monte-Carlo Integration Method）的方式来加以求解，即以随机数的方式模拟分布函数，通过随机抽出符合特点概率密度函数的随机数以取代多维度的积分解，即模拟的概念为多次从 α_i 假定的分布中抽取某值，经过积分、加和后再取平均值，其意味着在多次试验下，近似真实的积分解。这种概念与统计中的期望值含义相符，因此函数又可表达成

$$L_i = f(c_{i1}, \cdots, c_{iT}) = E_{\alpha i}\left[\prod_{t=1}^{T} \frac{2}{\sigma} \phi\left(\frac{\varepsilon_{it}}{\sigma}\right) \Phi\left(\frac{\lambda \varepsilon_{it}}{\sigma}\right)\right] \tag{4.9}$$

随机数的抽取方式包含 Pseudo-random 数列与 Halton 数列，前者是指一般统计上的随机数，而后者则是通过一连串的质数产生对应的等差级数，再将此等差级数对应至特定分布以产生随机数（Train，2003）。在随机数的抽取方式及次数上，基于 Greene（2007）建议，本节将采用 Halton 数列进行 50 次抽取。最后包含 N 个企业的对数似然函数可写成

$$\lg L_s(\beta, \lambda, \sigma, \theta) = \sum_{i=1}^{N} \lg \frac{1}{R} \sum_{r=1}^{R} \left[\prod_{t=1}^{T} \frac{2}{\sigma} \phi\left(\frac{\varepsilon_{it} \mid \alpha_{ir}}{\sigma}\right) \Phi\left(\frac{\lambda \varepsilon_{it} \mid \alpha_{ir}}{\sigma}\right)\right] \tag{4.10}$$

式中：β、λ、σ 为待估参数；θ 表示 α_i 分布的参数；R 为总模拟抽取次数；α_{ir} 代表观察值 i 的第 r 次抽取。由于参数估计过程中增加了模拟积分的步骤，故此估计方法称为模拟最大似然估计法（Simulated Maximum Likelihood Estimation，MSL），相关文献可参考 Train（2003）。成本效率计算过程如同前述 RE 模型所论述（表 4.2 和表 4.3）。

表 4.2 各种随机前沿模型比较

提出者	模型名称	各模型函数形式
Pitt and Lee（1981）	Random-Effects	$c_{it} = \beta_0 + \beta' x_{it} + v_{it} + u_i, v_{it} = N(0, \sigma_v^2), u_i = N^+(0, \sigma_u^2)$
Schmidt and Sickles（1984）	Fixed-Effects	$c_{it} = \alpha_i + \beta' x_{it} + v_{it}, v_{it} = N(0, \sigma_v^2), \hat{u}_i = \hat{\alpha}_i - \min(\hat{\alpha}_i)$
Battese and Coelli（1992）	Battese and Coelli	$c_{it} = \beta_0 + \beta' x_{it} + v_{it} + u_{it}$ $v_{it} = N(0, \sigma_v^2), u_{it} = N^+(\mu, \sigma_u^2), u_{it} = \exp[-\eta(t-T)] \cdot u_i$
Battese and Coelli（1995）	Battese and Coelli with Heterogeneity	$c_{it} = \beta_0 + \beta' x_{it} + v_{it} + u_{it}$ $v_{it} = N(0, \sigma_v^2), u_{it} = N^+(r'z_{it}, \sigma_u^2), u_{it} = \exp(r'z_{it}) \cdot u_i$
Caudill et al.（1995）	Random-Effects with Heterogeneity	$c_{it} = \beta_0 + \beta' x_{it} + v_{it} + u_i$ $v_{it} = N(0, \sigma_v^2), u_i = N^+(0, \sigma_{ui}^2), \sigma_{ui}^2 = \exp(\delta_i z_i)$
Greene（2005）	True Random-Effects	$c_{it} = (\beta_0 + \alpha_i) + \beta' x_{it} + v_{it} + u_{it}$ $v_{it} = N(0, \sigma_v^2), u_{it} = N^+(0, \sigma_{it}^2), \alpha_i = N(0, \sigma_\alpha^2)$

表 4.3 各种随机前沿模型比较续表

提出者	模型名称	误差项（ε）	估计方法	模型特性
Pitt and Lee（1981）	Random-Effects	$u_i + v_{it}$	ML	time-invariant，$\hat{u}_i = [u_i \mid u_i + v_{it}]$
Schmidt and Sickles（1984）	Fixed-Effects	ε_{it}	LSDV	time-invariant，$\hat{u}_i = \hat{\alpha}_i - \min(\hat{\alpha}_i)$
Battese and Coelli（1992）	Battese and Coelli	$u_{it} + v_{it}$	ML	time-variant，$u_{it} = \exp(-\eta(t-T))u_i$ $CE_i = E(\exp\{-u_{it}\} \mid \varepsilon_i)$
Battese and Coelli（1995）	Battese and Coelli with Heterogeneity	$u_{it} + v_{it}$	ML	time-variant，$u_{it} = \exp(\gamma' z_{it})u_i$ $CE_i = E(\exp\{-u_{it}\} \mid \varepsilon_i)$
Caudill et al.（1995）	Random-Effects with Heterogeneity	$u_i + v_{it}$	ML	time-invariant，$\hat{u}_i = [u_{it} \mid u_i + v_{it}]$ $\sigma_{ui}^2 = \exp(\delta_i z_i)$
Greene（2005）	True Random-Effects	$\alpha_i + u_{it} + v_{it}$	MSL	time-variant，$\hat{u}_i = [u_{it} \mid \alpha_i + u_{it} + v_{it}]$

资料来源：本节整理。

4.3.3 研究对象

本节研究对象为山西省公路货运企业，经营范围包括班车货运、旅游货运、出租车货运和包车货运等，但城市公交不在研究范围内。由于业务的重合和经营范围的多元化，众多货运企业也同时开展客运业务，数据上无法做到严格区分。本节取 2010—2014 年为研究区间，共挑选出 37 家符合条件的公路货运公司，采用 2010—2014 年共 5 年的非均衡面板数据（unbalanced panel data）进行实证分析。相关资料主要来自全国企业信用信息公示系统、山西省交通厅、山西省公路局、山西道路运输公众出行信息服务网等（见表 4.4）。

表 4.4　研究对象情况表❶

企 业 名 称	地 区	规 模	经 营 范 围
襄垣县创新城乡公交有限公司	长治	50 辆	县内班车货运、四类货运班线
屯留县长兴公交货运有限公司	长治	55 辆	县内班车货运、县际班车货运、二类货运班线
运城市国宾旅游汽车有限公司	运城	43 辆	省际非定线货运
阳泉市交通集团货运有限公司	阳泉	120 辆	县内班车货运、县际班车货运、市际班车货运、省际班车货运、一类货运班线
平定县东方世纪公交货运有限公司	阳泉	28 辆	城乡公共货运、货运租赁、县内班车货运、县际班车货运
阳泉慧通汽车货运有限公司	阳泉	38 辆	省际非定线、省际包车货运
忻州五台山风景名胜区日升达公共货运有限公司	忻州	222 辆	景区内公共货运、出租汽车及其停车场管理
宁武芦芽山旅游货运有限公司	忻州	73 辆	县内定线货运
山西新北盛运输有限公司	太原	100 辆	县内班车货运、县际班车货运、市际班车货运、省际班车货运、一类货运班线
太原市并州运业有限公司	太原	100 辆	县内班车货运、县际班车货运、市际班车货运、省际班车货运、一类货运班线
太原市丰康汽车运输有限公司	太原	104 辆	县内班车货运、县际班车货运、市际班车货运、省际班车货运、一类货运班线
山西并州高速快客集团有限公司	太原	1136 辆	长途货运
山西鑫晋源旅游汽车服务有限公司	太原	26 辆	省际非定线货运
山西交通国旅汽车有限公司	太原	33 辆	省际非定线
古交市金马运业有限公司	太原	35 辆	县内班车货运、县际班车货运、市际班车货运、省际班车货运
山西迅马旅游汽车服务有限公司	太原	36 辆	省际非定线货运
古交市程万货运有限责任公司	太原	38 辆	县内班车货运、县际班车货运、市际班车货运、省际班车货运、二类货运班线

❶ 上述企业经营范围客货运兼有，分淡季、旺季交替使用，企业没有提供具体数据。

续表

企 业 名 称	地 区	规 模	经 营 范 围
山西迎宾旅游汽车服务有限公司	太原	52辆	省际非定线、市际非定线
山西汽运集团晋龙捷泰运输贸易有限公司	太原	700余辆	班车货运、高速货运、包车货运
太原市千山旅游汽车服务有限公司	太原	80辆	省际非定线货运
太原市龙亮通旅游汽车服务有限公司	太原	50余辆	省际非定线货运
太原旺隆旅游汽车服务有限公司	太原	60余辆	省际非定线货运
山西福鑫旅游汽车服务有限公司	太原	40余辆	货运
太原市晋韵旅游汽车服务有限公司	太原	30余辆	市际非定线、省际非定线
山西省阳方口汽车运输有限责任公司	朔州	347辆	公路货运
朔州顺发旅游汽车服务有限公司	朔州	42辆	省际非定线货运
山西汽运集团吕梁汽车运输有限公司	吕梁	412辆	货运车辆管理、货运车辆管理
山西汽运集团汾阳运业有限公司	吕梁	70辆	公路客货运输
山西汽运集团临汾汽车运输有限公司	临汾	300余辆	省际班车货运、市际班车货运、县际班车货运、县内班车货运、一类货运班线
昔阳县呈祥公交有限责任公司	晋中	14辆	县内班车货运、四类货运班线
灵石县凯通货运有限责任公司	晋中	40余辆	县内班车货运、四类货运班线
灵石县宇通运业有限公司	晋中	30余辆	县内班车货运、县内包车货运、县际班车货运、三类货运班线
大同市灵曦汽车货运有限责任公司	大同	200余辆	县内班车货运、县际班车货运、市际班车货运、省际班车货运、一类货运班线
山西汽运集团雁北汽车运输有限公司	大同	312辆	汽车货运
大同市龙途旅游汽车有限公司	大同	56辆	省际非定线货运
大同市古都汽车旅游有限公司	大同	85辆	省际非定线货运
大同市和泰旅游汽车有限公司	大同	86辆	省际非定线货运

资料来源：根据山西省交通厅、公路局内部资料和电话采访获得。

1. 投入产出变量

本节通过成本效率角度展开研究，设定成本函数作为评价公路货运业成本效率的指标。而成本函数主要的设定变量为产出与投入项价格，本节将说明研究中投入、产出变量和其他相关变量的设定情况。

1）产出变量

在货运业生产分析中，不正确的产出设定可能导致货运产业特性分析错误。根据文献分析与 De Borger 等（2002）国外探讨货运业的相关文献在设定产出时，大部分采用如下变量予以度量：需求指标（demand-related indicators）包括货运公里，供给方面指标（supply-related indicators）包括车辆公里与座位公里、运营总收益（revenue）。本节初分步采用总货运公里数进行分析，然而由于软件实际操作与估计方法的限制，部分模型无法得出参数估计（TRE 模型于模拟时出现不明数值问题）。又因公路货运企业往往同时经营一般公路与高速公路两种路线，而两种路线单位费率定价明显不同，如果采用上述需求方面指标或供给方面指标，将无法考虑路线费率定价不同的效果。因此本节最后拟从费率角度出发，采取总收益作为产出变量。

2）投入变量

在成本函数体系中，投入变量主要指投入要素价格。根据文献回顾，投入价格包括劳动价格、资本价格及燃油价格，本节延用劳动价格及燃油价格的设定。而资本价格的计算，因为涉及货运车辆的购买价格、使用年限及残值，此方面数据不易取得（Matas，Raymond，1998），又因公路货运产业资本项目可能涵盖政府补贴额，补贴额度不同可能会扭曲成本函数的估计。因此，本节决定采用在成本项目中同等重要，且常在过去文献中（De Rus，1988；Loizides，Giahalis，1995）用来替代资本价格的维护管理价格作为最后一项投入变量。

3）其他变量设定

研究中所考虑的最后一项变量为路网长度，运营路线的长度可表示为各家公司的规模及产能。许多文献也使用此项变量解释不同公司间的运营特性，因此本节将路网长度设定为异质性变量，并纳入模型中分析。

4）具体变量定义

将本节所采用的投入、产出及相关变量定义如下。

年度运营总成本（total cost，TC）=燃料成本+薪资成本+折旧+维修费用+管理业务费用

年度运营总收益（total revenue，TR）=高速公路货运收入+一般公路货运收入+市区公交收入 + 其他收入

单位劳动价格（labor price，P_L）=薪资成本/员工数

单位燃油价格（fuel price，P_F）=燃油成本/驾驶里程总数

单位维护管理价格（maintenance and administration price，P_M）=（维护费用+管理业务费用）/车辆数

路网长度（Network Length，N）=运营路线许可里程总数

2．成本函数与分布

本节所建立的公路货运成本函数可由以下形式表达：$TC = f(TR, P_L, P_F, P_M, T_{2010}, T_{2011}, T_{2012}, T_{2013})$，其中 TC 为总成本，TR 代表总收益，$P_L$、$P_F$、$P_M$ 分别表示劳动价格、燃油价格及维护管理价格，N 为路网长度，T 则表示为时间虚拟变量，样本总共涵盖 5 个年度，故以 4 个虚拟变量表示。最后采用 Cobb-Douglas 和 Translog 两种成本函数各建立六种随机前沿模型，分别为：①random effects model（RE）；②fixed effects model（FE）；③battese and coelli model（BC）；④random effects model with heterogeneity（REH）；⑤battese and coelli model with heterogeneity（BCH）；⑥true random effects model（TRE）。

随机前沿成本函数设定如下：

$$\text{Cobb-Douglas：} \ln\left(\frac{TC_{it}}{P_{Mit}}\right) = \alpha_0 + \alpha_i + \beta_{TR}\ln TR_{it} + \beta_{P_L}\ln\frac{P_{Lit}}{P_{Mit}} +$$

$$\beta_{P_F}\ln\frac{P_{Fit}}{P_{Mit}} + \beta_{2010}T_{2010} + \beta_{2011}T_{2011} + \beta_{2012}T_{2012} +$$

$$\beta_{2013}T_{2013} + v_{it} + u_{it}$$

$$i = 1,2,\cdots,I, \quad t = 1,2,\cdots,T \tag{4.11}$$

Translog：
$$\ln\left(\frac{TC_{it}}{P_{Mit}}\right) = \alpha_0 + \alpha_i + \beta_1 \ln TR_{it} + \beta_2 \ln\frac{P_{Lit}}{P_{Mit}} + \beta_3 \ln\frac{P_{Fit}}{P_{Mit}} +$$

$$\frac{1}{2}\beta_{11}(\ln TR_{it})^2 \frac{1}{2}\beta_{22}\left(\ln\frac{P_{Lit}}{P_{Mit}}\right)^2 + \frac{1}{2}\beta_{33}\left(\ln\frac{P_{Fit}}{P_{Mit}}\right)^2 +$$

$$\beta_{12}(\ln TR_{it})\left(\ln\frac{P_{Lit}}{P_{Mit}}\right) + \beta_{13}(\ln TR_{it})\left(\ln\frac{P_{Fit}}{P_{Mit}}\right) +$$

$$\beta_{23}\left(\ln\frac{P_{Lit}}{P_{Mit}}\right)\left(\ln\frac{P_{Fit}}{P_{Mit}}\right) + \beta_{2010}T_{2010} +$$

$$\beta_{2011}T_{2011} + \beta_{2012}T_{2012} + \beta_{2013}T_{2013} + v_{it} + u_{it}$$

$$i = 1,2,\cdots,I, \quad t = 1,2,\cdots,T \tag{4.12}$$

式中，I=37 家公路货运公司，T=5 年，各项变量定义同上，下标 it 表示该变量在第 i 家公路货运公司在第 t 期的状况，v_{it} 表示为服从双侧分布的干扰项，u_{it} 则为服从非负单侧分布的干扰项。

另外，为满足要素价格具备总成本的一阶齐次（Homogeneity of Degree One）正规性质，本节以维护管理价格（PM）作为标准化基准（numeraire），分别标准化总成本（总成本/维护管理价格）、劳动价格（劳动价格/维护管理价格）及燃油价格（燃油价格/维护管理价格）。

选择不同的无效率分布形式，可能会对效率估计产生不同的结果。以半正态分布和指数分布为例，这两种分布密度函数的特性为其众数发生于 $u_i = 0$ 处，这表示大部分企业的无效率程度是相当低的，换言之，大部分企业都是有效率的，但这可能不符合现实状态。因此，后来有学者陆续提出众数可灵活变动位置的截断正态分布和伽玛分布等。随着不同分布的设定，分布形状会随着变化，而众数的位置也随之改变（Coelli 等，1995；Coelli 等，2005）。然而设定太过复杂的分布，即使样本数够大，分布参数仍然面临估计上的技术问题，故建议度量效率时，假设简单形式的分布（单一参数的半正态分布或指数分布）即可（Ritter，Simar，1997）。因此，本节假定除 Battese，Coelli Mode 和 Battese，Coelli Model with Heterogeneity（此两种模型作者设定 u_{it} 服从截断正态分布）外，其余三种模型的无效率项均假设为半正态分布。

4.4 实证结果与分析

4.4.1 成本函数估计结果

1. 成本函数参数估计

Cobb-Dougla 成本函数估计后的各项系数及相关统计量见表 4.5。产出与各项价格系数皆为正向，符合先前预期水平，显示总收益（产出）、劳动价格、燃油价格越高，所花费成本越多，且在显著水平为 5%下，上述系数值均达显著。时间虚拟变量则表明公路货运业成本随着时间演进呈现非线性的变动情况，全部模型显示总成本从 2010—2012 年逐年递增，而从 2012—2014 年则呈现逐年递减的现象。本章分析该现象是由于 2012 年国际国内油价总体都在高位徘徊，对公路货运价格的影响十分明显，从而推测该段时期大众对于公路货运需求低落，各企业受到市场波动影响，导致成本攀升至最高点。各项系数值在各模型中变动幅度并无太大差异，其中 RE、REH 模型的系数随着变异数的修正，呈现微小改变，由各模型 λ 值（$\lambda = \sigma_u/\sigma_v$）比较而知，这两个模型的 λ 值为其他模型的 3~4 倍，隐含无效率的变异程度（σ_u），可能同时吸收来自效率时变性的变异，因而使 λ 值上升，表明模型设定上如果未作时变性考虑，将可能使后续成本效率估计结果产生偏误。而 BC、BCH 模型中，可发现将异质性变量（路网长度 N）纳入无效率项作联合估计的作为，似乎对系数估计影响不大。而 TRE 模型中，异质性的尺度参数（scale paramter）σ_α 达到显著，显示在样本数据期间，山西省公路货运产业的异质现象，获得了统计上的支持。整体而言，γ 值（σ_u^2/σ^2）均介于 0.51~0.95，代表组合误差项的变异程度有 51%~95%来自无效率项（u），5%~49%来自随机效应项（v），表明随机效应项具有一定的重要性，如果没有将随机效应列入前沿分析中（如确定性前沿法、DEA 法等），将可能严重影响成本效率的测度。

表 4.5 Cobb-Douglas 成本函数的参数估计

	FE	RE	REH	BC	BCH	TRE
常数	—	-0.437^* (-0.135)	-0.462^* (-0.141)	-0.239^* (-0.076)	-0.242^* (-0.070)	-0.159^* (-0.026)
$\ln(TR)$	0.633^* (-0.051)	0.841^* (-0.039)	0.847^* (-0.039)	0.869^* (-0.016)	0.857^* (-0.021)	0.783^* (-0.007)
$\ln\left(\dfrac{P_L}{P_{MA}}\right)$	0.147^* (-0.021)	0.165^* (-0.010)	0.162^* (-0.011)	0.103^* (-0.029)	0.101^* (-0.032)	0.147^* (-0.011)
$\ln\left(\dfrac{P_F}{P_{MA}}\right)$	0.606^* (-0.033)	0.689^* (-0.021)	0.649^* (-0.021)	0.703^* (-0.039)	0.706^* (-0.055)	0.623^* (-0.007)
T_{2010}	0.051 (-0.026)	0.082^* (-0.027)	0.081^* (-0.032)	0.121 (-0.106)	0.124 (-0.077)	0.063^* (-0.022)
T_{2011}	0.090^* (-0.011)	0.123^* (-0.018)	0.107^* (-0.023)	0.183 (-0.121)	0.178 (-0.101)	0.104^* (-0.030)
T_{2012}	0.110^* (-0.029)	0.141^* (-0.042)	0.155^* (-0.041)	0.205 (-0.109)	0.223 (-0.108)	0.127^* (-0.026)
T_{2013}	0.059^* (-0.026)	0.063 (-0.034)	0.063 (-0.041)	0.134 (-0.102)	0.131 (-0.111)	0.068^* (-0.024)
$\ln(N)\ in\ u$	—	—	—	—	-0.0004 (-0.167)	—
$\ln(N)\ in\ \sigma_u$	—	—	0.159 (-0.418)	—	—	—
η	—	—	—	0.008 (-0.219)	—	—
σ_α	—	—	—	—	—	0.261^* (-0.025)
σ_v	—	0.109	0.104	0.169	0.169	0.073
σ_u	—	0.501	0.538	0.180	0.179	0.107
σ	—	0.508	0.536	0.251	0.239	0.124
λ	—	4.74 -2.497	5.173 -4.306	1.105^* -0.088	1.056^* -0.081	1.527^* -0.564
γ	—	0.928	0.949	0.510	0.538	0.732
log-likelihood	—	55.281	54.643	20.908	21.514	59.234

注：括号内表示为各项系数的标准误差；*表示该项系数在显著水平 0.05 下获得显著。

Translog 成本函数估计后的各项系数及相关统计量见表 4.6。产出与各项价格系数皆为正数，且大部分达到显著标准，验证了总收益（产出）、劳动价格、燃油价格与总成本的正向关系，其余系数无显著的原因，可能为受到二阶项、交叉项共线性（multi-collinearity）干扰影响。时间虚拟变量各模型均表现出高度显著状态，同样模型显示总成本由 2010 年递增至 2012 年，随后下降至 2014 年，再次表明汽油价格对 2012 年公路货运业的冲击和影响。其中 RE、REH 模型的系数随着变异数的设定，同样出现小幅改变，由这两种模型与其他模型的 λ 值（$\lambda = \sigma_u / \sigma_v$）比较得知，其 λ 值为其他模型的 2～5 倍，表示模型设定上如果未作时变性考虑，将使无效率的变异程度（σ_u）增大，这对于后续成本效率估计结果可能产生偏误。而 BC、BCH 模型中系数估计几乎一致，可发现将异质性变量纳入无效率项联合估计的效应不明显。另外，TRE 模型的异质性尺度参数 σ_α 也达到显著。整体而言，γ 值（σ_u^2 / σ^2）均介于 0.53～0.97，代表组合误差项的变异有 53%～97% 来自无效率项（u），3%～47% 的变异来自随机效应项（v）。

表 4.6　Translog 成本函数的参数估计

	FE	RE	REH	BC	BCH	TRE
常数	—	−0.501* (−0.155)	−0.515* (−0.163)	−0.276* (−0.076)	−0.278* (−0.079)	−0.192* (−0.023)
$\ln(TR)$	0.728* (−0.045)	0.874* (−0.128)	0.868* (−0.093)	0.895* (−0.042)	0.897* (−0.046)	0.831* (−0.007)
$\ln\left(\dfrac{P_L}{P_{MA}}\right)$	0.085 (−0.061)	0.089 (−0.073)	0.090 (−0.071)	0.103 (−0.115)	0.102 (−0.115)	0.077* (−0.031)
$\ln\left(\dfrac{P_F}{P_{MA}}\right)$	0.719* (−0.056)	0.782* (−0.092)	0.795* (−0.091)	0.711* (−0.101)	0.715* (−0.103)	0.776* (−0.033)
$\dfrac{1}{2}\ln(TR)^2$	0.054* (−0.020)	0.021 (−0.033)	0.026 (−0.031)	0.025 (−0.018)	0.024 (−0.019)	0.039* (−0.003)
$\dfrac{1}{2}\ln\left(\dfrac{P_L}{P_{MA}}\right)^2$	0.050* (−0.011)	0.040 (−0.030)	0.043 (−0.031)	0.047 (−0.064)	0.046 (−0.070)	0.052* (−0.011)
$\dfrac{1}{2}\ln\left(\dfrac{P_F}{P_{MA}}\right)^2$	0.112* (−0.050)	0.119 (−0.078)	0.115 (−0.078)	0.273 (−0.155)	0.270 (−0.145)	0.163* (−0.046)
$\ln(TR)\cdot\ln\left(\dfrac{P_L}{P_{MA}}\right)$	−0.177* (−0.045)	−0.168* (−0.051)	−0.154* (−0.061)	−0.052 (−0.081)	−0.054 (−0.079)	−0.201 (−0.018)
$\ln(TR)\cdot\ln\left(\dfrac{P_F}{P_{MA}}\right)$	0.159* (−0.033)	0.175* (−0.046)	0.174* (−0.046)	0.033 (−0.065)	0.034 (−0.066)	0.177* (−0.031)
$\ln\left(\dfrac{P_L}{P_{MA}}\right)\cdot\ln\left(\dfrac{P_F}{P_{MA}}\right)$	−0.160* (−0.069)	−0.178 (−0.132)	−0.145 (−0.123)	−0.312 (−0.263)	−0.311 (−0.277)	−0.235 (−0.051)
T_{2010}	0.081* (−0.020)	0.102* (−0.033)	0.107* (−0.038)	0.138 (−0.121)	0.140 (−0.128)	0.097* (−0.021)
T_{2011}	0.131* (−0.021)	0.143* (−0.032)	0.141* (−0.032)	0.201 (−0.112)	0.200* (−0.112)	0.146* (−0.023)
T_{2012}	0.159* (−0.022)	0.181* (−0.034)	0.173* (−0.037)	0.235* (−0.101)	0.236* (−0.104)	0.175* (−0.021)

续表

	FE	RE	REH	BC	BCH	TRE
T_{2013}	0.096* (−0.024)	0.112* (−0.033)	0.100* (−0.045)	0.136 (−0.128)	0.137 (−0.124)	0.088* (−0.029)
$\ln(N)\ in\ \mu$	—	—	—	—	−0.0002 (−0.136)	—
$\ln(N)\ in\ \sigma_\mu$	—	—	0.158 (−0.421)	—	—	—
η	—	—	—	0.007 (−0.214)	—	—
σ_α	—	—	—	—	—	0.259* (−0.008)
σ_v	—	0.082	0.086	0.159	0.168	0.039
σ_μ	—	0.502	0.548	0.173	0.164	0.117
σ	—	0.501	0.537	0.266	0.255	0.119
λ	—	5.681 −3.201	6.376 −5.178	1.121* −0.096	1.105* −0.083	2.875* −1.023
γ	—	0.949	0.970	0.532	0.534	0.917
log-likelihood	—	62.317	65.37982	23.421	23.8095	75.421

注：括号内表示为各项系数的标准误差；*表示该项系数在显著水平 0.05 下获得显著。

通过两种成本函数参数估计比较发现，各模型系数表现无明显差异，所以本章进一步采用最大似然估计（likelihood-ratio test），针对 Cobb-Douglas 和 Translog 两种函数是否具有差异性进行检验，检验假设如下：

$$H_0: \beta_{11} = \beta_{22} = \beta_{33} = \beta_{12} = \beta_{13} = \beta_{23} = 0$$

$$H_1: \beta_{11}, \beta_{22}, \beta_{33}, \beta_{12}, \beta_{13}, \beta_{23}\ 不全为\ 0$$

最大似然估计的检验统计量为

$$\text{LR} = -2\left\{ \ln\left[\frac{L(H_0)}{L(H_1)} \right] \right\} = -2\{\ln[L(H_0)] - \ln[L(H_1)]\} \sim x^2(m)$$

式中：$L(H_0)$、$L(H_1)$ 分别为 Cobb-Douglas 和 Translog 函数各模型下的似然函数值；m 为卡方分布的自由度，其值为虚无假设中参数限制的个数。检验结果见表 4.7。由结果可知，在显著水平为 5%下，五个模型中仍有两个模型无法拒绝虚无假设，因此本章决定同时将 Cobb-Douglas 和 Translog 函数参数估计结果纳入后续分析。

表 4.7　似然估计表

模型	cobb-douglas	Translog	LR 值	$\chi^2_{0.05}(6)$	决策
	$L(H_0)$	$L(H_1)$			
RE	47.817	60.615	25.596	11.332	拒绝 H_0，选择 Translog
REH	48.006	60.822	25.632	11.332	拒绝 H_0，选择 Translog
BC	19.431	22.077	5.294	11.332	不拒绝 H_0，选择 Cobb-Douglas
BCH	19.449	22.437	5.969	11.332	不拒绝 H_0，选择 Cobb-Douglas
TRE	53.811	68.616	29.601	11.332	拒绝 H_0，选择 Translog

2．无效率估计值表现情况

表 4.8 为 Cobb-Douglas 成本函数下各模型无效率估计值的描述性统计。由上可知，考虑时变性的模型有 BC、BCH、TRE，针对异质性做处理的模型有 REH、BCH、TRE，下面针对各模型表现进行讨论。

表 4.8　Cobb-Douglas 函数的无效率值描述性统计

	FE	RE	REH	BC	BCH	TRE
平均数	0.837	0.387	0.405	0.162	0.162	0.081
标准偏差	0.351	0.234	0.234	0.126	0.126	0.018
中位数	0.873	0.396	0.432	0.144	0.144	0.072
最小值	0.000	0.027	0.027	0.027	0.027	0.045
最大值	1.467	1.026	1.008	0.567	0.567	0.117

由表 4.5 与表 4.8 可以看出，全体模型在参数估计上的表现均无太大差异，而在无效率估计部分出现明显落差。首先，通过观察可发现 FE 模型无效率值平均数与中位数高出其他模型许多，造成这种高估现象的原因可重新回到估计方法本质进行思考：FE 模型采用 LSDV 法进行参数估计，而各企业无效率值是通过与最小截距项相互比较得出的，Farsi 和 Flilippini（2004）指出，在不对无效率项设定分布且无效率值是通过相对比较演算的情况下，其值将易受极端值（outlier）影响，这说明 FE 模型所估计的无效率值是具有偏差的。此外，FE 模型对效率时变性及异质性效应均不做任何设定，可推测其无效率值同时吸收了其他影响因子，导致无效率估计结

果产生高估的现象。接下来，观察 RE 与其拓展的 REH 模型，可发现通过不同的异质变异设定，无效率值的确产生变化，将两模型结果对比，REH 估计的平均无效率值比 RE 模型高出 0.02，这说明 REH 的无效率表现与先验假设不符合，其表现不太合理（即将异质性纳入考虑时，无效率估计值高估的现象将会改善，其值会降低的假设）。如同前文参数估计的结果，BC 与 BCH 模型不同的设定对于无效率估计几乎相等，整体无效率值表现偏低，落于可接受范围内。最后，TRE 在函数设定中，新增一项具备随机性的异质性变量，在企业无效率效应和异质性有效分离的情况下，无效率估计值明显下降许多，整体无效率平均值为 0.08，此结果也与国外研究（Farsi 等，2006；Dalen，Gomez-Lobo，2003）表现相似。

图 4.2 为 Cobb-Douglas 成本函数下各模型无效率值分布情况，如同 Kopsak- angas-Savolainen 和 Svento（2008）针对芬兰电力公司所作的研究，RE 与其拓展模型显示出极为相似的分布形状，表明设定异质变异后，无效率分布变动的幅度有限；在 BC 与 BCH 模型部分，两者分布图几乎完全重叠（图 4.2 中重合），无效率分布形态几乎无改变；FE 模型受到极端值干扰，且未考虑异质、时变效应，无效率分布呈现左偏且双峰的现象；而 TRE 模型则表现出异于其他模型的分布图形，峰态呈现高峡且往左侧集中。

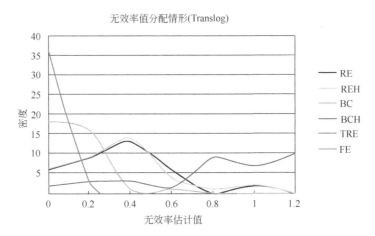

图 4.2　Cobb-Douglas 函数的无效率分布情况

表 4.9、图 4.3 分别为 Translog 成本函数下各模型无效率估计值的描述性统计与分布图，其结果和 Cobb-Douglas 设定下大同小异。值得一提的是，

FE 模型受到干扰的程度更加严重，无效率估计值整体平均值为 0.91，分布图形更往右侧集中；BC 与 BCH 分布图形产生改变，但两者分布图仍几乎完全重叠（图 4.3 中重合），表明 BC 体系模型可能易受函数形式影响，不同的函数设定可能导致不同的估计结果。其余模型表现大致相同。

表 4.9　Translog 函数的无效率值描述性统计

	FE	RE	REH	BC	BCH	TRE
平均数	0.909	0.387	0.405	0.153	0.153	0.081
标准偏差	0.369	0.234	0.234	0.126	0.126	0.018
中位数	0.972	0.441	0.432	0.117	0.117	0.081
最小值	0.000	0.027	0.027	0.018	0.018	0.054
最大值	1.512	0.999	0.999	0.549	0.558	0.144

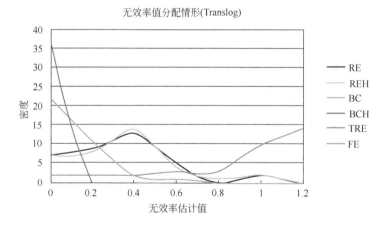

图 4.3　Translog 函数的无效率分布情况

为使无效率估计结果的比较更具统计意义，本节进一步采用 Kolmogorov-Smirnov 检验，对比各模型的无效率分布是否具有显著差异，假设如下：H_0 表示两种模型的无效率分布相同，H_1 表示两种模型的无效率分布不同。其检验统计量表示为

$$D = \max \left| F_1(x) - F_2(x) \right|, r = 1 - 6 \sum D^2 / [n(n^2 - 1)] \tag{4.13}$$

式（4.13）为两分布的累积密度函数。检验结果见表 4.10，经过检验后发现，在显著水平为 0.05 下，RE-REH、BC-BCH 等模型无法拒绝 H_0，

也表示 RE 与 BC 的拓展模型所估计出的无效率分布无显著的差别。

表 4.10　Kolmogorov-Smirnov 检验结果

	Cobb-Douglas		Translog	
	D-value	P-value	D-value	P-value
FE-RE	0.608	0.000	0.633	0.000
FE-REH	0.584	0.000	0.633	0.000
FE-BC	0.730	0.000	0.754	0.000
FE-BCH	0.730	0.000	0.754	0.000
FE-TRE	0.876	0.000	0.851	0.000
RE-REH	0.122	0.799	0.097	0.884
RE-BC	0.511	0.000	0.560	0.000
RE-BCH	0.511	0.000	0.560	0.000
RE-TRE	0.779	0.000	0.730	0.000
REH-BC	0.560	0.000	0.584	0.000
REH-BCH	0.560	0.000	0.584	0.000
REH-TRE	0.779	0.000	0.754	0.000
BC-BCH	0.024	0.900	0.049	0.900
BC-TRE	0.487	0.000	0.413	0.001
BCH-TRE	0.487	0.000	0.413	0.001

3. 相关性分析

为客观比较不同模型的测度结果，本章采用 Spearman 等级相关系数研究。表 4.11 与表 4.12 为各模型下无效率值的相关系数矩阵，在实际计算相关系数时，由于非时变性模型假设同一企业不同期间的无效率表现皆相同，而时变性模型则相反，故本章参考 Abdulai 和 Tietje（2007）的做法，在各模型下取 37 家公路货运公司各年度无效率值的平均值，然后将 37 个平均无效率值代入运算。

表 4.11　Cobb-Douglas 成本函数下各模型相关性分析

	FE	RE	REH	BC	BCH	TRE
FE	1					
RE	0.613*	1				

续表

	FE	RE	REH	BC	BCH	TRE
REH	0.654*	0.932*	1			
BC	0.627*	0.969*	0.970*	1		
BCH	0.624*	0.958*	0.949*	1.000*	1	
TRE	−0.075	0.329	0.301	0.251	0.249	1

注：*表示该项系数在显著水平 0.05 下。

表 4.12　Translog 成本函数下各模型相关性分析

	FE	RE	REH	BC	BCH	TRE
FE	1					
RE	0.638*	1				
REH	0.687*	0.976*	1			
BC	0.669*	0.943*	0.965*	1		
BCH	0.653*	0.944*	0.947*	1.000*	1	
TRE	−0.089	0.084	0.034	0.005	0.01	1

注：*表示该项系数在显著水平 0.05 下。

从表 4.11 和表 4.12 观察可得，除 TRE 模型外，其余模型相关系数均达到 $\alpha=0.5$ 的显著水平。FE、RE、REH、BC、BCH 模型彼此间相关系数均大于 0.61，表明这五个模型所估计出的结果差距不大；而 RE 与其拓展模型呈现高度相关，此研究结果与 Kopsakangas-Savolainen 和 Svento（2008）一致；BC 与 BCH 模型的相关系数为 1，为完全正相关。较为不同的是，TRE 与其他模型相关性表现相对较低，由于 Spearman 等级相关系数是指无效率值排序后的表现，因此，其同时表示 TRE 所估计出的效率值排序和其他模型有很大不同，这部分结果也与文献 Filippini 等（2008）和 Farsi 等（2006）结论类似。通过实际观察数据发现，在 FE、RE、REH、BC、BCH 五个模型下，成本无效率表现越好的公路货运公司，运营路线数及运营路线长度都相对较小，而表现较差、排名靠后的公路货运公司，其运营路线数及路线长度都较多；而在 TRE 模型下，各公路货运公司并没有因为路网长度或路线数呈现特殊的排序情况。根据 Farsi 等（2006）针对瑞士94 家公车企业所做的研究，在异质性未做妥善处理的情况下，成本无效率表现良好不是指该公司达到技术效率或配置效率，而是因为路网单纯且运营路线少，免除了一些管理协调成本所致。此种现象同样可应用于山西省公路货运业。由此观察在采用随机前沿法考虑异质性的估计过程中，即使对前沿函数中的单边干扰项变异数进行修正（REH）或是直接设定于无效率项本身（BCH），都对成本效率的估计结果几乎无明显差别，而 TRE 模型则通过设定异质性随机项的方式，提供了较为不同的解释。表 4.13 为同一模型在不同函数形式下无效率估计结果的相关性分析情况，从中可以发现，所有模型对比都呈现高度相关性，且均达到统计上的显著，这表明成本函数形式的设定（Cobb-Douglas/Translog）不是影响无效率估计值排序的重要依据，这种现象和国外文献 Kopsakangas-Savolainen 和 Svento（2008）所得出的结论一致。

表 4.13　两种成本函数估计结果相关性分析

FE-FE	RE-RE	REH-REH	BC-BC	BCH-BCH	TRE- TRE
0.964*	0.943*	0.932*	0.916*	0.918*	0.702*

注：*表示该项系数在显著水平 0.05 下

4．成本效率估计结果

表 4.14 与表 4.15 为各模型成本效率值的描述性统计，成本效率根据前文所介绍的公式转换。从中位数表现观察可得，除 FE 模型外，两种函数在各模型下的表现皆高于 0.59，这表示 50%的公路货运公司的成本效率值表现都超过 0.59。

表 4.14　Cobb-Douglas 函数的效率值描述性统计

	FE	RE	REH	BC	BCH	TRE
平均数	0.387	0.603	0.594	0.756	0.756	0.828
标准偏差	0.171	0.144	0.144	0.099	0.099	0.009
中位数	0.342	0.585	0.558	0.774	0.774	0.828
最小值	0.18	0.288	0.297	0.477	0.477	0.792
最大值	0.9	0.873	0.873	0.873	0.873	0.855

表 4.15　Translog 函数的效率值描述性统计

	FE	RE	REH	BC	BCH	TRE
平均数	0.360	0.603	0.594	0.765	0.765	0.819
标准偏差	0.180	0.153	0.144	0.099	0.099	0.018
中位数	0.306	0.549	0.558	0.792	0.792	0.828
最小值	0.171	0.297	0.297	0.495	0.495	0.774
最大值	0.900	0.873	0.873	0.882	0.882	0.846

4.4.2　模型匹配度表现

由于模型比较为本节的重点所在，因此本章将通过计量模型常见的指标 Akaike 信息准则（Akaike Information Criterion，AIC）和贝叶斯信息准则（Bayesian Information Criterion，BIC）作为各模型拟合程度的表现根据。在计量经济领域中，AIC 与 BIC 均为判断时间序列模型是否恰当的信息准则，AIC 同时考虑了参数的数目与似然函数值表现，而 BIC 不仅考虑模型复杂性（参数数目与似然函数值），同时也将样本大小（N）纳入考虑。一般来说，AIC 与 BIC 的数值越小，模型的匹配程度越好。本章将同时采用 AIC 与 BIC 进行各模型间的比较。表 4.16 为各模型下的 AIC 与 BIC 表现，观察可知，两种函数下的 AIC 与 BIC 值具有一致性，最小值与最大值均为 TRE 与 BC，整体来看，显示匹配程度最好的模型为 TRE，匹配程度最差的模型为 BC。

表 4.16　各模型 AIC 与 BIC 准则表现

	Cobb-Douglas		Translog	
	AIC	BIC	AIC	BIC
RE	−77.630	−25.843	−92.425	−25.457
REH	−76.219	−23.840	−91.048	−23.470
BC	−19.058	4.740	−13.552	15.278
BCH	−19.096	4.721	−14.265	14.921
TRE	−87.824	−29.642	−106.628	−31.261

综上，通过对各模型参数估计、效率估计表现、相关性分析、数据直

接观察、国外文献分析与模型匹配度表现等方面的比较与分析，TRE 模型均表现良好。因此，本章选择 TRE 模型，进一步作为后续 Tobit 回归分析与经济特性分析的解释依据。

4.4.3　Tobit 回归分析

本章将以 True Random-Effects Model 为基础，通过 Tobit 回归来探讨影响成本效率的各种因子表现情况。因为成本效率值介于 0～1，而一般回归模型的因变量是连续且毫无范围限制的，如果以传统的最小平方法（ordinary least square，OLS）来估计，可能会导致估计值产生偏差（asymptotically biased toward zero）和不一致性（inconsistent）的情况，故采用 MLE 法的 Tobit 回归模型进行分析，以改善上述问题。在成本效率的影响因子选择与设定方面，根据文献梳理，共选择四项变量进行分析。

（1）经营区域：可细分为全省、雁北地区、晋中地区（包含太原）、晋南地区（包含晋东南地区）。其中全省指该货运公司的服务范围不受地域限制。由于经营区域共有 4 种分类，因此本章决定以晋南地区为基准（base），设定三项虚拟变量（全省、雁北、晋中）。

（2）营业内容：在营业内容部分，设定一项虚拟变量代表（专营公路货运：1；非专营公路货运：0）。

（3）交通安全评价：以往事故率，其中评价等级又可区分为一、二、三等。在评价部分，设定一项虚拟变量代表（一等：1；二、三等：0）。

（4）规模：此项影响因子以全体公路货运公司运营路线长度的平均值（825.65km）为基准，低于平均值的公路货运公司视为小规模，高于平均值即为大规模。在规模大小部分，以一项虚拟变量代表（大规模：1；小规模：0）。

而此四项成本效率因子又可表达为

成本效率 $CE_i = f($雁北,全省,晋中,营业内容,交通安全评价,规模$)$

表 4.17 与表 4.18 为 Tobit 回归分析的结果。观察发现，大部分估计系数值均在显著水平为 0.05 下显著，少部分如"晋中""营业内容"则呈现不显著的状态（其 P 值大于 0.05），这表明上述两项因子对成本效率的影响较不明显。

表 4.17　Cobb-Douglas 函数下成本效率的 Tobit 回归结果

变 量 名 称	估计系数值	标 准 误	P-value
Constant	0.810	0.003	0.000
晋中区域	0.018	0.004	0.000
雁北区域	0.007	0.004	0.066
全省	0.014	0.005	0.003
营业内容	0.006	0.005	0.171
交通安全评价成绩	−0.010	0.004	0.009
规模	0.021	0.004	0.000
log-likelihood		95.887	

表 4.18　Translog 函数下成本效率的 Tobit 回归结果

变 量 名 称	估计系数值	标 准 误	P-value
Constant	0.801	0.004	0.000
晋中区域	0.027	0.005	0.000
雁北区域	0.020	0.005	0.000
全省	0.020	0.006	0.003
营业内容	−0.003	0.007	0.638
交通安全评价成绩	−0.011	0.005	0.041
规模	0.019	0.005	0.001
log-likelihood		84.326	

　　首先，由经营区域可看出，晋中地区对成本效率有着正向的影响，且其估计系数值为所有区域影响因子中最高，表明在晋中营业的公路货运公司成本效率表现最为优良。这种现象可能为晋中拥有较多公路货运公司（本节 37 家样本中，晋中占 19 家），竞争相当激烈，且货运路网发展已趋健全，进而导致各货运公司服务水平与成本效率整体提升。

　　其次，晋南为区域虚拟变量中的比较基础值，故无估计系数可供观察，但从雁北、晋中、全省的系数值发现，此三项系数值均为正数，即表明晋南为所有区域影响因子中相对表现最差的因子，其可解释为晋南地区腹地宽广，货运公司数量较少，部分企业可能背负政策性任务，须同时经营偏远地区的货运服务，因而导致成本效率表现最为不佳的现象。

而对具备全省性质的公路货运企业而言，其系数值为正数，表明其对成本效率有正向影响，原因可能为全省型的货运公司驾驶调度、员工培训、相关内部规章制度均较为完善，且近年部分企业通过转变运营的方式，整合需求量小、车次分布广与需求量大的运营路线，使公司通过降低运营成本而获利。此外，全省经营性质的企业由于经营的地域范围较广，可能同时纵跨晋北、晋中、晋南，因此可通过学习经验的快速累积，不断地进行内部自我改善。上述原因均为全省性的公路货运企业成本效率表现较好的重要因素。

在交通安全评价成绩方面，其系数值为负数，表明追求运营安全及服务质量对成本效率表现有负向影响。其可解释为，部分公路货运公司为追求运营安全及服务质量，致力于车站基础设施的建设与装潢，并更换新型车辆、更新车辆内装配置，同时还加强对驾驶员、服务人员的培训等，这些措施导致公路货运公司成本负担较重，成本效率表现因而不利。

最后，规模影响因子显示规模越大的公路货运公司，成本效率表现越好，可能是因为大规模的货运公司，路网幅度稠密广大，可服务较多的乘客，且在资源整合利用下（如车辆维修设备、培训制度、员工互相支持等），其成本效率表现突出。

4.4.4　公路货运业经济特性分析

本章将根据前文参数估计的结果，计算各项经济指标，对公路货运业整体进行产业特性分析。由于采用 Cobb-Douglas 函数分析产业经济特性需要预先限制（如假定要素替代弹性值为 1、规模经济值不随产出水平调整等），故本章只采取较具弹性化的 Translog 成本函数，并搭配 True Random-Effects 模型作为探讨各项经济指标的基础。生产行为是指既定的产出水平下追求最小成本，根据对偶理论，利用 Shephard's Lemma 将成本函数分别对投入要素价格微分，可得各项投入要素份额（S_i）。此外，Translog 成本函数中，各项变量均以自然对数形态表示，故各项要素份额在此等同于要素价格成本弹性。另外，投入要素的需求与互补、替代关系等因素也将影响企业的生产行为，故本节也将 Allen 偏替代弹性、需求价格弹性与交叉价格弹性纳入分析，作为企业调整策略的参考。各项投入要素份额与经济指标计算方式如下所示。

（1）劳动成本份额（劳动价格成本弹性，ε_{PL}）

$$S_{\mathrm{L}} = \varepsilon_{PL} = \frac{\partial \ln C}{\partial \ln P_{\mathrm{L}}} = \beta_2 + \beta_{22} \ln \frac{P_{\mathrm{L}}}{P_{\mathrm{M}}} + \beta_{12} \ln \mathrm{TR} + \beta_{23} \ln \frac{P_{\mathrm{F}}}{P_{\mathrm{M}}}$$

（2）燃油成本份额（燃油价格成本弹性，$\varepsilon_{P_{\mathrm{F}}}$）

$$S_{\mathrm{F}} = \varepsilon_{PF} = \frac{\partial \ln C}{\partial \ln P_{\mathrm{F}}} = \beta_3 + \beta_{33} \ln \frac{P_{\mathrm{F}}}{P_{\mathrm{M}}} + \beta_{13} \ln \mathrm{TR} + \beta_{23} \ln \frac{P_{\mathrm{L}}}{P_{\mathrm{M}}}$$

（3）维护管理成本份额（维护管理价格成本弹性，$\varepsilon_{P_{\mathrm{M}}}$）

$$S_{\mathrm{M}} = \varepsilon_{PM} = \frac{\partial \ln C}{\partial \ln P_{\mathrm{M}}} = \beta_4 + \beta_{44} \ln P_{\mathrm{M}} + \beta_{14} \ln \mathrm{TR} + \beta_{24} \ln P_{\mathrm{L}} + \beta_{24} \ln P_{\mathrm{F}}$$

（4）产出成本弹性

$$\varepsilon_y = \frac{\partial \ln C}{\partial \ln y} = \frac{\partial \ln C}{\partial \ln \mathrm{TR}} = \beta_1 + \beta_{11} \mathrm{TR} + \beta_{12} \ln \frac{P_{\mathrm{L}}}{P_{\mathrm{M}}} + \beta_{13} \ln \frac{P_{\mathrm{F}}}{P_{\mathrm{M}}}$$

（5）规模经济

$$\mathrm{ES} = \varepsilon_y^{-1} = \left(\frac{\partial \ln C}{\partial \ln y}\right)^{-1} = \left(\frac{\partial \ln C}{\partial \ln \mathrm{TR}}\right)^{-1} = \left(\beta_2 + \beta_{22} \ln \frac{P_{\mathrm{L}}}{P_{\mathrm{M}}} + \beta_{12} \ln \mathrm{TR} + \beta_{23} \ln \frac{P_{\mathrm{F}}}{P_{\mathrm{M}}}\right)^{-1}$$

（6）Allen 偏替代弹性

$$\sigma_{ij} = \frac{C \cdot C_{ij}}{C_i \cdot C_j} = \frac{\gamma_{ij} + S_i S_j}{S_i S_j}$$

（7）需求价格弹性与交叉价格弹性

$$\varepsilon_{ii} = \frac{\gamma_{ii} + S_i^2 - S_i}{S_i}, \quad \varepsilon_{ij} = \frac{\gamma_{ij} + S_i S_j}{S_i}$$

其中，$\ln(P_{\mathrm{L}}/P_{\mathrm{M}})$、$\ln(P_{\mathrm{F}}/P_{\mathrm{M}})$、$\ln \mathrm{TR}$、$\ln P_{\mathrm{M}}$、$\ln P_{\mathrm{L}}$、$\ln P_{\mathrm{F}}$ 各项数值以各变量的样本平均值代入计算。而维护管理成本份额的各项系数，可由成本函数的一阶齐次性限制条件求得（如：$\beta_4 = 1 - \beta_2 - \beta_3$；$\beta_{14} = 0 - \beta_{12} - \beta_{13}$；

$\beta_{24} = 0 - \beta_{22} - \beta_{23}$；$\beta_{34} = 0 - \beta_{23} - \beta_{33}$；$\beta_{44} = 0 - \beta_{24} - \beta_{34} = \beta_{22} + \beta_{33} + 2\beta_{23}$）。$\gamma_{ij}$ 表示为两要素价格交互项的系数值。

相关计算结果见表 4.19，观察后发现，山西省公路货运业的产出成本弹性值 ε_y 为 0.747，表示产出增加 1 单位时，成本会跟着增加 0.747 单位。就三项投入要素价格成本弹性而言，弹性值大小依序为燃油 ε_{P_F} ＞劳动 ε_{P_L} ＞维护管理 ε_{P_M}。由此可知，燃油价格成本弹性与其他要素价格成本弹性相比较高，表明油料价格的变动，将对公路货运业成本影响很大，油价上涨将对公路货运业运营产生很大的冲击。然而，燃油价格波动无法避免，除了调涨费率、寻求政府补贴外，各公路货运公司节省燃油成本应从根本做起，如培训驾驶员驾驶时的油门操作、行驶路线的安排、车辆引擎设备的定期维护及添购新型油电混合（hybrid）车种等。规模经济方面，由表 4.19 可知，整体规模经济值 ES 为 1.080，显示公路货运业具有规模经济的特性，这说明企业的平均成本会随着产出的增加而下降，建议企业可增加班次频率、转运站据点、开辟潜力路线，或是通过结盟、并购等战略提升总收益，进而达到经济效益。表 4.20 为近年国外相关货运业规模经济指标表现情况，对照表 4.19 规模经济指标，可发现本节与国外研究具备一致性，这也说明本章所建立的随机成本前沿模型应用于山西省公路货运产业能够提供合理且客观的解释。

表 4.19　各项弹性与规模经济值表现

	产出成本弹性 ε_y	劳动价格成本弹性 ε_{P_L}	燃油价格成本弹性 ε_{P_F}	维护管理价格成本弹性 ε_{P_M}	规模经济值 ES
各项弹性与规模经济值	0.747	0.171	0.594	0.126	1.080

表 4.20　各项弹性与规模经济值表现

作　者	对　象	函数形式	产出变量	规模经济值
Fazioli et al.（1993）	意大利 40 家公交车业	Translog 成本函数	座位公里数	1.7
Filippini and Prioni（1994）	瑞士 93 家公交车业	Translog 成本函数	座位公里数	1.11
Piacenza（2002）	意大利 45 家公交车业	Translog 成本函数	座位公里数	1.86
Filippini and Prioni（2003）	瑞士 34 家公交车业	Translog 成本函数	车辆公里数	1.37～1.97

续表

作　　者	对象	函数形式	产出变量	规模经济值
Farsi et al.（2005）	瑞士 45 家公共运输业	Translog 成本函数	货运公里数	1.09～1.74
Farsi et al.（2006）	瑞士 94 家公交车业	Translog 成本函数	座位公里数	1.34～2.06

Allen 偏替代弹性可用来测度两个投入要素价格比率变化对投入要素比例的影响，如果弹性值为正，表示两个投入要素为替代关系，如果为负则表示两个投入要素具有互补关系。由表 4.21 可发现，劳动要素与燃油要素呈现互补关系 $\sigma_{LF}<0$，劳动要素与维护管理要素具替代关系 $\sigma_{LM}>0$，燃油要素与维护管理要素也具替代关系 $\sigma_{FM}>0$。其中，由劳动要素与燃油要素的互补关系得知，当燃油价格上涨时，企业可通过人事精简战略，减轻油价对成本的冲击；而劳动要素与维护管理要素的替代关系隐含，各货运企业可通过利用现有人力资源进行维护管理工作，节省外包维护管理的花费；此外，燃油要素与维护管理要素的替代关系显示，企业可通过增加车辆检修的频率，以提升燃油的使用效率。

表 4.21　Allen 偏替代弹性值表现

投入要素组合	劳动-燃油 σ_{LF}	劳动-维护管理 σ_{LM}	燃油-维护管理理 σ_{FM}
Allen 偏替代弹性值	−0.711	6.777	1.503

表 4.22 中所有自我需求价格弹性均呈负值，显示要素价格上涨，需求量必会下降，符合需求法则的正常现象，而三项要素价格弹性绝对值大小依序为维护管理 $\varepsilon_{MM}>\varepsilon_{LL}>\varepsilon_{FF}$。其中，维护管理为具有弹性（elastic；$|\varepsilon_{MM}|>1$）的投入要素，劳动与燃油均为缺乏弹性（inelastic；$|\varepsilon_{LL}|<1$，$|\varepsilon_{FF}|<1$）的投入要素，此意味着维护管理投入量受车辆维护费用或管理业务费用波动的影响最大；员工数受薪资变动的影响不大，其原因可能是车辆与车站配有固定的驾驶员与服务人员，所以员工数不会有大幅变动；燃油投入量则对价格最不敏感，此可能是因为货运公司为确保运营正常，油价上涨并不会减少燃油的消费量所致。

表 4.22　需求价格弹性值表现

投入要素	劳动要素价格 $\varepsilon_{\mathrm{LL}}$	燃油要素价格 $\varepsilon_{\mathrm{FF}}$	维护管理要素价格 $\varepsilon_{\mathrm{MM}}$
要素价格弹性值 ε_{ii}	−0.468	−0.081	−2.304

最后，在交叉价格弹性方面，表 4.23 显示出劳动要素与燃油要素为互补品（$\varepsilon_{\mathrm{LF}} < 0$），劳动要素与维护管理要素为替代品（$\varepsilon_{\mathrm{LM}} > 0$），燃油要素与维护管理要素也为替代品（$\varepsilon_{\mathrm{FM}} > 0$），其中又以劳动要素与维护管理要素的替代关系最为强烈，这部分的分析结果与前述的 Allen 偏替代弹性相互呼应，反映了山西省公路货运业管理水平提高可以有效降低劳动成本。

表 4.23　交叉价格弹性值表现

投入要素组合	劳动-燃油 $\varepsilon_{\mathrm{LF}}$	劳动-维护管理 $\varepsilon_{\mathrm{LM}}$	燃油-维护管理 $\varepsilon_{\mathrm{FM}}$
交叉价格弹性值 ε_{ij}	−0.468	0.927	0.207

4.5　基于半参数随机成本前沿方法的公路货运企业成本无效率测度

物流业是生产性服务业代表产业之一，更是国家确定的战略新兴产业的重要组成部分。从 2005 年起国家就连续出台一系列政策促进物流业快速发展。但我国物流业效率低下、成本高昂又是不争的事实，张毅等学者对此问题进行了长期跟踪研究，无论区域物流产业效率还是上市货运企业的成本效率均未见到明显起色，近年来的表现依然乏善可陈。为有效分析物流业效率与生产率改善的有效措施，充分发挥其第三方利润源泉的作用，助推"一带一路"战略的实施、服务于"关于大力发展电子商务加快培育经济新动力的意见"、《国家促进物流业发展三年行动计划（2014-2016 年）》等重大战略方针的实施。

此前本书基于异质性和时变性对道路运输企业成本效率进行了传统分析，但随着方法的不断改进，新的研究工具使得过去无法实现的手段得以实现，更加符合实际，本章将采用最新的计量经济方法，深入剖析我国公路运输货运企业效率低下的根源，为政府和企业决策刻画更为精准的改善路径。

4.5.1 引言

自从 Aigner 等 1977[43]年利用随机前沿生产函数框架开创了技术效率测度研究以来，随机前沿生产函数模型在众多方向上得到了大量的推广和延伸。无论是截面数据还是面板数据，在投入产出距离函数等方面都得到广泛应用。尽管多数模型采用参数函数的形式，但仍然有随机前沿模型采用非参数形式的前沿函数。Sun 和 Kumbhakar（2013）[44]使用了半参数模型，即在参数生产前沿模型中引入了柔性。最近，学者的关注重点除了劳动力和资本等传统投入因素外，还放在了非传统的投入指标上，如企业特制、政策变量等生产发生外在环境等因素方面。

这些非传统投入或环境因素均是外生因素，他们可能会中性或非中性的移动技术前沿。采用半参数或参数模型研究的文献中已经充分意识到环境因素重要作用。例如 Bhaumik 等（2014）[45]发现环境变量等非传统投入会以函数的截距形式中性的移动前沿。另一方面，Zhang（2012）[46]等认为引入环境变量的模型会以研发函数的斜率和截距形式中性移动生产函数。更特殊的，Zhang 等.（2012）估计了研发领域未知的光滑函数的相关系数。上述未知函数表明环境变量影响了技术，但其影响方式非常柔性，没有对生产前沿施加任何特殊形式的影响。简而言之，这些非传统投入或环境变量都是外生因素，它们会中性或非中性移动技术边界，如果不加以重视，势必会对估计结果产生重大变差。

国内学者采用半参数方法开展了相关研究，集中在金融和宏观经济领域，并取得了较为理想的效果。王理同（2014）[47]运用半参数模型研究中国股票市场风险和波动率，并利用半参数模型对上证指数进行实证分析，发现半参数模型比一般的模型能更准确地度中国股市风险。杨爱军等（2015）[48]发现已有参数 GARCH 模型不能有效刻画金融资产收益偏态厚尾特性，且存在模型设定风险。他通过建立半参数 GARCH 模型提高了模型的有效性，实证发现半参数 GARCH 模型在刻画金融资产收益特性和风险价值预测方面具有较好的实际效果。田凤平等（2014）[49]扩展了 Henderson（2008）提出的均衡面板数据的非参数估计，将其推广至非均匀面板数据模型。首次建立并估计了我国非均匀面板数据的非参数和半参数菲利普斯曲线，挖掘出参数方法无法得出的丰富结论，理论价值和现实意义明显。梅倩倩等（2015）[50]在农村居民消费与经济增长区域差异性研究中发现，采用半参数面板数据模型的平均绝对误差（MAE）和均方误差（MSE）相比线性面板数据模型显著的减小。

从上述研究中不难发现，半参数方法弥补了参数方法对模型的假定限制较严的不足，且比参数方法有较强的稳健性，克服了参数模型假定与实际不符造成的偏差，尤其估计效果较理想。而且半参数方法在我国宏观经济、金融领域的先期应用中已经取得良好的结果。

特别的，半参数方法在道路运输企业成本效率研究中还有以下重要优势。

首先，以准确刻画外在环境变量柔性影响为目标的半参数方法具有贴近实际的优越性，已经成为随机前沿研究的新热点。前期研究表明环境变量影响了技术，但其影响方式非常柔性，没有对生产前沿施加任何特殊形式的影响，对此传统参数方法并不能充分模拟和刻画。成本函数方法的优势在于它能明确识别投入变量的内生性。为了从时间变化导致的技术无效中分离出企业异质性影响，所构建的面板数据成本前沿模型的系数可以设定为随时间变化而灵活调整，即成本函数的光滑系数被指定为时间趋势的非参数函数，无效被假设为中性的，以截距的形式表现，并随时间和不同企业而灵活调整。这样企业异质性和时间对技术无效的影响就是完全柔性灵活的。充分契合了道路运输企业的经营实际。

其次，半参数方法更适合刻画决策单元或个体的差异性问题。我国现代运输业的发展涉及到多个政府相关部门，然而各部门表面上"齐抓共管"，实际上往往各行其是，政出多门，造成条块分割严重。更严重的是，作为受体，道路运输业是极易受环境变量特别是政策影响的行业，而各个企业对环境变量的敏感程度又表现出极大的个体差异性。目前国内半参数研究对于区域乃至国家层面尚且充分考虑各个省份的地区差异性。作为企业差异性研究更应将方法是否关注决策单元异质性放在首位，所以基于企业异质性旨在估计和分解我国道路运输企业的生产率和效率的研究中，半参数方法自然成为首选。

最后，现行的物流政策法规基本属于原生状态，缺乏统筹规划和整体一协调，缺乏现代物流业发展所要求的系统性和专业性，使执行机关和物流企业无所适从。所以贴近实际的半参数方法，充分关注了环境变量对生产函数的影响，且刻画准确，还能从时变等角度对劳动力、资本等要素做出对公路运输企业成本效率的弹性分析结果，为政府部门给出操作性更强的对策建议。保证了政策法规的系统权威性。

综上所述，本文基于半参数成本前沿模型旨在估计和分解我国公路客运企业的生产率和效率。通过构建一个面板数据成本前沿模型，成本函数的光滑系数被指定为时间趋势的非参数函数。无效被假设为中性的，以截距的形式表现，并随时间和不同企业而灵活调整。成本前沿函数方法，明确识别投入变量的内生性。从时间变化导致的技术无效中区别企业影响。

模型估计分为三个步骤，首先估计半参数成本函数，第二，估计效率无效，将因企业差异对效率的影响从时间对效率的影响中分离出来，这既包括持久影响也包括随时间变化的影响（Kumbhakar，Lien，&Hardaker，2014）[51]。在这种情况下，本节对无效部分也做了关于随机企业影响的分布假设。最后，基于孤寂的成本前沿，本节对无效部分和生产率变化的部分做了分解和估计。特别的，无效部分被分解为时间不变和时间变化两部分。而生产率变化则被分解为包括规模改变、技术改变和技术无效改变三部分。尽管企业影响和持久的无效率并不直接影响生产率，也就是它们的影响会随时间消除。然而，忽略这些影响很可能对其他参数的估计，乃至生产率和其组成产生偏差。作为实证研究，本节采用企业层面的山西省公路货运企业数据，这些数据均是不均衡数据。

4.5.2 半参数随机前沿成本模型

本节建立的成本函数模型为

$$\ln C_{it} = \theta(i,t) + \phi(t)' \ln B_{it} + v_{it} \qquad (4.14)$$

式中，总成本 C_{it} 为第 i 个企业第 t 年投入变量的成本；B_{it} 为投入产出价格向量的协方差；截距 $\theta(i,t)$ 为企业和时间效应的未知函数，用来描述持久的和随时间变化的无效率；光滑系数向量 $\phi(t)$ 为时间趋势的未知函数；v_{it} 为噪声项。式（4.14）就是半参数随机成本函数，因为成本函数的结构是参数形式的（常见的如柯布道格拉斯或超越对数函数取决于 B_{it} 变量的建立）。但系数是时间趋势的非参数函数。原则上，它们是环境变量举证的函数（称之为 z）。然而成本前沿函数是在给定年份对所有企业都是共同的，也就是说，如果两家企业拥有同样的协方差值，它们的最小成本是相同的。如果成本函数系数是 z 变量的函数，则成本前沿取决于 z。进一步地，如果这些 z 变量因企业不同而不同，则成本前沿就是企业特定的。而这是违背直觉的，特别是如果将成本前沿视为技术的标准。而成本效率值改变的是 z，而不是技术本身。本节采取以下方法避免该问题的发生。设定技术参数只随时间改变而不随企业改变。假定成本前沿只随时间改变，为的是对于所有企业在给定的任何年份，其都是一样的。更具体的，成本前沿如下，即

$$\ln C_{it} = \alpha(t) + \phi(t)' \ln B_{it} + m_{it} + v_{it} \tag{4.15}$$

而 $\alpha(t) = \min_i \theta(i,t)$ 且 $m_{it} = \theta(i,t) - \alpha(t)$。需要注意的是，上述前沿函数系数不随企业变化而改变。因此本节对于每个时间 t 都有一个独立的前沿，除非所有函数系数不随时间变化。本节将一个柯布—道格拉斯随机成本前沿函数模型作为初始模型。

$$\ln C_{it} = \theta(i,t) + \sum_{q=1}^{Q} \beta_q(t) \ln Y_{qit} + \sum_{k=1}^{K} \delta_k(t) \ln W_{kit} + \sum_{p=1}^{P} \gamma_p(t) \ln Q_{pit} + v_{it} \tag{4.16}$$

式中，C_{it} 为总成本；Y_{qit} 为第 q 项产出；W_{kit} 为第 k 项投入价格；Q_{pit} 为对第 i 家企业在时间 t 第 p 项准固定投入，如资本。函数中的参数 i 和 t 以更灵活的方式涵盖了企业和时间的影响。假设随机波动 v_{it} 服从标准正太分布，而且独立于时间和企业影响，独立于 $\ln Y_q$、$\ln Y_q$、$\forall q$、$\ln W_k$、$\forall k$，以及 $\ln Q_p$、$\forall p$。函数系数 $\theta(i,t)$、$\beta_q(t)$、$\forall_q$、$\delta_k(t)$、$\forall k$ 和 $\gamma_p(t)$、$\forall p$ 都是截距和光滑系数。特别值得强调的是函数系数的经济含义。$\beta_q(t)$ 随时间变化，是关于产出的成本弹性。同样，关于投入价格的成本弹性 $\delta_k(t)$ 也随时间变化。$\beta_q(t)$ 和 $\delta_k(t)$ 对于所有的 q、k、t 都是非负的。最后，对于准固定因素 $\gamma_p(t)$ 的成本弹性可负可正，并随时间改变。本节将讨论实证结果。而这些未知函数可以采用 kernel-based 的非参数方法来估计。以下部分将详细讨论。

1. 函数系数估计

由于成本函数对所有要素价格是一阶齐次的，而且在每一个数据点都保持这个属性，因此，在估计成本函数之前，本节都会利用此属性。这样的限制可以由使用任何一个输入价格作为计价单位和表达所有其他投入价格相关的计价单位。用 W_1，第一个输入的价格为计价单位，本节重新编写的成本函数为

$$\ln \tilde{C}_{it} = \theta(i,t) + \sum_{q=1}^{Q} \beta_q(t) \ln Y_{qit} + \sum_{k=2}^{K} \delta_k(t) \ln \tilde{W}_{kit} + \sum_{p=1}^{P} \gamma_p(t) \ln Q_{pit} + v_{it} \qquad (4.17)$$

式中，$\tilde{C}_{it} = C_{it}/W_{1it}$, and $\tilde{W}_{kit} = W_{kit}/W_{1it}, \forall k = 2, \cdots, K$。

成本函数式（4.17）是类似于半参数平滑系数（SPSC）模型。然而，传统的半参数平滑系数（SPSC）模型假设所有系数、截距、斜率都是相同的协变量的函数。本节中，截距是公司和时间的函数，而斜率仅仅是时间的函数。

为进行估计，本节对 Robinson（1988）[52]的公式进行转换，改写式（4.17）为

$$\ln \tilde{C}_{it}^* = \sum_{q=1}^{Q} \beta_q(t) \ln Y_{qit}^* + \sum_{k=2}^{K} \delta_k(t) \ln \tilde{W}_{kit}^* + \sum_{p=1}^{P} \gamma_p(t) \ln Q_{pit}^* + v_{it} \qquad (4.18)$$

式中，$\ln \tilde{C}_{it}^* = \ln \tilde{C}_{it} - E(\ln \tilde{C}_{it} | i,t), \ln Y_{qit}^* = \ln Y_{qit} - E(\ln Y_{qit} | i,t), \ln \tilde{W}_{kit}^* = \ln \tilde{W}_{kit} - E(\ln \tilde{W}_{kit} | i,t)$，且 $\ln Q_{pit}^* = \ln Q_{pit} - E(\ln Q_{pit} | i,t)$。

条件期望 $E(\ln \tilde{C}_{it} / i,t)$、$E(\ln Y_{qit} / i,t)$、$E(\ln \tilde{W}_{kit} / i,t)$、$E(\ln \tilde{Q}_{pit} / i,t)$ 可以利用 Nadaraya-Watson 核估计进行估计。

在计算 $\ln \tilde{C}_{it}^*$、$\ln Y_{qit}^*$、$\ln \tilde{W}_{kit}^*$ 和 $\ln Q_{pit}^*$ 时，将采用没有截距的 SPSC 模型估计式 4.19。

定义 $\rho(t) = [\beta_1(\cdot), \cdots, \beta_Q(\cdot), \delta_2(\cdot), \cdots, \delta_k(\cdot), \gamma_1(\cdot), \cdots, \gamma_p(\cdot)]$，并且定义 $X_{it} = [\ln Y_{1it}^*, \cdots, \ln Y_{Qit}^*, \ln \tilde{W}_{2it}^*, \cdots, \ln \tilde{W}_{Kit}^*, \ln Q_{1it}^*, \cdots, \ln Q_{Pit}^*]$，改写为 $\ln \tilde{C}_{it}^* = X_{it}' \rho(t) + v_{it}$，使用总体矩条件，$E(X_{it} v_{it} / t) = 0$ 得出：

$$\rho(t) = [E(X_{it} X_{it}' / t)]^{-1} E(X_{it} \ln \tilde{C}_{it}^* / t) \qquad (4.19)$$

因此，本节利用 Nadaraya-Watson 估计进行条件期望的估计，得到

$\rho(\cdot)$，即

$$\hat{\rho}(t) = \left[\sum_{j=1}^{N} \sum_{\tau=1}^{T} X_{j\tau} X'_{j\tau} K_{j\tau}(t) \right] \sum_{j=1}^{N} \sum_{\tau=1}^{T} X_{j\tau} \ln \tilde{C}^{*}_{j\tau} K_{j\tau}(t) \qquad （4.20）$$

式中，$K_{j\tau}(\cdot)$ 为 Gaussian 的核函数。因为 $\hat{\rho}$ 是 t 的未知函数，$\hat{\rho}(t)$ 是具体时间，即在特定时间，有一个参数向量 $\hat{\rho}$。可以想到，$\hat{\beta}_q(t), \forall q=1,\cdots,Q$ 输出弹性和边际成本对每个观察值都是非负。$\hat{\delta}_k(t), \forall k=2,\cdots,K$，第 k 个输入的成本份额，在 0 到任何一个观察值之间。

为估计式（4.17）中截距 $\theta(\cdot)$，使用式（4.17）建立，即

$$R_{it} = \ln \tilde{C}_{it} - \sum_{q=1}^{Q} \hat{\beta}_q(t) \ln Y_{qit} - \sum_{k=1}^{K} \hat{\delta}_k(t) \ln \tilde{W}_{kit} - \sum_{p=1}^{P} \hat{\gamma}_p \ln Q_{pit}$$

然后进行非参数回归，$R_{it} = \theta(i,t) + \varepsilon_{it}$，估计 $\theta(i,t)$ 使用非参数核模型。此处与估计 $E(R_{it}/i,t)$ 一样，同样假定 $E(\varepsilon_{it}/i,t) = 0$。

2．无效率的分解

截距 $\theta(i,t)$ 被估计以后，本节将要估计和分解低效。由式（4.17）定义了成本前沿。使用此定义，本节定义无效为

$$m_{it} = \theta(i,t) - \alpha(t) \qquad （4.21）$$

式中，$\alpha(t) = \min_i \theta(i,t), \forall t$。此定义相似于 Cornwell 等（1990）[53]。唯一区别是前者的亚久定义无效在参数生产前沿的框架，而本节是在一个半参数成本函数模型框架下。

使 m_{it} 作为无效的问题在于它可能包括特定的因素，具体到它运营所需的公司的位置和环境中。假定这些环境因素是随时间不变的，将它们与无效分离就是可取的，鉴于此，本节将 m_{it} 分解到企业效应和两个无效部分中，即

$$m_{it} = \mu_i + \eta_i + u_{it} \qquad （4.22）$$

式中，μ_i 为随意的企业效应（0 均值）；$\eta_i \geqslant 0$ 恒成立（随时间不变）成本无效；$u_{it} \geqslant 0$ 为随时间改变的成本无效。

为了估计 η_i 和 u_{it}，本节使用如下三个步骤。

首先，估计企业效应。

定义 $\varepsilon_{it} = m_{it} + v_{it}$，并将式（4.22）改写为以下单侧误差分量面板数据模型，即

$$\varepsilon_{it} = \alpha_0 + \psi_i + \chi_{it} \qquad (4.23)$$

而 $\alpha_0 = E(\eta_i) + E(u_{it})$，$\psi_i = \mu_i + [\eta_i - E(\eta_i)]$，$\chi_{it} = v_{it} + [u_{it} - E(u_{it})]$。

实际上，ε_{it} 可用其估计 $\hat{m}_{it} + \hat{v}_{it}$ 代替，而 $\hat{m}_{it} = \hat{\theta}(i,t) - \hat{\alpha}(t)$，且 $\hat{v}_{it}$ 可以从式（4.17）中得出。本节估计式（4.23）作为单侧固定或随机效应模型，可得到 ψ_i 和 χ_{it} 值，分别用 $\hat{\psi}_i$ 和 $\hat{\chi}_{it}$ 代表。

其次，估计持久无效。

定义 $\psi_i = \mu_i + \eta_i - E(\eta_i)$，采用式（4.24）估计随机成本前沿模型，有：

$$\psi_i = a_0 + \mu_i + \eta_i \qquad (4.24)$$

这里用 $\hat{\psi}_i$ 代替 ψ_i，用 $a_0 = -E(\eta_i)$ 作为常数项，μ_i 为噪声项，$\eta_i \geqslant 0$ 表示持久的无效率。Jondrow 等（1982）[54] 的方法可以用来估计每个企业的持久无效率 η_i。相关的技术效率得分可从以下公式计算得到：$TE_{0i} = E[\exp(-\eta_i \mid r_{0i})]$，而 $r_{0i} = \mu_i + \eta_i$ 是式（4.24）中的残差。

最后，估计随时间改变的无效率。

用以下定义 $\chi_{it} = v_{it} + u_{it} - E(u_{it})$ 来估计以下随机成本前沿模型，即

$$\chi_{it} = b_0 + v_{it} + u_{it} \qquad (4.25)$$

而 $b_0 = -E(u_{it})$ 为常数项，v_{it} 为噪声项，$u_{it} \geqslant 0$ 是无效率。实际上，用 $\hat{\chi}_{it}$ 代替 χ_{it}。Jondrow 等（1982）的方法再次用来估计 u_{it}。相关的技术效率估计采用以下公式：$TE_{pit} = E[\exp(-u_{it} \mid e_{it})]$，而 $e_{it} = v_{it} + u_{it}$ 是式（4.25）中随机前沿回归的残差。

3. 生产率变动分解

估计了无效后，本节将其从成本前沿函数中分离，利用式（4.21），改写为

$$\ln \tilde{C}_{it} = m_{it} + \alpha(t) + \sum_{q=1}^{Q} \beta_q(t) \ln Y_{qit} + \sum_{k=2}^{K} \delta_k(t) \ln \tilde{W}_{kit} + \sum_{p=1}^{P} \gamma_p(t) \ln Q_{pit} + v_{it} \qquad (4.26)$$

式中，$m_{it} + \alpha(t) = \theta(i,t)$。

考虑到式（4.26）中双方的时间差，本节将总成本的变化率分解。将 $\Delta \ln \tilde{C}_{it}$ 引入式（4.27）中，有：

$$\Delta \ln \tilde{C}_{it} = 无效率变化 + 技术变革 + 规模变化 + 投入价格变化 + \\ 准固定投入变化 + 残差部分 \qquad (4.27)$$

其中，

无效变化 $= \Delta m_{it} = \Delta u_{it}$

技术变革 $= \Delta \alpha(t) + \sum_{q=1}^{Q} \Delta \beta_q(t) \ln Y_{qit} + \sum_{k=2}^{K} \Delta \delta_k(t) \ln \tilde{W}_{kit} + \sum_{p=1}^{P} \Delta \gamma_p(t) \ln Q_{pit}$

规模变化 $= \sum_{q=1}^{Q} \beta_q(t) \Delta \ln Y_{qit}$

投入价格变化 $= \sum_{k=2}^{K} \delta_k(t) \Delta \ln \tilde{W}_{kit}$

准固定投入变化 $= \sum_{p=1}^{P} \gamma_p(t) \Delta \ln Q_{pit}$

残差部分 $= \Delta v_{it}$

考虑到在式（4.27）中，成本变化率 $\Delta \ln \tilde{C}_{it}$ 被分解为 6 部分，每一个部分都显示其对成本变化率的影响。例如，如果"技术变革"部分是-0.05，这意味着给予一切技术变化每年将会降低 5%的成本。类似地，如果"规模变化"部分是 0.22，则意味着成本将增加 22%是由于规模（产量）变化的影响。类似的简单解释，也可以用于其他部分。值得指出的是，$\Delta \ln \tilde{C}_{it}$ 不等同于全要素生产率增长率（TFPG）：TFPG$= \sum_q R_q Y_q - \sum_j S_j X_j$，其中，$R_q$ 为产出 Y_q 的收益份额；S_j 为投入 X_j 的成本份额。然而 TFPG 与它的组成可以很容易从 $\Delta \ln \tilde{C}_{it}$ 的部分中得到，利用 $\Delta \ln \tilde{C}_{it}$ 的好处是：它的各部分更加直观，因为这些显示了成本的百分比变化与产出的百分比变化、输入价格和准固定投入的百分比变化，除了技术变化和无效率变化。这些部分都可以导出通过生产函数式（4.26）的差异化产品规则。无论从哪个角度来看，它都相当明确和标准。非标准的是，这些部分是基于一个模型，在该模型中，参数是完全灵活的（非参数）时间函数。因此，所有的回归系数的变化在这些部分中发挥了很大作用。因此，如技术变化部分，测量成本前沿的变化随着时间的推移不是一个常数，虽然本节有一个简单的对数线性模型。其他组成部分，即规模变化、输入价格的变化、准固定投入的变化，分别表示为输出、输入价格和准固定投入的变化率的加权总和。权重是这些变量的相关系数（弹性），它们是时间的非参数函数。与常数系数的参数模型相比，所有部分都可以随着时间而改变，即使有些回归在有些公司的某些年不会改变。

Kumbhakar 和 Sun（2012）[55]得到 TFPG 公式使用了距离函数，其中部分是技术变化和规模报酬。Orea（2002）[56]基于距离函数分解了麦氏生产力指数，其中 TFPG 被分解为效率变化和技术变化，还有规模变化、投入价格、准固定投入，使用 SPSC 模型。其含义与 Kumbhakar 和 Lien（2009）[57]是相似的，他用参数距离函数的方法，分解成各组成部分的盈利能力变化。与本节的方法的主要区别是 SPSC 模型的运用。

相比于其他参数方法，SPSC 更加灵活，尤其是分解是直接基于回归函数式（4.26），因此所有部分的总数，包括残差部分，与数据计算的成本变化率完全匹配。然而这并非总是如此，在全要素生产率的变化和估计部分总数之间总能找到差距（Kumbhakar and Lozano-Vivas，2005）[58]。

4.5.3 数据

本节研究对象为山西省公路货运企业，经营范围包括班车货运、出租车货运和包车货运等，但城市公交不在研究范围内。数据来源同上节。

1. 投入产出变量

本节从成本效率角度展开研究，设定成本函数作为评价公路货运业成本效率的指标。而成本函数主要的设定变量为产出与投入项价格，本部分将说明研究中投入、产出变量和其他相关变量的设定情况。

（1）产出变量。在货运业生产分析中，不正确的产出设定可能导致货运产业特性分析错误。根据文献梳理与 De Borger 等（2002）指出的，国外探讨货运业的相关文献在设定产出时，大部分采用如下变量予以测度。①需求方面指标（demand-related indicators）：货运公里；②供给方面指标（supply-related indicators）：车辆公里、座位公里；③运营总收益（revenue）。本节初步采用总货运公里数进行分析，然而由于软件实际操作与估计方法的限制，部分模型无法得出参数估计。又因公路货运企业往往同时经营一般公路与高速公路两种路线，而两种路线单位费率定价明显不同，若采用上述需求方面指标或供给方面指标,将无法考虑路线费率定价不同的效果。因此本节最后试从费率角度出发,采取总收益作为产出变量。

（2）投入变量。在成本函数体系中,投入变量主要指投入要素价格。根据文献梳理,投入价格包括劳动价格、资本价格及燃油价格,本节延用劳动价格及燃油价格的设定。而资本价格的计算,因为涉及货运车辆的购买价格、使用年限及残值,此方面数据不易取得（Matas and Raymond,1998）,又因公路货运产业资本项目可能涵盖政府补贴额,补贴额度不同可能会扭曲成本函数的估计,所以本节决定采用于成本项目中同等重要、也常为过去文献（De Rus,1988；Loizides and Giahalis,1995）用来替代资本价格的维护管理价格作为最后一项投入变量。

（3）其他变量设定。研究中所考虑的最后一项变量为路网长度,运营路线的长度可表示为各家公司的规模及产能。许多文献也使用此项变量解释不同公司间的运营特性,因此本节将路网长度设定为异质性变量,并纳入模型中分析。

（4）具体变量定义。将本节所采用的投入、产出及相关变量定义如下:

年度运营总成本(total cost, TC)=燃料成本+薪资成本+折旧+
维修费用+管理业务费用

2．产出指标

年度运营总收益(total revenue, TR)=高速公路货运收入+
一般公路货运收入+市区公交收入+其他收入

3．可变投入指标

单位劳动价格(labor price, LP)=薪资成本/员工数

单位燃油价格(fuel price, FP)=燃油成本/驾驶里程总数

4．准固定投入指标

单位维护管理价格(maintenance and administration price, MAP)=
(维护费用+管理业务费用)/车辆数

路网长度(network length, N)=运营路线许可里程总数

相关指标内涵借鉴张毅等[59~64]文章。相关指标都做了相应调整,以消

除价格影响。由于数据较多，限于篇幅，各投入产出变量的描述性统计不再列出。

4.5.4 结果估计

由于有两个可变输入、一个输出和两个准固定投入，实证模型可以被写为

$$\ln \tilde{C}_{it} = \theta(i,t) + \beta(t)\ln Y_{it} + \delta_2 \ln \tilde{W}_{2it} + \gamma_1(t)\ln Q_{1it} + \gamma_2(t)\ln Q_{2it} + v_{it} \qquad （4.28）$$

式中，$\tilde{C}_{it} = C_{it}/W_{1it}$，$\tilde{W}_{2it} = W_{2it}/W_{1it}$。

表 4.24 表示 $Q_1 \sim Q_3$ 的估计平滑系数和规模报酬（RTS）的平均值和四分位数。可以看出，平均产出弹性 $(\hat{\beta}(t))$ 是 1.2149，这意味着，如果平均货运量增加 1%，在其他条件不变的情况下，成本增加 1.21%。平均规模报酬（RTS）为 $1/\hat{\beta}(t)$ 的平均数，为 0.8231，表明货运企业平均都缺乏规模经济。

表 4.24　回归系数和规模报酬统计结果

	$\hat{\theta}(i,t)$	$\hat{\beta}(t)$	$\hat{\delta}_2(t)$	$\hat{\gamma}_1(t)$	$\hat{\gamma}_2(t)$	RTS
Mean	−4.1356	1.2149	0.7126	0.0818	−0.0715	0.8231
	（0.0821）	（0.0211）	（0.0119）	（0.0011）	（0.0029）	（0.0139）
Q_1	−5.5492	1.0683	0.6791	0.0691	−0.1993	0.7337
	（0.2783）	（0.0001）	（0.0000）	（0.0000）	（0.0000）	（0.0000）
Q_2	−4.2993	2.2533	0.7431	0.0833	−0.0169	0.8082
	（0.0200）	（0.0061）	（0.0012）	（0.0001）	（0.0028）	（0.0000）
Q_3	−2.7864	1.3278	0.7902	0.1091	0.0487	0.9187
	（0.0173）	（0.0721）	（0.0354）	（0.0139）	（0.0029）	（0.0817）

注：括号内是标准差。

值得一提的是，$\hat{\delta}_2(t)$ 被解释为劳动投入的成本份额，在 0 和 1 之间，这是可预期的，因为成本份额不能超越这个区间。平均劳动价格弹性 $\hat{\delta}_2(t)$ 是 0.7126。由此类推，平均燃油成本份额是 1−0.7126=0.2874，与 2014 年燃油费在运输成本中的比例（30%～35%）相差不大。

准固定投入的成本弹性的估计（路网和维护费用）是 $\hat{\gamma}_1(t)$ 和 $\hat{\gamma}_2(t)$。这些可以是积极的或消极的，因为准固定投入的成本不包括在总可变成本之内。一个正值 $\hat{\gamma}_1(t)$ 是可变成本的增加与资本存量的增加。这是一个合理的结果，因为在一个给定的货运企业和一个给定的输出水平情况下，资本设备的输入增加可能会导致需要更多的可变劳动投入来操作和维护资本设备。特别地，在较大的货运企业，广泛的货运量的增加使得增加劳动和燃油投入成为必需。另外，对 $\hat{\gamma}_2(t)$ 的估计超过 50% 的观测值是负数，意味着成本下降时，大约 50% 的货运企业收益是增加的。维护费用的增加可能会减少所需的燃油输入数量，以达到一个给定的输出水平。然而，在高水平的维护费用，可能会导致较低的乘客的增长率。

图 4.4 说明了成本弹性的时间行为，由斜率系数表示。可以看出，输出弹性[图 4.4（a）]遵循一个"U"形的关系，最低发生在 2005 年。一个解释可能是，平均货运量随着时间的推移扩大，输出增加成本日益扩大，由于货运能力的限制，包括经营环境不规范，且政府管理体制不健全，货运企业之间激烈的竞争导致的。这也是 2005 年山西省城市公共货运条例颁布实施的现实基础。

相比之下，劳动价格弹性[图 4.4（b）]显示为倒"U"形图案，并在 2005 年发生最大。2010 年后较低的劳动价格弹性可能是由于 2005 年劳动力紧张（民工荒），出现比前一年更高的价格。路网弹性[图 4.4（c）]虽然有相当波动，在研究时间仍然是正向的。维护费用弹性[图 4.4（d）]遵循一个倒"U"形的模式，并有积极的估计在 2003—2009 年。由于维护费用被视为一个准固定的输入，这意味着它的成本不包含在可变投入总成本之内。由于是因变量，其成本弹性很可能是负或零，只要在维护费用的增加不增加可变成本。其值为正，且接近于零，从而意味着增加维护费用的大小稍微增加了可变成本。既然标志可以去任何一种方式，本节没有强加限制使标志为负或正。2009 年维护费用弹性下降，且之后越来越多的负值表明，通过增加维护费用，货运企业受益于可变成本的减少，可能是由于更多客流量导致的燃油和劳动力的投入和使用。

除了估计系数，图 4.5 是分解技术效率（TE）的评分直方图，采用前文中提出的分解方法，以及 Battese 和 Coelli'S（1988）评价之前的 TE_0,

TEp 和 TE 都分别是随时间恒定的，随时间可变，和整体 TE 分数。所有的分布都偏左。86.29%以上的货运企业的 TE_0 分数严格大于 0.8，表明大多数货运企业在某个年份是相当有效的。TEp 这个百分比数字是 71.32，（低效率的随时间变化的部分）。对于 21.43%的货运企业，总的 TE 分数均大于 0.8。TE_0 和 TEp 的平均值分别为 0.8133 和 0.8526，标准偏差分别为 0.0643 和 0.0712；总平均值 TE 为 0.7162，标准偏差为 0.0829。

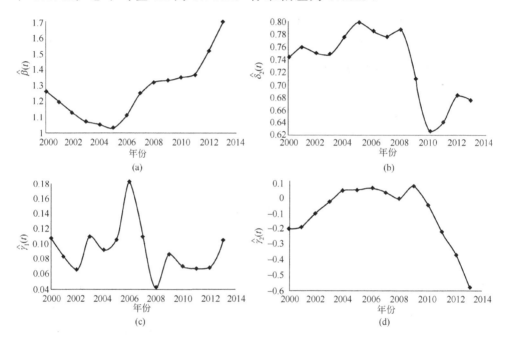

图 4.4　回归系数估计图

图 4.6 是根据 Kumbhakar 和 Sun（2012），获得的整体 TE 得分趋势。要计算指数，本节首先计算的 TE 变化定义为

$$\dot{TE}_{it} = \frac{TE_{it} - TE_{it-1}}{0.5(TE_{it} + TE_{it-1})} \qquad (4.29)$$

注意到按照定义：$\dot{TE}_{it} = \dot{TE}_{pit}$ 且 $\dot{TE}_{0i} = 0$。然后，本节计算 $\dot{TE}_{it}$ 的加权平均，权重是货运企业 i 在 t 年产出与该年总产出的比率。不使用随时间的 TE_t 的加权平均，使用它们定义一个指数 TE_t，即

$$TE_t = TE_{t-1}(1+\dot{TE}_t), \forall t = 1986,\cdots,1998, TE_{1985} = 100 \qquad (4.30)$$

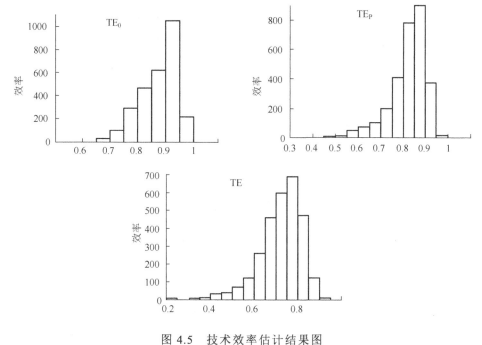

图 4.5 技术效率估计结果图

如图 4.6 所示，技术效率随着时间的增加而增加，这是可预期的货运企业主管和经理人从他们过去的错误教训和同行竞争中学得的经验（Tveterå and Battese，2006）。

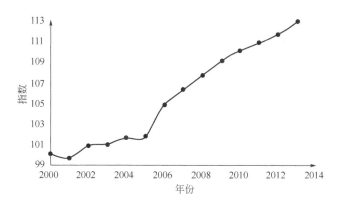

图 4.6 技术效率变化指数

表 4.24 是分解结果。为简单起见，本节将总成本中所有组成部分的平均值和中位数的变化率列在一起。从表 4.25 可以看出，平均无效率变化

是−0.0277，说明低效率随时间下降。一个负的技术变化值表示技术进步（随着时间成本缩减），因此，本节发现每年平均约 6.81%的技术进步。这意味着总成本的降低，在其他条件不变的情况下，每年 6.81%。一些顶尖的货运企业经历了技术退步（成本增加，在其他条件不变的情况下）。

式（4.27）的分解结果显示了每个组成对成本变化率的贡献。对于规模变化的部分，它是 $\beta(t)\Delta\ln Y_{it}$。如果本节把它改写为 $[\beta(t)-1]\Delta\ln Y_{it} + \Delta\ln Y_{it}$，那么它清楚地表明，RTS 部分的贡献，$[\beta(t)-1]\Delta\ln Y_{it}$ 是积极的。

表 4.25　公路货运企业生产率分解统计结果

	无效率变化	技术变革	规模变化	投入价格变化	准固定投入变化	残差部分	总成本变化
平均数	−0.0277	−0.0681	0.2276	−0.0145	−0.0112	−0.00002	0.1039
	（0.0059）	（0.0027）	（0.0088）	（0.0087）	（0.0025）	（0.00009）	（0.0121）
中位数	−0.0349	−0.0500	0.2257	−0.0199	−0.0011	−0.00004	0.0897
	（0.0037）	（0.0019）	（0.0051）	（0.0047）	（0.0007）	（0.00005）	（0.0076）

注：括号内是标准差，负数代表技术进步

因为 $\beta(t)>1$ 这是因为 RTS = $1/\beta(t)$。因此，为产量增加 1%，成本增加 1%以上。这可能对货运企业是利好消息，特别是如果他们有最大限度地追求利润，且服务的市场是有竞争的。在这样的情况下，输出价格 P 等于边际成本 MC，即，$P=MC$，意味着 $PY/C = \partial\ln C/\partial\ln Y = \beta(t)>1$，这反过来意味着利润=$(PY-C)>0$。因此，只要 P 是高的，并随着时间的推移增加，货运企业可能会扩展其业务，甚至当 RTS<1 时。因为这样做，他们的利润是不降低的（虽然成本是多于成比例增加）。事实上，在样本期间，货运价格是相当高的，这可能会促使货运企业扩大其经营以及超出其有效规模。同时输入价格变化部分是负的，意味着输入价格变化对于成本变化率是负贡献的。准固定投入存在类似的效果。还需要注意，由于计算各部分的平均/中位数时四舍五入导致的误差，对这六个部分的平均/中位数的总和不完全等于总成本中平均值/平均变化率。

图 4.7 显示了成本变化率的各个组成部分指标的趋势。在这些指标项产生使用式（4.30）与 Kumbhakar 和 Sun（2012）有相同的公式，即，$A_t = A_{t-1}(1+\dot{A}_t)$ 其中 $\dot{A}_t$ 是计算的在 A 平均变化率和式（4.17）的其中一个部分。

从这些设计得到的结果符合表 4.25。无效率变化指数随时间普遍降低，表明在研究期间效率普遍提高。技术变化指数普遍降低，表明在其他条件不变的情况下，总可变成本是随着时间逐渐降低的。输入价格在样本期间下降的趋势大于增加的趋势。准固定投入变化指数的特点是 2002—2010 年温和的增长（除了 2006 年略有下降）、第一年的大幅下降和样本期的最后 3 年。

更重要的是，从图 4.7 中可以看到，技术变革的速度随时间变化非常大。初始 2000—2002 年，它的特点是在不成熟完善竞争体制下的损失，该行业经历了快速的技术进步（成本降低）到 2009 年。在这几年中，一些创新被引入到公路货运领域，如在燃油、运输设备、维修等方面。此外，它也可能是一个大量从自己的生产经验和其他生产学习的时期（Asche et al.，2012；Tveter and Battese，2006）。2009 年后，技术进步到达低点。从 2009 年，货运行业经历了新的挑战，整个行业不能够有充分的创新，以减少交通事故损失和降低生产成本。

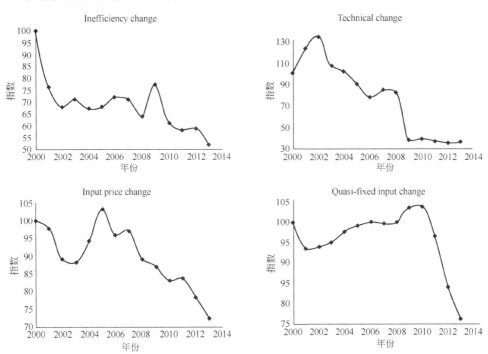

图 4.7　生产率变化指数估计值变化图

4.5.5 小结

基于参数方法限制过严，未充分考虑环境变量对生产函数的柔性影响。本文提出了一种柔性的随机成本前沿模型，成本函数的系数被建模为企业异质性影响和时间影响的未知光滑函数。SPSC 方法的引入使得成本的变化率被分解成无效率的变化，技术变革，和规模变化等组成部分。我国现代运输业的发展涉及到多个政府相关部门，然而各部门往往各行其是，造成条块分割严重。道路运输企业是极易受环境变量特别是政策影响的行业，它的经营实际与半参数方法较为契合，且成本问题日益受到重视。作为企业差异性研究更应将方法是否关注决策单元异质性放在首位，所以基于企业异质性旨在估计和分解我国道路运输企业的生产率和效率的研究中，半参数方法自然成为首选。本文基于道路运输企业的不均衡面板数据，并估计了运输企业规模报酬，生产力的变化，技术效率的变化。使用半参数随机成本前沿方法将成本变化率分解成各种组成部分的变化率，有效刻画了环境变量对成本生产函数的影响。实证结果显示无效率变化指数随时间普遍降低，表明在研究期间效率普遍提高。技术变革指数普遍降低，表明在其他条件不变的情况下，总可变成本是随着时间逐渐降低。输入价格的变化，在样本期间下降的趋势大于增加的趋势，技术变革的速度随时间变化非常大，特点是在道路客运环境不成熟完善的环境中，该行业经历了快速的技术进步（成本降低）。学习效应导致的技术无效率以及技术进步，有助于生产率的增长（成本降低），而这些促进是以柔性的方式展现的，并随时间变化。

4.5.6 本节附录

$$\mathrm{CV}_{1c}(h) = \min_{h} \sum_{i=1}^{N} \sum_{t=1}^{T} [\ln \tilde{C}_{it}^{*} - X_{it}' \hat{\gamma}_{-it}(Z_{it})]^2 M(Z_{it}) \qquad (4.31)$$

而 $\mathrm{CV}_{1c}(h)$ 决定了交叉验证带宽向量 h 用于其常数项的估计。

$$X_{it}' \hat{\gamma}_{-it}(Z_{it}) = X_{it}' \left[\sum_{j \neq i}^{N} \sum_{\tau \neq t}^{T} X_{j\tau} X_{j\tau}' K\left(\frac{Z_{j\tau} - Z_{it}}{h}\right) \right]^{-1} \sum_{j \neq i}^{N} \sum_{\tau \neq t}^{T} X_{j\tau} \ln \tilde{C}_{j\tau}^{*} \left(\frac{Z_{j\tau} - Z_{it}}{h}\right)$$

是交叉验证留一法其常数项 kernel 条件平均值，and $0 \leqslant M(\cdot) \leqslant 1$ 是权重函数，用于避免 0 分法导致的困难。

为将限制加在光滑系数上，将式（4.31）改写成：

$$\hat{\rho}(t) = \sum_{j=1}^{N} \sum_{\tau=1}^{T} A_{j\tau}(X_{j\tau}, t) \ln \tilde{C}_{j\tau}^{*} \qquad （4.32）$$

而 $A_{j\tau}(\cdot) = \left[\sum_{j=1}^{N} \sum_{\tau=1}^{T} X_{j\tau} X_{j\tau}' K_{j\tau}(t) \right]^{-1} X_{j\tau} K_{j\tau}(t)$。将特定观察到的限制置于 SPSC 估计就是简单地将观察到的每个应变量权重重新设置 $\ln \tilde{C}_{j\tau}^{*}$（Du et al.，2013）。

为实现此，本节改写式（4.32）为

$$\hat{\rho}(t) = NT \cdot \sum_{j=1}^{N} \sum_{\tau=1}^{T} A_{j\tau}(X_{j\tau}, t) \cdot p_{u} \cdot \ln \tilde{C}_{j\tau}^{*} \qquad （4.33）$$

而 $p_{u} = (NT)^{-1}$ 表示权重一致，不受限制的半参数光滑系数估计见式（4.34），即

$$\hat{\rho}(t) = NT \cdot \sum_{j=1}^{N} \sum_{\tau=1}^{T} A_{j\tau}(X_{j\tau}, t) \cdot p_{j\tau} \cdot \ln \tilde{C}_{j\tau}^{*} \qquad （4.34）$$

而 $\hat{\rho}^{*}(t)$ 表示受限制的光滑系数估计，$p_{j\tau}$ 表示观察到的特定权重，$\sum_{j=1}^{N} \sum_{\tau=1}^{T} p_{j\tau} = 1$。为了选择最优的 $p_{j\tau}$，这里根据 Du et al.（2013）的方法最小化 L_2 规范准则函数，有：

$$\sum_{j=1}^{N} \sum_{\tau=1}^{T} (p_{j\tau}, p_{u})^{2}$$

取决于：

$$\hat{\beta}_{q}(t) \geqslant 0, \forall q = 1, \cdots, Q, \quad \text{and } 0 \leqslant \hat{\delta}_{k}(t) \leqslant 1, \forall k = 2, \cdots, K \qquad （4.35）$$

4.6　结论

近年来，公路货运产业面临日益严峻的外部经营环境、补贴政策不足、

客源流失、油价波动等，均使得企业成本花费上升，在无力更新设备、提升服务品质的背景下，各公路货运企业经营将越来越无效率，并且逐渐丧失竞争力。特别是近几年山西省煤炭产业陷入低谷导致整体经济形势和政府财政不容乐观，公路货运产业前景令人堪忧。

但总体而言，公路货运除了一般所知的城际运输功能外，同时也具备替代私家车、提高道路使用效率并能改善环境质量的功能。本章通过不同随机前沿模型的比较，提出一套能具体协助企业与政府解决上述问题的工具。国内对于公路货运业成本效率相关研究实为欠缺，成本效率分析除了可提供政府在政策制订和评估时的参考依据外，也可作为企业测度自身内部效率和经营能力的评价工具。

小结：本章以微观货运企业为视角，基于异质性与时变性随机前沿模型对山西省的公路货运公司进行成本效率研究，提出了公路货运公司具有异质性与时变性，从成本效率角度能更好地反映货运企业的经营效率。这不仅为政府提高货运公司的效率提供依据，也为企业测度自身内部效率和经营能力提供了工具。本章的研究视角仅为山西地区的货运物流公司，但全国各地区物流货运企业情况各不相同，并且各地区物流货运企业的成长状况、发展前景都受到当地政府和企业的重点关注，所以下一章将对全国的物流企业成长进行研究，得出一般性的结论。

第5章 我国上市物流企业规模与成长：
外商直接投资、技术差距、财务结构
效果的分量分析

5.1 前言

第4章研究的是某一地区的公路货运企业效率问题,不具有全国范围内的说服力,本章及下一章将以中国上市物流企业为研究对象,考察其效率、规模、风险规避和成长问题,以期更充分地分析中国物流业的效率问题。

物流业是我国服务业中最具发展潜力与经济贡献的产业之一,伴随着经济全球化、科学技术的创新及竞争速度的加快,物流企业已达成共识:只有通过不断扩大生产规模、进行技术创新、产业升级及健全财务结构等方式,才能促进企业成长,提升国际竞争力。

但相关研究发现我国物流业并没有达到规模经济,目前还处于成长的初级阶段[65,66]。尤其从2005年年底以来,我国物流业市场全面开放,来华投资的物流业公司均为进入成熟发展阶段的、具有先进技术和丰富管理经验的国际物流业巨头,使得规模较小且处于成长初期的中国物流企业的发展前景十分堪忧,部分地区甚至出现了物流企业退市的现象。物流业本身的特性使得其具有显著的规模经济特征,可以认为增强其规模优势既是提高物流企业竞争力的有效手段，也是产业发展政策的重点[67,68]。

市场开放是把双刃剑，在引入竞争的同时也提供了交流学习先进技术和理念的平台。外商直接投资（foreign direct investment，FDI）是知识和技术传播的重要渠道，通过外资投入可为国内带来资金、经营技术及产业成长的提升，通过产业间的相互竞争与学习，可提高企业的经营效能（Teece，1977）。因此各国政府均致力于加强国内外企业的合作，并积极对外招商，希望通过 FDI 的溢出效应促进国家经济和产业成长。基于上述考虑，本章将重点关注中国物流企业的成长这一热点问题。

5.2　相关研究与理论基础

5.2.1　文献分析

企业的成长和竞争力的提升是一个国家发展及竞争力提升的基础，吉布瑞特定律是目前分析企业规模的重要理论。本章将文献分析分成"吉布瑞特定律与企业成长""FDI 与企业成长""财务结构与企业成长"三个部分来探讨。

1. 吉布瑞特定律与企业成长

吉布瑞特定律是由 Robert Gibrat 在 1931 年研究了法国制造业 1920—1921 年的数据后提出的，该定律认为公司增长的速度与公司在观察初期的规模无关。国外对 Gibrat 定律的理论和方法的研究较多，但结论存在较大差异。例如，Jovanovic（1982）、Evans（1987a，1987b）、Cooley 和 Quadrini（2001）、Fotopoulos 和 Louri（2004）、Yasuda（2005）、Sapienza（2012）[69]、Shehzadab（2013）[70]等的实证结果皆显示企业年龄与成长率呈现负相关；而 Sven-Olov Daunfeldt（2012）[71]等认为规模较大的公司由于比对手拥有更多有形和无形的资源，而加快了自身的成长速度；Bentzen（2012）[72]采用企业相对规模，即"规模—成长率"方法，得出相对规模对企业成长具有正向影响。

我国学者更加全面细致地探寻了影响企业成长的新因素，形成了系统的交叉理论体系。例如，杨林岩等（2010）[73]将知识理论、演化思想、复杂性科学等前沿的研究理念与方法尽可能衔接到企业成长过程中；杜传忠等（2012）[74]运用分位数回归方法研究了中国经济转轨期的企业成长问题，发现国有经济、政府税收、市场竞争、融资约束等转轨特征是制约企业成长的重要因素，而 FDI、出口、R&D、员工教育和职业培训等因素也对促进企业的成长的作用显著；杨其静（2011）[75]则从政治关联和能力建设的平衡关系方面对企业成长进行了论述，指出了政府在企业成长中的重要地位；王晓辉（2013）[76]从企业社会资本的视角对企业成长进行研究，指出了社会资本通过动态能力对企业成长的积极促进作用；程聪（2013）[77]也对战略生态、制度创业和新创企业成长关系进行了研究；张敬伟（2012）[78]、龚丽敏（2012）[79]以中国制造业为例，研究了新兴经济背景下的商业模型对企业成长的影响。

在研究对象方面，国内研究着重于某个行业的成长是否遵循 Gibrat 法则的验证，研究仅限于寿险企业、制造业和互联网企业。例如，张巍（2013）[80]、高宝俊（2012）[81]等认为互联网企业不遵循 Gibrat 法则；李秀芳（2013）[82]等对寿险企业是否遵循 Gibrat 进行了验证，发现寿险企业呈高度斜性分布，短期内企业成长与企业规模相关，小规模企业的成长接近 Gibrat 法则，而大规模企业的成长则偏离 Gibrat 法则。

2．FDI 与企业成长

FDI 与企业成长的研究属于 FDI 对东道国产业的间接效果影响研究。间接效果也称外溢效果（spillovers）。Caves（1974）、Blomström（1986）以及 Byun 和 Wang（1995）指出，外商投资对东道国所产生的外溢效果可分为产业内与产业间的外溢效果：产业内的外溢效果是指通过竞争和培训带来的技术的移转与扩散等途径，促使东道国企业的生产力得以提升；产业间的外溢效果则是指在产业链上商贸流通的刺激下，东道国企业加速取得新的生产技术、改善产品质量、降低生产成本，以提高生产效率。据此，理论上 FDI 对东道国企业理论上应有正面的经济效益。

国内对 FDI 与企业成长直接关系的研究较少。邱立成和潘小春

（2010）[83]发现对外投资与企业国际化对一国的经济发展和企业成长都越发重要。杜传忠（2012）[53]通过分析经济转轨期中国企业成长的影响因素，可以发现国有经济、政府税收、市场竞争、融资约束等转轨特征是制约企业成长的重要因素，而 FDI、出口、R&D、员工教育和职业培训等因素也对促进企业成长的作用显著。

3．财务结构与企业成长

企业为了生存与发展，必须不断筹资以进行投资，因资金来源不同，其成本也有所差异。如何配置最匹配的负债与权益组合，使资金成本极小的同时达到企业价值极大是企业发展中必须解决好的问题，所以财务结构对企业成长的作用不容小觑。

近年来由财务理论的观点探讨企业成长的文献很多。Lang 等（1996）早就发现财务杠杆的高低会通过投资决策影响企业成长：基于财务杠杆的效用可通过增加举债的方式筹资，但企业也可能会因为负担很高的利息费用而增加破产风险。正如 Elston（2002）指出的，财务结构会影响企业的投资决策，进而影响到企业的规模与成长。另外，Myers（1977）、Myers 和 Rajan（1998）、Opler 等（1999）、Fotopoulos 和 Louri（2004）以及 Dimelis（2005）认为企业可利用流动资产来进行投资活动以确保获利机会，通过高流动性应对突发其来的风险，从而促进企业成长。

国内学者张秀生和刘伟（2013）[84]研究了创业板上市企业的财务指标与企业成长性之间的关系，表明盈利能力对企业的成长性有明显的推动作用。张福明（2011）[85]以中国制造业为研究对象，把企业成长问题放在其所处的动态系统中进行分析，关注了企业成长与规模、生产率和盈利能力等问题的动态关系。李洪亚等（2014）[86]发现融资约束制约了中国制造企业成长，使中国制造业上市公司的企业规模分布存在"年龄依赖"和"规模依赖"的问题，并非完全遵循 Cibrat 定律。周晓珺和陈清华（2013）[87]结合利益相关者与企业"成长场"理论指出，上市公司利益相关者的利益诉求、贡献能力和财务治理结构共同构成了财务治理效率驱动力，从而对企业产生重要影响。

4．文献评述

上述研究为本节提供了十分重要的借鉴。通过梳理，本章发现还有以下可拓展之处。

第一，当前 Gibrat 定律的验证研究主要以传统行业的各类型企业为实证对象，但对于规模高速增长、门类众多的现代服务业代表——物流企业，Gibrat 定律是否成立的研究还未见到。现代物流业是经济发展中新的推动力，被广泛认为是企业在降低物资消耗、提高劳动生产率以外的重要利润源泉，国家早已指出，调整和振兴物流业是国民经济持续快速发展的必要保证。在金融危机的影响和物流市场全面开放的背景下，物流企业如何保持竞争优势从而快速成长，是政府、企业和学术界关注的重要问题。当前我国物流业正处在规模扩张、并购活动逐年增加、应对外企挑战的关键时期，重视中国现代物流业的成长，对于提高整个国民经济的运行质量和效益，推进经济体制与经济增长方式的两个转变都具有十分重要的意义。

第二，国内外研究集中于辨认和描述影响企业成长性的主要因素及其机理探寻，虽有大量学者分别就不同国别、不同行业做了检验，但大部分结论存在显著差异甚至互相矛盾。除了方法和对象的差异外，一个很关键的原因就是这些企业成长影响因素的研究都基于单个视角。这样造成研究结论千差万别，既无法全面分析问题，也不能进一步拓展研究深度。因此，从系统角度入手研究企业成长问题是十分迫切和必要的。

一切事物的发展都是内外部因素共同作用的结果，本章尝试从内外部角度共同入手考察中国物流企业成长的影响因素。中国物流业当前面临最大的外部挑战就是国际物流业巨头大批涌入带来的激烈的市场竞争。另外，近年来，外资在我国物流业资金比例中呈现递增趋势，研究 FDI 能否为国内物流企业带来显著外溢效果，以及技术差距是否影响 FDI 外溢效果等问题具有重要价值。

物流业是劳动密集、资本密集、技术密集的现代服务业。无论是从流通经济学的理论角度入手，还是从物流管理的实践出发，成本和效率都是物流企业成长壮大的关键。流通经济学认为商品流通利润取决于两个条件：一是产业资本所生产的利润量，二是商品流通资本的相对量，即商品流通资本占社会总资本的比例。想要提高总体利润水平，就要使商品流通资本相对量变得较小，即提高商品流通资本的周转速度和流通活动效率，节约商品流通费用。洪俊杰和刘秉镰（2007）的实证研究也发现，降低成本是中国物流企业成功运营的主要因素，近80%的被访物流企业认为降低运营成本的能力位居企业能力的第一位，所以财务结构是影响物流企业成长的重要内部因素。这也是众多学者［如Elston（2002）、Fotopoulos and Louri（2004）、Dimelis（2005）］从财务结构的角度去探讨影响企业成长因素的深层原因。

因此本章将在更一般化地探讨影响我国物流企业成长因素的基础上，加入FDI和财务结构内外两方面因素进行分析。换言之，本章拟以Gibrat（1931）的成长模型为基础，加入FDI与财务结构等内外两个因素来系统地探讨影响物流企业成长的因素的文献，进而为我国物流业制定企业成长策略时提供参考依据，同时协助政府制定外资投资物流业的相关政策。

第三，在实证研究方法方面，过去有关探讨吉布瑞特定律（Gibrat's law）及其他影响企业成长的文献，使用的研究方法大多为OLS线性回归方法。然而以OLS估计回归模型所捕捉的是因变量的条件平均数，而条件平均数未必能代表整个条件分布的行为，尤其是当条件分布呈现异质性时。因此，本章有别于过去的研究方法，应用Koenker和Bassett（1978）所提出的分量回归法（quantile regression），检验企业规模在不同分量下，吉布瑞特定律在我国物流业是否成立，同时也检验影响企业成长的FDI外溢边际效果与财务结构边际效果的变化。

本章结构如下：第一部分为前言，说明研究动机与目的；第二部分为文献探讨；第三部分为研究方法，说明实证模型、方法与资料来源；第四部分为实证结果分析；最后为结论。

5.2.2　研究方法

1．模型

本章以FDI与财务结构两个方面来拓展Gibrat（1931）成长模型，因此必须先检验是否有加入FDI及财务结构两个方面的必要性。

$$\ln Y_{it} = \beta_0 + \beta_1 \ln Y_{it-1} + \mu_{it} \qquad (5.1)$$

式（5.1）为吉布瑞特定律的基本模型，据此，如果企业成长率与规模无关，则企业规模取对数转换后应符合常态分布。本章以我国物流业为实证对象并以其资产总额作为企业规模的代表变量，进行规模分布的检验。结果显示，2008 年的资产总额经对数转换后[1]，其平均数为 13.67，标准差为 1.12，中位数为 13.23，偏态系数为 1.08（常态的偏态系数为 0），峰态系数为 3.90（常态的峰态系数为 3）。以上结果表明对数转换后的物流企业规模是高狭峰分布，以 Shapiro-Wilk 检验的结果也显示拒绝企业规模服从常态分布。为进一步了解该企业规模的真实分布与常态分布的偏离情形，引入核密度估计（kernel density estimation）进行检验分析（Silverman，1986；Pagan and Ullah，1999）[2]。

将 2008 年企业规模取对数后减去其平均数，图 5.1 的结果显示实际资料的企业规模分布（粗线）相较于常态分布呈现右偏且高峰的现象。由于检验结果显示对数转换后的企业规模分布有偏离常态的现象，并未呈现对数常态，表明残差项并不具随机性，这违反了吉布瑞特定律的假定。而Fotopoulos 和 Louri（2004）指出当式（5.1）的残差项不具随机性时，表示还有其他影响企业成长的变量存在，因此本章以式（5.1）为基本模型，根据前述相关文献的探讨，加入企业年龄、FDI 及财务结构等其他影响企业成长的变量，如式（5.2）。

$$\ln Y_{ijt} = \beta_0 + \beta_1 \ln Y_{ijt-1} + \beta_2 \ln AGE_{ijt-1} + \beta_3 FDI_{ijt-1} + \beta_4 FDISEC_{jt-1} +$$

$$\beta_5 GAP_{ijt-1} + \beta_6 DEBT_{ijt-1} + \beta_7 LIQ_{ijt-1} + \sum_{l=1}^{T} \gamma_l D\_year_l + \qquad (5.2)$$

$$\sum_{l=1}^{T} \delta_k D\_industry_k + \mu_{ijt}$$

实证模型中所使用的各项变量及其度量方法见表 5.1。此外，由于本章以物流业 1998—2013 年的资料进行回归分析，数据类型为面板数据，因此

---

[1] 本文也分别就 1998～2013 年的物流上市公司资产规模进行检验，得到相同的结果，限于篇幅，未予列出。

[2] 此方法不须事先假设任何概率密度函数，直接将欲估计的数据与理论分布进行图形比对。

纳入时间与产业虚拟变量❶，以控制可能因时间或产业不同所造成的影响。

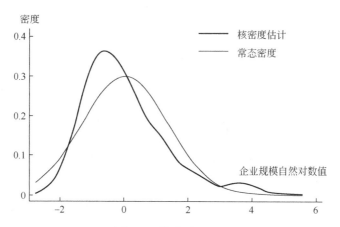

图 5.1　核密度估计

表 5.1　变量的定义与测度

	变量	表　示	测　度
吉布瑞特定律	企业规模/万元	Y_{ijt}	第 j 产业第 i 家企业于第 t 期的企业规模。企业规模过去研究多数以资产总额、销售额、附加价值、资本净额或员工人数作为测度变量（Boeri，1989；Kumar，1985；Amaral et al.，1997），本章以资产总额作为测度变量
	企业年龄/年	AGE_{ijt-1}	第 j 产业第 i 家企业于第 $t-1$ 期的企业年龄
外国直接投资	外资持股比例/%	FDI_{ijt-1}	第 j 产业第 i 家企业于第 $t-1$ 期的企业外资持股比例。测度企业成长与外资持有股权间的关联性，如果系数估计值为正，表示外资对被投资企业的成长有正向影响
	产业外资持股比例/%	$FDISEC_{jt-1}$	第 j 产业第 $t-1$ 期平均外资持股比例，本章参考 Aitken 和 Harrison（1999）的方法来估算产业外资持股比例，即产业外资持股比例 $=\sum_i FDI_{ijt-1}\cdot EMP_{ijt-1}/\sum_i EMP_{ijt-1}$，其中 $\sum_i EMP_{ijt-1}$ 为第 j 产业第 i 家企业于第 $t-1$ 期的员工人数。用于测度本国产业中企业的成长是否会因外资进入而受影响。如果外资进驻有利于国内产业成长，则此系数估计值为正。因此如果产业外资持股比例较高的产业使本国企业的成长提升，则支持外资外溢效果存在；反之如果系数估计值不显著，则外资外溢效果不存在

❶ D_year$_1$ = 1 代表 1999 年，D_year$_2$ = 1 代表 2000 年，以此类推，D_year$_1$, …, D_year$_{15}$ = 0 代表 1998 年；D_industry$_1$ = 1 代表远洋货运业，D_industry$_2$ = 1 代表仓库业，D_industry$_3$ = 1 代表装箱租赁业，D_industry$_4$ = 1 代表内河船运业，D_industry$_5$ = 1 汽车货运业，D_industry$_6$ = 1 代表快递业，D_industry$_7$ = 1 代表航空货运业，D_industry$_8$ = 1 代表铁道运输业，D_industry$_9$ = 1 代表中转储运业，D_industry$_{10}$ = 1 代表港口业，D_industry$_1$, …, D_industry$_{10}$ = 0 代表其他物流业。

续表

	变量	表　示	测　　度
外国直接投资	技术差距/万元	GAP_{ijt-1}	第 j 产业第 i 家企业于第 $t-1$ 期该企业的技术差距。本章参考 Haddad 和 Harrison（1993）、Kokko（1994）及 Kokko 等（1996）的做法来估算技术差距，即以产业中外国企业平均每位员工附加价值与本国企业平均每位员工附加价值的差距，作为技术差距的代表，数值越大，表示外国企业与本国企业间的技术差距越大。其中附加价值=销授净额-原材料成本-生产用燃料和动力等工厂成本
财务结构	负债比率/%	$DEBT_{ijt-1}$	第 j 产业第 i 家企业于第 $t-1$ 期该企业的负债比率，即负债总额/资产总额
	流动比率/%	LIQ_{ijt-1}	第 j 产业第 i 家企业于第 $t-1$ 期该企业的流动比率，即(流动资产-存货)/总资产
虚拟变量	时间虚拟变量	D_year_l	第 j 产业第 i 家企业于第 t 期的时间虚拟变量，当 $l=1$ 时，$D\_year_l=1$，当 $l \neq 1$ 时，$D\_year_l=0$
	产业虚拟变量	$D\_industry_k$	第 j 产业第 i 家企业于第 t 期的产业虚拟变量，当 $k=j$ 时，$D\_industry_k=1$，当 $k \neq j$ 时，$D\_industry_k=0$

2．分量回归方法

根据过去有关探讨影响企业成长因素的文献，其所使用的研究方法大多为 OLS 线性回归法。由于以 OLS 估计回归模型所捕捉的是因变量的条件平均数，而条件平均数未必能代表整个条件分布的行为，因此以 OLS 线性回归法所得到的实证结果，仅能描述各个自变量（如 FDI 外溢效果变量与财务变量）对因变量（如企业规模）的"平均"边际效果，无法完整地呈现自变量与因变量间的各种可能的关系。例如，一国企业的 FDI 外溢效果的强弱或显著与否，或许会因企业的规模大小不同而影响程度也不同。

Dunne 和 Hughes（1994）指出，企业成长与规模的关系会随着企业规模的分布而变化，而且小规模企业的成长过程与大规模企业的成长过程有相当大的差异。而 Liu 等（2000）、Aitken 和 Harrison（1999）、Haddad 和 Harrison（1993）在探讨 FDI 的外溢程度与企业规模大小的关系时，将整个研究样本根据企业规模大小划分成数个小样本，之后再分别估计回归系数。Koenker 和 Hallock（2001）指出，这种做法可能导致严重偏误，且这种偏误与 Heckman（1979）所指出的样本选择偏误（sample selection bias）其实并无区别。比较而言，通过分量回归进行系数估计时并未舍弃样本信息，而是以不同权数来区分样本资料的相对重要性。同时，分量回归的使用可使本章得以完整呈现各因素对不同规模企业成长的影响。因此本章应用 Koenker 和 Bassett（1978）所提出的分量回归法，探讨在不同分量下各变量边际效果的变化对企业规模的影响。这里将分量回归法简述如下：

令 y_i 为因变量，x_i 为自变量，β 为对应的回归参数，N 为样本观察值个数，在线性模型的结构下，给定权重 $\theta(0<\theta<1)$，则第 θ 个分量回归的目标函数为加权平均绝对偏差，即

$$\min V_N(\beta,\theta)=\frac{1}{N}\left[\theta\sum_{i\in\{i:\,y_i\geqslant x_i'\beta\}}\left|y_i-x_i'\beta\right|+(1-\theta)\sum_{i\in\{i:\,y_i<x_i'\beta\}}\left|y_i-x_i'\beta\right|\right] \quad （5.3）$$

Koenker 和 Bassett（1978）证明当 $\theta=0.5$ 时，正负误差权数相等，此时式（5.3）成为最小绝对偏差的估计。式（5.3）通过极小化可以估计出分量回归系数 $\hat{\beta}_\theta$，$\hat{\beta}_\theta$ 可用来解释在第 θ 个分量下，自变量 x_i 对因变量 y_i 的效果。根据式（5.3），本章在进行我国上市物流企业的分量回归估计时，以十分位作为单位划分，即 $\theta=0.1,\ 0.2,0.3,\cdots,0.9$，所以每一组资料都有 9 条分量回归结果。

此外，为规避回归模型误差项产生异质性的可能，本章采用自举法（bootstrapping）重复抽样，在原始样本中进行 1000 次的重复抽样，来对样本进行实证估计，这样可使式（5.3）的分量回归估计系数有一致性的标准差，也可求出具有一致性的共变异数矩阵，据此可以进行分量回归系数的统计检验（Buchinsky，1995）。

3．数据来源

本章以国内上市物流企业为研究对象。物流产业是综合性、服务性的产业❶，上市物流公司大都多元化经营，所以数据库提供的财务报表中并没有上市物流公司物流业务的具体财务数据，故无法对各个企业的物流运营投入产出指标做出精确的计算，但本章将尽可能做出较为准确的界定。首先根据企业介绍中所属板块、从事领域及物流子公司的数量等条件做出

---

❶ 引自《2013 中国物流行业年度报告》。

粗略的选择，然后根据企业主业是否清晰、研究时段企业性质是否发生根本性变化、各项财务数据是否齐全再做选择。

根据我国的产业分类和上市板块，将物流业细分为 11 个产业类别，包括远洋货运业、仓库业、集装箱租赁业、内河船运业、汽车货运业、快递业、航空货运业、中转储运业、铁道运输业、港口业及其他物流业企业❶，实证样本为 38 家物流上市企业，数据期间为 1998—2013 年。所有样本企业数据来自国泰安数据库与和讯网提供的我国上市公司年报中的资产负债表、现金流量表、利润表以及各物流上市企业的官方信息。由于众多中小物流企业的数据无法获得，在此样本限制下，本章仅致力于实证检验影响我国大中型上市物流企业成长的影响因素。

本章参考 Haddad 和 Harrison（1993）的文献，将外资持有股权低于 5% 的企业归类为本国企业（domestic firm），外资持有股权超过 5% 的企业归类为外国企业（foreign firm），样本企业中本国企业占 78%，外国企业占 22%。整体外资平均持股比率为 1.93%，如果以产业为计算基础则为 5.26%。平均规模上，外国企业大于本国企业，为本国企业的 3.2 倍。平均年龄上，本国企业为 10.14 年，外国企业为 19.22 年。

值得注意的是，样本企业的规模及技术差距的标准差值较大，表明各样本企业之间的规模及技术差距的离散程度相当大。其中样本企业规模为偏态系数 8.36 的右偏分布，呈现规模大的企业数量少、规模小的企业数量多的长尾分布情况。样本企业的技术差距则为偏态系数 −5.31 的左偏分布，呈现技术差距小的企业数量较少、而技术差距大的企业数量多的长尾分布情况。

5.2.3 实证结果分析

本章以分量回归法实证检验影响我国物流企业成长的因素，并将分量

---

❶ 在公路运输企业的选择上，笔者先以国泰安数据库中的选择条件对物流运输业做出筛选，再根据和讯网中对运输业上市公司的总结进行比对。最终确定了 14 家公路运输上市公司。对 14 家公司的进一步考察发现结果不如人意，其经营范围都是高速公路建设、养护，不属于现代物流业。以沪宁高速为例，主要业务是收费路桥的投资、建设、营运和管理，核心资产是沪宁高速公路江苏段，另外还拥有 312 国道沪宁段、锡澄高速公路、广靖高速公路、宁连公路南京段、苏嘉杭高速公路江苏段，以及江阴长江公路大桥等位于江苏省内的收费路桥全部或部分权益。

回归法的结果与 OLS 线性回归法进行比较❶（见表 5.2）。同时为了更清楚比较分量回归与 OLS 估计结果的差异，本章进一步将各分量回归系数估计值的 95% 置信区间和 OLS 的系数估计值的 95% 置信区间（虚线区）绘于图5.2，其中黑色粗实线和粗虚线为分量回归估计值和上下限，而浅色实线和虚线为简单回归估计值和上下限，下不赘述，将相关实证结果说明如下。

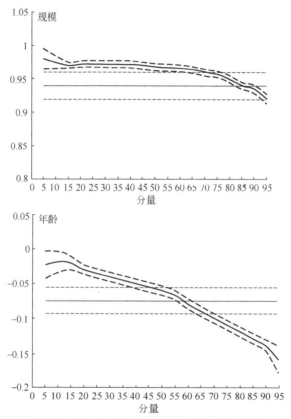

图 5.2　规模和年龄分量回归与 OIS 回归置信区间比较图

---

❶ 在进行分量回归及 OLS 分析之前，为避免产生伪回归（spurious regression）的问题，本文以 Levin 等（2002）所提出的追踪资料单根检验（panel unit root test）LLC 法进行检验，检验模型除物流企业年龄变量采用具截距项与时间序列模型外，其余变量（物流企业规模、外资持股比例、产业外资持股比例、技术差距、负债比率、流动比率等）均采用具截距项的模型。检验结果显示，所有变量在显著水平 1% 下均拒绝虚拟假设，所有变量均为稳定序列，可直接进行分量回归与 OLS。本研究考虑以分量回归及 OLS 进行式（5.2）的估计可能面临线性重合与异质性问题，在线性重合部分，本文以变异数膨胀因子（variance inflation factor, VIF）值进行检验，检验结果显示在删除产业虚拟变量 D_industry1 后，各变量的 VIF 值均小于 10，判定式（5.2）实证模型线性重合问题不严重。在异质性问题部分，本文以 White（1980）提出的方法，修正误差项变异数不齐一的问题，以正确判断系数的显著性。

表 5.2 分量回归的估计结果

变量	分量									OLS
	0.1	0.2	0.3	0.4	0.5	0.6	0.7	0.8	0.9	
Y	0.9135***	0.9109***	0.9116***	0.9105***	0.9056***	0.9013***	0.8926***	0.8805***	0.8630***	0.8709***
	(0.0077)	(0.0044)	(0.0035)	(0.0038)	(0.0040)	(0.0040)	(0.0045)	(0.0059)	(0.0079)	(0.0120)
AGE	-0.0096	-0.0197*	-0.0337***	-0.0428***	-0.0543***	-0.0747***	-0.0859***	-0.1070***	-0.1321***	-0.0671***
	(0.0112)	(0.0093)	(0.0066)	(0.0067)	(0.0066)	(0.0081)	(0.0094)	(0.0109)	(0.0136)	(0.0100)
FDI	0.0016	0.0008	0.0006	0.0019**	0.0022**	0.0030***	0.0034***	0.0060***	0.0054***	0.0043***
	(0.0014)	(0.0008)	(0.0011)	(0.0009)	(0.0009)	(0.0009)	(0.0011)	(0.0015)	(0.0017)	(0.0013)
FDISEC	-0.0073	-0.0105*	-0.0107***	-0.0088***	-0.0076***	-0.0090**	-0.0069	-0.0078	0.0033	-0.0014
	(0.0079)	(0.0057)	(0.0030)	(0.0029)	(0.0036)	(0.0043)	(0.0043)	(0.0060)	(0.0059)	(0.0044)
GAP	-0.000007*	-0.000007*	-0.000007*	-0.000007*	-0.000007*	-0.000005	-0.000008*	-0.000013**	-0.000020***	-0.000008***
	(0.000004)	(0.000003)	(0.000004)	(0.000004)	(0.000003)	(0.000003)	(0.000004)	(0.000005)	(0.000007)	(0.000003)
DEBT	-0.0019***	-0.0011***	-0.0009***	-0.0005	0.0001	0.0007**	0.0008**	0.0011**	0.0016***	0.0001
	(0.0004)	(0.0003)	(0.0003)	(0.0004)	(0.0004)	(0.0004)	(0.0004)	(0.0006)	(0.0006)	(0.0004)
LIQ	0.0006	0.0006*	0.0007*	0.0012***	0.0014***	0.0017***	0.0015***	0.0019***	0.0013*	0.0010***
	(0.0004)	(0.0003)	(0.0003)	(0.0004)	(0.0003)	(0.0003)	(0.0004)	(0.0005)	(0.0007)	(0.0005)
Pseudo R2	0.7558	0.7619	0.7654	0.7673	0.7687	0.7693	0.7693	0.7692	0.7679	0.8889
$H_0: \beta = 1$ F 值	4.27**	17.27***	25.09***	24.57***	35.16***	47.63***	65.94***	67.20***	66.41***	22.68***

注：括号内的数字为标准误差。*、**、***分别表示在 10%、5%、1%显著水平下显著。为节省篇幅，本节实证模型中时间与产业虚拟变量的估计检验结果省略。

1. 规模、年龄与企业成长

本章以吉布瑞特定律检验企业规模对成长的影响。实证结果显示，以 OLS 分析时，其系数估计值显著小于 1，拒绝吉布瑞特定律，表明企业规模越小，成长越快。而以分量回归法将企业规模细分为不同分量时，发现各系数估计值均显著小于 1，拒绝吉布瑞特定律，且估计值随着分量的增加缓慢递减，在 0.8 分量下递减幅度增大，表明不同规模大小的企业均支持规模越小、企业成长越快的结论，而且企业的规模越大，其规模大小对成长的影响效果越大，也就是说，大型企业的规模对成长的边际效果大于小型企业。

另外，年龄对企业成长的影响，以 OLS 分析时，其系数估计值显著为负，意味着越年轻的企业成长越快，与先前相关研究的结果相同（Jovanovic，1982；Evans，1987a，1987b；Cooley and Quadrini，2001；Fotopoulos and Louri，2004；Yasuda，2005）。当以分量回归进行分析时，各分量的系数估计值仍然显著为负，而且随着分量的增加，其负向影响越大，表明越年轻的企业有越高的成长性，而且企业规模越大，其年龄对成长的影响效果越大。

从图 5.2 可清楚看出，规模与年龄的分量回归系数估计值的置信区间与 OLS 估计值的置信区间呈现部分重叠的现象。OLS 的规模系数估计值高于在 0.9 分量的系数估计值，但低于在 0.8 分量（含）以下的系数估计值。OLS 的年龄系数估计值低于在 0.5 分量（含）以下的系数估计值，但高于在 0.5 分量以上的系数估计值。因此，OLS 所估计的回归模型，可能高估或低估规模或年龄的影响效果。

2. FDI 与企业成长

首先，以 OLS 分析外资持股比例对被投资企业的影响时，实证结果显示其估计值显著为正，与 Caves（1974）、Globerman（1979）、Blomström 和 Persson（1983）、Kokko（1994）、Chuang 和 Lin（1999）、Fotopoulos 和 Louri（2004）、Javorcik（2004）、Dimelis（2005）及 Blalock 和 Gertler（2008）等的研究结果一致；但以分量回归进行分析时，本章进一步发现对

于规模在 0.4 分量（含）以上的中、大型企业，外资持股比例对企业成长有显著为正的影响，而对于较小型（即 0.4 分量以下）的企业，则无显著性的影响。

产业外资持股比例对企业成长的影响，以 OLS 分析时结果为负但不显著，表明 FDI 仅对被投资企业的成长有提升效果，但并不存在产业外溢效果。而以分量回归进行分析时，产业外资持股比例对企业成长呈现不同的影响方向，对规模在 0.9 分量的企业呈正向影响但不显著，而对规模在 0.8 分量（含）以下的企业则呈负向影响，且对规模在 0.2～0.6 分量范围的企业呈现显著的负向影响，意味着产业外资持股比例对规模在 0.2～0.6 分量的中、小型企业，不但没有带来助益，反而产生负的外溢效果。此结果与 Kokko 等（1996）及 Aitken 和 Harrison（1999）的研究结果一致。进一步分析这些中、小型企业的特性，本章发现样本集中在拥有较高技术含量的港口业、远洋货运业、仓库业、集装箱租赁业，占 81%，其平均技术差距高于整体物流产业，是整体物流产业的 1.14 倍。因此外资进驻对我国物流业中、小规模企业诱发负的外溢效果，可能是因为在技术差距大的产业中，由于外资提供的现代物流服务的多样性，国内企业无法从外商学习到新技术、新管理经验和新服务；也可能是因为国内企业的技术、服务吸收能力太弱，以致外商的技术和服务无法为国内企业所利用（Kokko et al.，1996）；还可能因为 FDI 并非技术移转的唯一渠道，外溢效果还可通过技术购买或国际贸易等途径产生（Chuang and Lin，1999）。

至于外国与本国企业的技术差距对成长的影响，以 OLS 分析所得的系数估计值显著为负，且以分量回归进行分析时，各分量的系数估计值仍然为负，大多数的系数估计值在 5% 显著水平下均达到显著，仅规模在 0.6 分量的企业，即使在 10% 的水平下仍不显著，此结果表明当本国企业与外国企业的技术差距越小时成长越快，这与 Haddad 和 Harrison（1993）、Kokko（1994）、Kokko 等（1996）、邹孟文和刘锦添（1997）、Liu 等（2000）以及 Girma 等（2001）的研究结果一致。由图 5.3 显示的 FDI 相关变量的回归系数估计值的置信区间可以看出，外资持股比例、产业外资持股比例及技术差距的 OLS 与分量回归系数估计值的置信区间大部分呈现重叠的现象。但 OLS 的外资持股比例系数估计值高于在 0.7 分量（含）以下的系数估计值；OLS 的产业外资持股比例系数估计值多数高于分量系数估计值，仅低于在 0.9 分量的系数估计值；OLS 的技术差距系数估计值与分量系数估计值非常接近，但在 0.8 分量（含）以上技术差距系数估计值低于 OLS 系数估计值。因此，OLS 所估计的回归模型，可能高估或低估了 FDI 相关变量的影响效果。

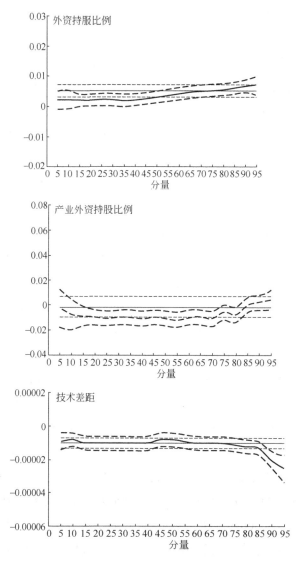

图 5.3　外资持股比例、产业外资持股比例和技术差距分量
回归与 OIS 回归置信区间比较图

3．财务结构与企业成长

首先，通过 OLS 分析负债比率时，其对企业成长呈正向影响但不显著，但以分量回归进行分析时，负债比率在不同规模分量下对企业成长有不同方向的影响。对于规模在 0.3 分量（含）以下的企业负债比率呈现显著为负的影响，也就是说，对于小型企业而言，太高的财务杠杆将造成较大的财务压力，进而加大破产风险，阻碍企业成长；而规模在 0.6 分量（含）以上的企业负债比率呈现显著为正的影响，表明对于规模较大的企业而言，负债比率与成长呈正相关，适度的举债将有助于成长。

流动比率对企业成长的影响，以 OLS 分析时显著为正，表示流动比率越高的企业成长越快，此结果与 Fotopoulos 和 Louri（2004）以及 Dimelis 等（2005）的研究结果一致；以分量回归进行分析时，除了最小的 0.1 分量不显著外，其余分量均呈现显著为正的影响，且规模在 0.2～0.9 分量的企业，其系数估计值随着分量的增加而增加，表示规模越大的企业，如果维持资金较高的流动性，则成长越快。至于规模最小的企业，流动比率的高低则对成长的影响并不显著。由图 5.4 可清楚看出，负债比率的分量回归系数估计值的置信区间，与 OLS 估计值的置信区间有少部分重叠，OLS 的负债比率系数估计值高于在 0.5 分量（含）以下的系数估计值，但低于在 0.5 分量以上的系数估计值。而流动比率（图 5.4）的 OLS 与分量回归系数估计值的置信区间则大部分呈现重叠的现象，但 OLS 的流动比率系数估计值低于在 0.4 分量（含）以上的系数估计值。因此，OLS 所估计的回归模型，可能高估或低估了负债比率与流动比率的影响效果。

4．小结

通过分量回归所得结果，可以完整展现不同规模大小的企业成长实证模型。因此，本章综合上述实证结果，进一步将企业按规模分为大、中、小三类，分析各因素对企业成长的影响❶；同时检验各因素对不同规模分量的企业成长的边际效果是否存在显著差异。

---

❶ 物流企业规模在 70 分位数以上系指规模在 0.7 分量（含）以上的物流企业，视为大型物流企业；物流企业规模在 70 分位数以下，系指规模在 0.7 分量以下的物流企业，视为中、小型物流企业。

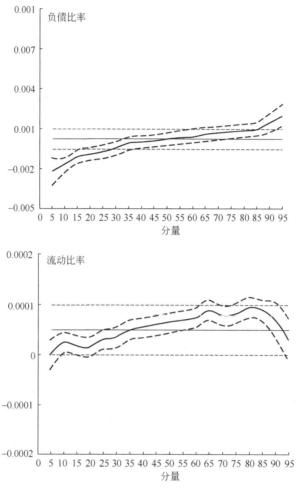

图 5.4　负债比率和滚动比率分量回归与 OlS 回归置信区间比较图

综合实证结果,可发现规模在 70 分位数以下的企业(即中、小型企业),其规模越小、越年轻、与国外企业技术差距越小者,其成长性越高。外资持股比例对被投资的中型企业呈正向影响,但对小型企业的成长则无显著影响。另外,产业外资持股比例较高的产业,对中、小型企业将产生负的外溢效果,因此本国的中、小型企业未能因外资的进驻而获得益处,反而萎缩了。而在财务结构上,负债比率与企业成长呈负向影响,但流动比率则与企业成长呈正向影响,此结果表明,小型企业追求成长时,须保持较高的流动比率,以支应扩充过程所需的资金,如果过度举债反而会导致负面的影响。规模在 70 分位数以上的企业（即大型企业），其规模越小、越年轻、与国外企业技术差距越小者，其成长性越高，与中、小型企业所得的实证结果相同。此外，与中、小型企业比较，大型企业最大的区别是外资持股比例对被投资企业呈显著为正的影响，也就是说外资持股比例越高，大型企业成长越快，而且其影响随着规模分量的增加而加大。而产业外资持股比例对于大型企业则无显著影响。在财务结构方面，流动比率越高，大型企业成长越快，适度的举债有助于大型企业成长。

最后，本节检验第 θ 与第 $1-\theta$ 个分量的系数是否相等，以分析各因素在不同规模分量下对企业成长的影响效果是否存在差异。检验结果显示（表 5.3），规模、企业年龄、负债比率三个变量，在所有相对应的分量回归系数估计值均在 1%或 5%的显著水平下显著不等，说明规模、企业年龄、负债比率对企业成长的解释能力有显著的差异。而技术差距仅在（0.1 vs. 0.9）显著，说明技术差距对企业成长的影响，仅在企业规模差距最大的两端，其解释能力才有显著差异。外资持股比例，除了（0.4 vs. 0.6）不显著外，其余均在 10%显著水平下显著，说明外资持股比例对被投资企业成长的影响，出现在规模差距较大时，其解释能力的差异出现在规模差距较大时。流动比率在（0.2 vs. 0.8）与（0.3 vs. 0.7）有显著的差异，说明流动比率对企业成长的影响，也在企业规模差距较大的两端，其解释能力才有显著差异，但企业规模在极端的两端与靠近中位数的部分，流动比率的解释能力并无显著差异。产业外资持股比例对于所有相对应的分量回归系数估计值，即使以 10%的显著水平仍然不显著，说明产业外资持股比例对企业成长的解释能力并无显著的差异。

表 5.3　分量间系数差异性检验结果

对比分量	整体样本企业						
	Y	AGE	FDI	FDISEC	GAP	DEBT	LIQ
0.10 vs. 0.90	−4.97***	−6.89***	1.79*	1.12	−1.64*	5.03***	0.75
	（0.00）	（0.00）	（0.05）	（0.21）	（0.07）	（0.00）	（0.30）
0.20 vs. 0.80	−4.15***	−6.98***	3.10***	0.28	−1.01	3.87***	1.91***
	（0.00）	（0.00）	（0.00）	（0.51）	（0.19）	（0.00）	（0.02）

续表

对比分量	整体样本企业						
	Y	AGE	FDI	FDISEC	GAP	DEBT	LIQ
0.30 vs. 0.70	−4.02***	−5.17***	2.01**	0.74	−0.16	4.3***	1.25*
	（0.00）	（0.00）	（0.01）	（0.24）	（0.78）	（0.00）	（0.03）
0.40 vs. 0.60	−2.15***	−4.39***	1.27	−0.02	0.82	3.87***	1.44
	（0.01）	（0.00）	（0.12）	（0.86）	（0.37）	（0.00）	（0.09）

注：括号内数字为 P 值，*、**、***分别表示在 10%、5%、1%显著水平下显著。

5.3　结论

随着经济全球化、企业大型化及技术创新和竞争汰弱速度的加快，我国物流产业不断通过技术创新、产业升级、扩大生产规模及健全财务结构等方式，促进企业成长。近年来，随着物流产业并购活动的盛行，政府期望吸引外资来国内投资，以刺激经济增长。同时财务结构对企业可能的影响，故本章以 Gibrat（1931）的成长模型为基础，加入 FDI 与财务结构两个方面，应用 Koenker 和 Bassett（1978）的分量回归法实证检验我国物流产业于 1998—2013 年在不同企业规模分量下影响我国物流业企业成长的因素。

实证结果显示：规模越小、越年轻及与国外技术差距越小的企业成长越快，而且随着企业规模分量越大，影响效果越大。在 FDI 外溢效果方面，外资持股比例仅对中、大型的被投资企业有显著性的正向影响，对小型企业，外资持股比例的大小对成长并无显著性的助益。而产业外资持股比例对于中、小型企业呈现负的外溢效果，也就是说，外资的进驻并未提升本国企业的成长，反而使之萎缩。另外，无论企业规模大小，与外国企业技术差距越小的企业成长越快。在财务结构方面，无论企业规模大小，流动比率越高的企业成长越快，表明企业在扩充过程中，保持资金的流动性有助于投资活动的进行，以确保获利机会。但负债比率对不同规模大小的企业成长呈现不同方向的影响：对小型企业，过度举债将阻碍成长；对大型企业，适度提高财务杠杆有助成长。此外，根据各因素在不同规模分量下对企业成长的边际效果的对称性检验结果，本章发现，在不同规模分量下，规模、企业年龄及负债比率对企业成长的解释能力有显著的差异。而技术差距、外资持股比例及流动比率对企业成长的影响，仅在规模差距较大的两端，其解释能力才有显著差异。至于产业外资持股比例对企业成长的影响则不因规模的大小而有差异。最后，综合实证结果，本章建议我国物流业在制定企业成长策略时必须注意考虑企业本身的规模大小与企业年龄，并适时调整企业的负债比率与流动比率，同时致力缩短技术差距、适度增加外资持股比例，进而达到成长目标。

本章对企业成长问题进行了深入探讨，而企业破产是企业发展过程中面临的又一个重大问题，所以，下章将采用预测模型进行企业破产的风险研究。

第6章 中国区域物流效率影响因素研究
——以宏观、微观相结合为视角

从"十一五"到"十二五"，国家一直把物流产业的发展和物流项目的引进作为一个重要的发展战略来考虑，并把重点提升到发展物流产业效率的层次。但是，我国物流业的总体水平仍然偏低，还存在许多突出问题，例如物流产业区域发展不平衡等。第五章以中国上市的物流企业为研究对象研究了在不同企业规模分量下影响我国物流业企业成长的因素。本章将从宏观、微观相结合的视角对于中国区域物流的效率的影响因素进行较为全面的研究与探讨。

6.1 中国区域物流效率研究——基于省际 面板数据及 DEA 方法

6.1.1 前言

本小节中，在构建 2008—2015 年中国 31 个省区物流面板数据的基础上，应用 DEA 方法对我国省际区域物流业效率进行了实证测评。测评结果表明，考察期内我国区域物流效率总体呈现出增长态势，东部地区物流效率明显高于中西部地区，主要是由于该地区纯技术效率较高所致；而中部地区规模效率在考察时间内基本上优于东部。相对规模效率而言，物流业纯技术效率全国平均水平还有较大的提升空间。检验发现技术效率、纯技术效率及规模效率均呈现出发散趋势，落后地区不存在后发优势。

现代物流业不仅是转变经济增长方式和促进经济持续发展的重要因素，更是降低生产和经营成本，提高劳动生产率以外的重要利润源泉。而我国物流业存在的"条块分割、政出多门"的问题导致了物流业效率低下。据调查，物流企业运输设备的平均空驶率为 36.56%，仓库的平均利用率为 83.64%，铁路专业线的平均利用率仅有 59.8%[88]。当今，经济全球化的主流过程往往是跨国公司在各地整合资源、寻求最具竞争能力区域的过程。面对粗放型增长方式难以缓解所产生的压力，提高区域物流效率从来没有像今天这样紧迫和必要。"十一五"规划（2013）、《关于促进服务业加快发展的若干意见》（2015）、《国务院关于印发物流业调整和振兴规划的通知》（2009）等一系列文件的连续出台都旨在促进我国物流业提高效率，快速发展。国家发改委、中国物流与采购联合会等十五个单位专门建立了全国现代物流工作部际联席会议制度，以加强对全国现代物流的综合组织协调工作，提高个体组织和整个行业的长期绩效。

那么近几年全国各区域物流业的发展水平如何？各区域物流业效率有什么样的变化？纯技术效率、规模效率在全国及各地物流业增长过程中起到什么样的作用？本节试图回答上述问题，探讨成因，为各级政府对物流业下一步的规划及管理提供政策参考。

近年来，国内外学者开始越来越多地关注物流效率问题，其中对机场和上市物流公司的研究颇多。Sarkis and Talluri（2012）[89]，Yoshida and Fujimoto（2012）[90]，张越、胡华清（2014）[91]，Barros et al（2015）[92]，Fung et al（2008）[93]分别研究了美国、日本、意大利和中国机场的效率问题。张宝友、达庆利等（2008）研究了国内物流上市公司的效率问题，发现其总体技术绩效不佳，有下滑趋势。珠三角的物流公司好于长三角，长三角好于渤海湾[94]。邓学平、王旭等（2008）筛选了 8 家上市公司，发现总体呈上升态势，综合效率和纯技术效率有所下降，规模效率上升[95]。此外还有很多对区域物流效率的研究。贺竹磬、孙林岩（2014）研究了我国 31 个省市区域物流的相对有效性，发现物流效率地域存在明显差距；非有效区域大多处于规模收益递增阶段[96]，但只研究了 2010 至 2012 年的数据。

田刚、李南（2009）则对中国物流业全要素生产率的增长来源、变化趋势做了实证分析，发现技术效率恶化阻止了生产率的增长，东部 TFP 增长最快，西部技术进步增长明显[97]，但投入产出变量选择的较为简单。刘满芝等（2009）则研究了江苏省 13 个地级市的城市物流效率问题[98]，但其采用的仅是 2014 年的截面数据。

已有研究虽然成果较多，但仍然存在不足。有的主要集中于物流企业方面的研究，缺乏物流业全局视角；有的变量选择简单难以从整体上把握物流业效率变化或是时间较短难以对变化趋势变动进行归纳。

基于上述考虑，本节采用面板数据，以全国 30 个省区（西藏除外）为研究对象，运用效率测度的 DEA 方法，在合理选取测度指标的基础上，尝试从以下几个方面对现有文献进行拓展：（1）探究 2008—2015 年间各区域物流业效率演变趋势及收敛性，比较区域物流业效率变化情况。（2）从物流业全局视角，对各区域物流业的效率进行分析并将其分解，揭示各地区物流业纯技术效率与规模效率的动态变化，寻找效率差异和变动的原因；（3）对各地区物流业效率的收敛性予以检验，旨在从宏观上反映各地区物流业效率差异变化的发展趋势及特征。

6.1.2 研究方法与变量选择

DEA 方法由 Chames，Cooper，Rhode 于 1978 年提出，其目的在于评价"多投入多产出"模式下决策单元间的相对有效性。现目前应用较为广泛的是 CCR 模型和 BCC 模型，可分别处理"规模报酬不变"与"规模报酬变动"假设下的决策单元有效性问题[99]。

假设有 n 个受评估的决策单元（decision making unit，DMU），各使用 m 种投入要素 $x_{ij}(j=1,\cdots,m)$，生产 s 种产出 $y_{ir}(r=1,\cdots,s)$ $(x_{ij} \geqslant 0, y_{ir} \geqslant 0)$，则决策单元 o 的相对效率衡量指标 $h_o(u,v)$ 可表示为

$$\max_{u,v} h_o(\mathrm{u},\mathrm{v}) = \frac{\sum\limits_{r=1}^{s} u_r y_{or}}{\sum\limits_{j=1}^{m} v_j x_{oj}}$$

$$\text{s.t.} \frac{\sum\limits_{r=1}^{s} u_r y_{ir}}{\sum\limits_{j=1}^{m} v_j x_{ij}} \leqslant 1 \tag{6.1}$$

$$(u_r, v_j \geqslant 0, i=1,\cdots,n; j=1,\cdots,m; r=1,\cdots,s)$$

为了使表达更清楚，式（6.1）可以转化为其对偶形式，如式（6.2）所示。

$$\min_{\theta,\lambda} \theta$$

$$\text{s.t.} \sum_{i=1}^{n} \lambda_i y_{ir} \geqslant y_{or} \tag{6.2}$$

$$\theta_{x_{oj}} - \sum_{i}^{n} \lambda_i x_{ij} \geqslant 0$$

$$(\lambda \geqslant 0, i=1,\cdots,n; j=1,\cdots,m; r=1,\cdots,s)$$

其中，θ 值即为被评估决策单元的相对效率衡量指标，介于 0 与 1 之间，当 $\theta=1$ 时表示决策单元 DEA 有效；而当 $\theta<1$ 时则表示 DEA 无效。公式（6.2）隐含着规模报酬不变的假设，即 CCR 模型；当加入限制条件 $\sum\limits_{i=1}^{n} \lambda_i = 1$ 表示规模报酬变动，即 BCC 模型。

由 CCR 模型计算出的效率值为技术效率值，可以进一步分解成为规模效率与纯技术效率的乘积，即技术效率= 规模效率×纯技术效率，而纯技术效率值可由 BCC 模型计算得出，由此便求出：规模效率值=技术效率/纯技术效率。规模效率值等于 1 表示决策单元正位于最适规模效率水平；规模效率值小于 1 时则表示决策单元处于规模无效率的状态。为进一步衡量决策单元规模报酬是处于不变、递增还是递减状态，可根据 $\sum\limits_{i=1}^{n} \lambda_i$ 的值进行判断：$\sum\limits_{i=1}^{n} \lambda_i = 1$ 表示规模收益不变，此时决策单元已达到最佳规模收益点；$\sum\limits_{i=1}^{n} \lambda_i > 1$ 表示规模收益递减，表明对决策单元投入量的增加不会带来产出更高比例的增加，反而使投入产出比例减少；$\sum\limits_{i=1}^{n} \lambda_i < 1$ 表示规模收益递增，表明若决策单元在原有投入的基础上增加适当投入量会带来产出更高比例的

增加。

因此合理选取投入产出指标是较为准确测度物流业效率的一个关键要素。本节结合研究目标,借鉴前文对已有文献成果的总结,所选取的区域物流投入要素分为:国内生产总值(用以反映总体经济情况)、居民消费能力(人口×居民消费能力,是对物质流通业的直接拉动因素)、固定资产净值[按照朱钟棣(2013)[100]方法计算,公式为 $K_t = K_{t0} + \sum_{t0+1}^{t} \Delta K_t / P_{it}$]、从业人员数(多数文献都采用,不再赘述)。本节采取的产出指标为:货运量、货运周转量、物流业产值(为保证可比性,所有投资数值都被换算为 1992年不变价)。根据数据的可得性和实证研究的需要,本节使用的样本为2008—2015 年中国各地区物流业的投入产出数据。所用数据主要来源有《中国统计年鉴》(2008—2015 年)和《中国物流行业分析报告》(2009年 1 季度—2015 年 4 季度)以及《中国物流年鉴》(2013—2014 年)。

6.1.3 实证结果

本节采用投入导向的 DEA 模式,原因是在区域物流系统中,投入比产出更容易控制,该模式是在产出量固定的前提下对投入量进行适当调节和控制,而产出导向模式是在投入量固定的前提下对产出进行调节和控制。利用 DEAP 2.1 软件包计算 2008—2015 年我国各省区区域物流效率值,并按传统的东中西部划分计算历年各区域效率平均值。结果见表 6.1。

表 6.1　历年各省区物流效率值

地区	2008	2009	2010	2011	2012	2013	2014	2015	均值
北京	0.478	0.637	0.941	1.000	0.583	1.000	1.000	1.000	0.830
天津	1.000	1.000	1.000	1.000	1.000	1.000	1.000	1.000	1.000
河北	1.000	0.921	0.967	1.000	1.000	0.879	0.862	0.822	0.931
辽宁	0.516	0.743	0.848	0.827	0.905	0.684	0.809	0.760	0.762
上海	0.610	0.752	0.777	1.000	0.749	1.000	0.969	0.890	0.843
江苏	0.668	0.698	0.729	0.723	0.592	0.689	0.693	0.694	0.686
浙江	1.000	1.000	1.000	1.000	1.000	1.000	1.000	1.000	1.000
福建	0.763	0.927	1.000	1.000	0.908	1.000	1.000	1.000	0.950
山东	1.000	1.000	1.000	1.000	1.000	1.000	0.968	0.915	0.985

续表

地区	2008	2009	2010	2011	2012	2013	2014	2015	均值
广东	0.604	0.587	0.704	0.959	0.616	0.939	0.835	0.821	0.758
海南	0.603	0.931	0.683	0.385	0.508	0.436	0.520	0.550	0.577
东部平均	0.749	0.836	0.877	0.899	0.806	0.875	0.878	0.859	0.847
山西	1.000	1.000	1.000	1.000	1.000	1.000	1.000	1.000	1.000
内蒙古	0.897	0.785	0.794	0.655	0.693	0.739	0.715	0.794	0.759
吉林	0.559	0.470	0.613	0.514	0.582	0.522	0.495	0.533	0.536
黑龙江	0.570	0.711	0.898	0.569	0.672	0.560	0.580	0.663	0.653
安徽	0.812	0.769	0.780	0.711	0.709	0.677	0.590	0.739	0.723
江西	0.420	0.481	0.625	0.502	0.521	0.639	0.652	0.732	0.572
河南	0.554	0.555	0.607	0.551	0.542	0.574	0.577	0.774	0.592
湖北	0.422	0.486	0.459	0.416	0.359	0.481	0.440	0.457	0.440
湖南	0.710	0.783	0.831	0.678	0.556	0.581	0.566	0.733	0.680
中部平均	0.660	0.671	0.734	0.622	0.626	0.641	0.624	0.714	0.662
广西	0.538	0.484	0.531	0.550	0.443	0.556	0.560	0.551	0.527
重庆	0.537	0.508	0.530	0.495	0.497	0.576	0.603	0.538	0.536
四川	0.549	0.592	0.615	0.511	0.611	0.559	0.569	0.547	0.569
贵州	0.468	0.468	0.472	0.389	0.391	0.442	0.519	0.535	0.461
云南	0.715	0.722	0.747	0.704	0.680	0.715	0.791	0.847	0.740
陕西	0.372	0.415	0.469	0.415	0.379	0.434	0.465	0.527	0.435
甘肃	0.546	0.459	0.488	0.414	0.413	0.475	0.535	0.579	0.489
青海	0.340	0.331	0.351	0.290	0.386	0.300	0.361	0.459	0.352
宁夏	0.498	0.483	0.515	0.426	0.472	0.467	0.602	0.624	0.511
新疆	0.433	0.438	0.506	0.522	0.499	0.574	0.551	0.627	0.519
西部平均	0.491	0.491	0.529	0.469	0.474	0.483	0.520	0.542	0.500
全国平均	0.632	0.666	0.712	0.666	0.636	0.668	0.677	0.705	0.670

　　从表 6.1、图 6.1 可以看出，就全国范围，物流效率虽有起伏，但基本保持上升态势，说明近年来我国区域物流效率不断改善。但即使在 2015 年，物流效率也仅达 0.705，仍有 29.5% 的提升空间。8 年间，物流效率有提高，但有所波动，一般来说，物流极易受到国家宏观环境及政府各种产业政策的影响。政府提供政策支持，加大投入力度，物流就会出现良好稳定的发展态势，反之，就会出现波动与衰退的迹象。受"非典"影响，2012

年东部地区效率出现显著下降，中西部受影响较小。2014—2015年，东部地区效率的下滑可能归因于2013年12月为履行加入世贸组织的承诺而对外全面开放中国物流市场，大批世界顶级物流公司最先涌入东部沿海地区，使得当地物流业面临更加激烈的国际市场和跨国物流公司的冲击，使得物流效率有一定程度下降。

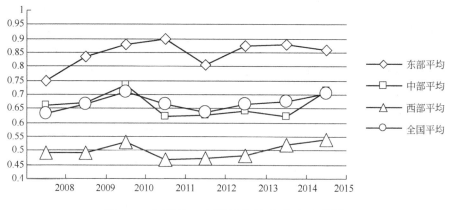

图6.1　全国及三大区域物流业效率变化图

从各省区具体结果来看，天津、浙江、山西的物流效率一直为1，为DEA有效，但各有区别，天津依靠港口优势和环渤海经济区的核心位置实现物流资源的高效配置，浙江是长三角核心地区，是众多产品的生产销售中心，具备高效率的条件，而山西物流一直保持DEA有效的原因可以归结为过分依赖能源产业的畸形产业结构——煤炭、焦炭等资源的大量输出和日用品大量输入所致。北京、福建从2012年开始物流效率一直为1，说明两地从2012年开始，在现有产出基础上投入已经达到最优水平。山东2013年前一直为DEA有效，而2006、2007年效率有所下降。甘肃、贵州、湖北、陕西、青海等地8年间的物流效率均值不足0.5，DEA效率低下，这些地区必须重新审视其资源利用情况，进一步合理配置物流资源。

2008—2015年，三大区域物流效率都小于1，从东、中、西的比较来看，东部物流的效率均高于中西部。但差距在缩小，且东部地区物流效率有下降趋势，而中西部稳步上升。本书对此的解释是：效率是相对的，东部地区经济实力强，对物流的投入较大，但边际投入的产出开始下降，因此其效率也在下降。为进一步揭示其成因，我们对物流效率进行了分解将其分为纯技术效率与规模效率（分解结果见表 6.2）。结果发现：2008—2015年，全国物流的纯技术效率都小于 1，但都呈现出基本上升趋势，东部地区优势明显，中西部地区发展缓慢。东部高校与科研院所密集，科技水平一直位居全国首位，是东部物流保持领先的关键所在，2013 年外资进入在一定程度上也促进了东部地区纯技术效率的提升。

表 6.2　历年各地区纯技术效率与规模效率值

类型	地区	2008	2009	2010	2011	2012	2013	2014	2015	均值
纯技术效率	东部	0.822	0.869	0.946	0.959	0.92	0.916	0.957	0.956	0.918
	中部	0.709	0.686	0.659	0.756	0.677	0.687	0.653	0.758	0.698
	西部	0.693	0.664	0.69	0.702	0.676	0.7	0.703	0.714	0.693
	全国	0.744	0.743	0.772	0.809	0.763	0.773	0.779	0.813	0.775
规模效率	东部	0.918	0.966	0.918	0.941	0.878	0.95	0.912	0.894	0.922
	中部	0.922	0.977	0.969	0.942	0.928	0.931	0.954	0.948	0.946
	西部	0.745	0.782	0.786	0.715	0.741	0.722	0.771	0.801	0.758
	全国	0.858	0.904	0.886	0.861	0.844	0.864	0.874	0.877	0.871

在规模效率方面，三大区域规模效率都小于 1，说明中国物流普遍存在规模无效的现象，原因在于物流基础设施重复建设；专业化的物流发展缓慢，大规模需求被分散。但是中部地区主要年份的规模效率都高于东部地区（2013 年除外）。说明近年来中部地区物流依靠承东启西的地理优势，不断加大对物流资源的利用，在规模效率方面取得长足的进展，今后还应加大对物流技术进步方面的投入以提高其纯技术效率。同时也表明东部地区存在更多的规模无效，该地区物流效率的领先优势主要来自于纯技术效率，外部因素的影响也应考虑在内，2013 年外资物流企业进入虽然在一定程度上促进了当地物流业的纯技术效率的提升，但也导致东部物流业规模效率连续下降。

依据 DEA 方法的 BCC 模型对区域物流效率重新进行分解。表 6.2 显示出全国总体及东、中、西各地区纯技术效率与规模效率分布情况，全国范围内，纯技术效率基本保持 0.74 以上，8 年均值 0.775，尚有 22.5% 的提升空间，而规模效率近年来接近 0.9，提升空间不足 13%。由此看出，相对于规模效率，制约我国区域物流效率整体提升的原因主要在于纯技术效率的低下，因此加强技术创新，制度创新，提高管理效率是我国区域物流效率整体提升的关键所在。我国物流规模效率已经接近生产前沿面，扩大规模势必南辕北辙。相比之下，纯技术效率还有很大的提升空间，对我国物流调整和振兴规划实施，提升物流效率，降低物流成本的意义重大。

本节将各地区的投入冗余情况做了统计。见表6.3

表 6.3　2015 全国各地区物流投入冗余

地区	劳动力投入（万人年）	资本投入（亿元）	地区	劳动力投入（万人年）	资本投入（亿元）	地区	劳动力投入（万人年）	资本投入（亿元）
北京	0	0	山西	0	0	广西	5.698	35.128
天津	0	0	内蒙古	2.931	11.089	重庆	5.767	22.834
河北	2.935	19.481	吉林	7.578	25.309	四川	9.564	76.106
辽宁	6.51	10.950	黑龙江	7.636	22.770	贵州	2.626	15.635
上海	0	0	安徽	4.789	16.245	云南	1.758	13.988
江苏	10.079	20.360	江西	3.744	12.837	陕西	7.800	32.508
浙江	0	0	河南	0	0	甘肃	3.393	17.888
福建	0	0	湖北	15.488	64.510	青海	0.684	2.940
山东	0	0	湖南	4.529	17.708	宁夏	0	0
广东	0	0	-	-	-	新疆	2.968	17.210
海南	0.529	26.746	-	-	-	-	-	-
总和	20.053	77.537	总和	46.695	170.468	总和	40.258	234.237
平均	1.823	7.049	平均	5.188	18.941	平均	3.660	21.294

表 6.3 显示出 2015 年全国物流投入的冗余情况，东部地区大部分省份投入合理，河北、辽宁、江苏、海南存在不同程度的冗余。其劳动力投入和资本投入总量和平均冗余最少。中部除山西、河南外都存在冗余，且劳动力投入总量冗余和平均冗余最多。西部地区除宁夏和外都存在冗余。各地区政府可以采取相关措施，制定相应的政策，降低冗余，促进物流效率的提高。

从历年全国东、中、西部各地区技术效率、纯技术效率、规模效率期初与期末的数值对比及平均增长率来看（见表 6.4）。先进地区具有较高的效率增长率和纯技术效率增长率，即具有更快的增长速度，是否意味着我国各地区物流技术效率存在发散的趋势。而中西部地区的规模效率增长率要快于东部地区，是否也意味着它们之间表现出收敛特征。本节对此进行检验。

表 6.4　各地区期初与期末效率值的对比

地区	物流效率			纯技术效率			规模效率		
	期初	期末	增长率	期初	期末	增长率	期初	期末	增长率
东部	0.749	0.859	1.977%	0.822	0.956	2.181%	0.918	0.894	-0.378%
中部	0.660	0.714	1.130%	0.709	0.758	0.959%	0.922	0.948	0.398%
西部	0.491	0.542	1.422%	0.693	0.714	0.427%	0.745	0.801	1.041%
全国	0.632	0.705	1.574%	0.744	0.813	1.275%	0.858	0.877	0.313%

6.1.4　发散与收敛趋势分析

借鉴 Barro 和 Sala-i-Martin 的研究，本文设置如式 6.3 所示的绝对 β-收敛检验模型：

$$\ln\frac{EF_{it}}{EF_{i0}}\bigg/T = \alpha + \beta\ln EF_{i0} + \varepsilon_t \qquad (6.3)$$

式 6.3 中，EF_{i0} 为各省区期初的效率值（技术效率、纯技术效率和规模效率），EF_{it} 为期末的效率值，T 为观察期时间跨度，α 为常数项，β 为收敛系数，ε_t 为一系列不相关的随机扰动项。如果 β 为负，则说明区域间的效率值趋于收敛，反之则发散。检验结果如表 6.5 所示。表 6.5 的结果显示，在全国范围内，技术效率、纯技术效率、规模效率的收敛检验系数 β 均为正，说明技术效率、纯技术效率以及规模效率都呈现明显发散的趋势，也意味着不存在落后追赶先进地区的学习效应，没有出现地区间的追赶现象。东中西部三大地区的收敛系数也显著为正，表明各地区三项指标显著没有出现所谓的"俱乐部"收敛现象。

表 6.5　绝对 β 收敛检验结果

类型	常数	全国	东部	中部	西部
技术效率	β	0.308[***] (0.000)	0.282[***] (0.000)	0.371[***] (0.000)	0.457[***] (0.000)
	常数项 α	0.174[***] (0.005)	0.139[***] (0.365)	0.278[***] (0.003)	0.312[*] (0.049)

续表

类型	常数	全国	东部	中部	西部
技术效率	调整后 R^2	0.557	0.294	0.877	0.583
	F	37.674	4.612	53.146	13.544
纯技术效率	β	0.286*** (0.000)	0.105*** (0.000)	0.090*** (0.000)	0.102*** (0.000)
	常数项 α	0.153** (0.012)	0.082*** (0.001)	0.057*** (0.000)	0.094*** (0.000)
	调整后 R^2	0.537	0.961	0.986	0.975
	F	34.762	223.080	664.839	534.612
规模效率	β	0.216*** (0.000)	0.321** (0.017)	0.425*** (0.000)	0.157** (0.044)
	常数项 α	0.087** (0.012)	0.120* (0.072)	0.166** (0.034)	0.311*** (0.000)
	调整后 R^2	0.497	0.518	0.640	0.939
	F	16.513	33.329	77.649	152.709

注：括号内数值均为显著性概率，*表示显著性概率 $p \leqslant 0.1$，**代表显著性概率 $p \leqslant 0.05$，***代表显著性概率 $p \leqslant 0.01$

6.1.5　小结

本节用 DEA 方法对我国区域物流业效率进行了综合评价和实证分析，结果表明，2008—2015 年，我国区域物流业效率呈现总体增长的态势，但期间有所波动，与"非典"和外资进入物流业市场有关。东部技术效率、纯技术效率明显高于中西部。除 2013 年外，中部地区的规模效率都高于东部地区。东部的优势在于纯技术效率，中西部地区需着力提升纯技术效率。各地区冗余各有不同，东部地区人力和资本投入冗余总量和平均量全国最低，中部地区的人力投入冗余总量和平均量全国最多，西部地区资本投入冗余总量和平均量全国最多。从 β-检验发现全国和三大地区三项指标之间均存在显著发散趋势，说明我国区域物流业效率差距呈现扩大趋势。中西部地区在管理制度与规模方面不存在后发优势。一个值得思考的问题是加入什么样的条件因素后，我国和东部、中部、西部地区的收敛系数会转变为负数且显著，这对提高全国物流业效率整体水平，缩小区域间差距，建设和谐物流具有重要意义，也是作者今后研究中要考虑的问题。

6.2 地区行政垄断与物流效率协整关系研究

6.2.1 前言

在上文的研究中，本书重点是基于 DEA 方法对我国区域物流业效率进行的综合评价和实证分析，以地区物流为研究对象，而在本小节的研究中将继续以地区物流效率为研究对象，侧重于分析地区行政垄断与物流效率的协整关系研究。在此基础上利用面板单位根、面板协整模型检验了物流效率与中国地区行政垄断程度的关系。发现全国范围内二者存在协整关系，东部地区二者是负向关系，中部地区多数省份是正向关系，西部地区关系不显著。

现代物流产业被广泛认为是转变经济增长方式的重要因素和经济持续发展新的动力源泉。受运输业地方保护影响和管理体制的束缚，我国物流业也是地区行政垄断较为严重的行业之一。地方政府一方面竞相建设物流园区、公路、港口、机场设施等，但往往重数量建设，轻协调发展——不同运输方式在枢纽上又缺乏衔接，使物流系统无法并网，导致重复布点、重复投资和严重浪费。另一方面个别地区存在行政垄断行为：不正当或带有歧视性色彩的前置审批、重复检验、增加收费；对外地产品采取与本地同类产品不同的技术要求和检验标准等手段，抬高外地物流服务进入本地的"门槛"，阻碍外地物流服务进入本地市场。

行政力量对市场竞争的限制或排斥，不仅导致资源浪费、投资效率低下等危害（余良春，余东华 2009），更对我国宏观经济产生不利影响。据统计 2008—2013 年，我国物流企业运输设备的平均空驶率为 36.56%，仓库的平均利用率为 3.64%，铁路专业线的平均利用率仅有 59.8%；2007 年中国物流的总费用占 GDP 的 18.3%，而美国不到 10%，日本只有 6.5%。随着我国物流市场的全面开放和运输服务业体制改革的不断深化，区域物流与经济的协调发展日益成为我国经济快速平稳发展的重要因素。破解地区封锁，建立统一、完整、开放的物流运行市场将不仅仅是物流企业自身的需要，更是宏观经济发展对物流业发展的要求。因此，研究地区行政垄断对物流业协调发展的影响方向和程度，探索有效的应对措施及政策建议具有十分重要的现实意义。

6.2 节结构做如下安排：首先回顾相关文献，接着计算了经济与物流系统的协调度，再对地区行政垄断和物流效率进行协整分析、建立 ECM，然后根据数据结果进行了分析并做出简要评述，最后得出结论和建议。

6.2.2　文献综述

相关研究分为两类，一是物流与经济协调发展研究，另一类可归结为地区垄断程度测度及对相关经济指标的影响研究。章志刚（2013）[101]从物流业与城市群的协调发展角度，以定性实证考察与计量经济检验作为分析工具，分析了长三角物流业与城市群经济协调发展的途径。谭清美、王子龙（2013）[102]发现 1978 年以来，南京市经济—物流弹性一直呈上升趋势，说明物流能力对经济增长有明显的拉动作用。刘南、李燕（2007）[103]运用格兰杰因果检验方法，发现浙江省现代物流与经济增长呈现出相互促进、共同发展的良好态势。宋德军、刘阳（2008）[104]通过产业成长阶段分析模型和回归分布滞后模型，发现物流业与绿色食品产业发展需求的不适应性，存在对产业发展的"瓶颈"效应和社会资源的浪费。

郑毓盛、李崇高（2011）[105]利用数据包络分析方法，将效率分解为省内技术效率、产出结构和省际要素配置效率，通过衡量地方保护和市场分割导致的产出损失来度量地方保护程度及其效率损失情况，结果显示由产业结构扭曲和省际要素配置失调产生的效率损失远远大于省内技术效率的改善。胡向婷、张璐（2013）[106]在控制了运输条件、地区资源差异和产业结构等历史因素之后，发现地区政府保护变量对地区间产业结构差异变化有显著影响。于良春、付强（2008）[107]研究了地区行政垄断对区域产业结构的形成的影响，以 29 个省份产业结构相似系数为应变量，两省地区垄断程度、市场化水平等为自变量，发现地区行政垄断与产业同构的变化趋势具有直接的正相关关系，通过扭曲产业政策、歪曲资源配置以及地方保护和市场分割等行为直接导致区域产业结构趋同。余东华（2008）[108]则通过构建产业受保护程度指数和产业效率指数等主要变量，以转型时期的中国制造业为例，实证分析了地方保护、市场分割等地区行政垄断对产业效率的影响。结果表明，产业受保护程度与产业效率之间呈现负相关关系，产业受保护程度越高，产业效率越低。说明地方保护和市场分割等地区行政垄断行为导致了制造业产业效率损失。杨蕖、刘华军（2009）[109]从行业和地区两个层面对中国烟草产业的行政垄断程度进行实证研究，采用制度因素、市场结构、企业行为测度了行业垄断程度，采用赫芬达尔指数等计算了地区性垄断程度，通过 DEA 方法计算了烟草业效率，结果表明行业行政垄断与地区行政垄断对中国烟草产业造成的直接效率损失分别达25%和 14%。

6.2 节运用 2008—2014 年的 30 个省份的经济与物流数据，研究了地区行政垄断对经济与物流协调度的影响。与以往研究相比，此处做了以下两个方面的拓展。

（1）从区域经济－物流复合系统的角度，定量考察了区域经济与物流系统协调发展情况。已有的物流与经济协调性研究存在某些共性：一是主要以地区层面和行业层面为主，缺乏国家层面整体视角和各个省区之间协调度的动态比较，二是方法均集中在计量经济回归上。

从物流和经济两个相互作用的系统来看，物流业与经济发展的协调性体现在以下两个方面：一是物流投入与物流产出之间的协调性，即一定时期的物流投入是否得到了相应的物流产出。二是物流投入与经济发展之间的协调性，主要考察一定的物流投入是否达到了相应的经济贡献率以及物流投入与经济规模的比率是否协调等。单从物流业效率入手，仅能反映地区行政垄断对物流业自身投入产出的作用，无法发现其对经济协调发展的深层次影响。本节借鉴复合系统协调性研究方法，采用功效函数计算协调度，探究 2008—2014 年各区域物流与经济发展协调性的演变趋势，比较了区域协调性的变化情况。

（2）将宏观与中观问题有机结合起来，利用面板协整方法，探索了地区行政垄断对物流效率的影响。地区行政垄断的危害已经得到普遍认同。但关注的或是地区产业同构程度等宏观问题，或是特定产业效率等中观问题。对宏观经济而言，物流业作为生产性服务业的战略作用毋庸置疑，物流业得不到健康成长，经济发展必然受到制约，本节进行了有效探索，充分考虑到两者的联系和作用，将其结合起来做了系统的研究，探索了地区行政垄断对经济与物流协调发展的影响程度,具体考察了 2008—2014 各年度地区行政垄断程度与各省物流效率的协整关系和 Granger 因果关系。与以往研究中普遍采用的单一截面时序分析方法相比,基于面板数据的时序方法不仅增加了数据自由度,而且综合了截面间信息,因而检验结果具有更高的势(power)值和稳健性。

6.2.3 研究方法、模型与数据选取

1. 方法

面板单位根检验、面板协整和面板协整方程估计。

1)面板单位根检验

面板单位根检验是指将面板数据中的变量各横截面序列作为一个整体进行单位根检验,本节采取的面板单位根检验能纠正传统单位根检验方法普遍存在着检验效力过低的缺失。为了保证结论的稳健性,本节分别采用 LLC 检验、Breitung 检验、IPS 检验、Fisher-ADF 检验和 Fisher-PP 检验进行检验。若数据序列为非稳定性,意味着存在单位根,将可进一步进行协整检验分析。

2)面板协整检验

面板数据的协整检验方法分为两类:一类是单方程法,其中,Kao(1999)和 Pedroni(1995,1999)的单方程方法以不存在协整关系为零假设,而 McCoskey 和 Kao(1998)提出的一种基于残差的单方程检验方法,其零假设为存在协整关系;另一类为多方程法,如 Larsson,Lyhagen 和 Lothgren(2009)构造的一种多方程框架下基于个体 Johansen(1995)迹统计量平均值计算异质面板协整秩的方法。为了得到可靠的结论,本节采用 Kao(1999)的 5 个统计量、Pedroni(1999)的 7 个统计量和 McCoskey 和 Kao(1998)的 LM^+ 统计量来检验亚洲金融发展与经济增长的协整关系,以保证结论的可靠性。

3)面板协整方程估计

在得出变量之间具有协整关系后,如果直接用 OLS 来估计参数则是有偏的,因此有必要对其进行修正。本节采用 Pedroni(2008)的完全修正 OLS(fully modified OLS,FMOLS)法。

一个简单的面板回归模型：

$$y_{i,t} = \alpha_i + \beta_i x_{i,t} + u_{i,t} \tag{6.4}$$

其中，采用标准面板 OLS 方法估计的系数 β_i 为

$$\hat{\beta}_{i,OLS} = \left(\sum_{i=1}^{N} \sum_{t=1}^{T} (x_{i,t} - \overline{x}_i)^2 \right)^{-1} \sum_{i=1}^{N} \sum_{t=1}^{T} (x_{i,t} - \overline{x}_i)(y_{i,t} - \overline{y}_i) \tag{6.5}$$

Pedroni（2008）认为这一估计量是渐进有偏的，只有当 x 严格外生，并且跨面板截面所有个体都满足同质性假定时该估计量才是无偏的。Pedroni（2008）提出了组平均 FMOLS 估计量以消除由于回归量的内生性和序列相关所导致的偏差，其 FMOLS 统计量为

$$\hat{\beta}_{i,FMOLS} = N^{-1} \sum_{i=1}^{N} \left(\sum_{t=1}^{T} (x_{i,t} - \overline{x}_i)^2 \right)^{-1} \left(\sum_{t=1}^{T} (x_{i,t} - \overline{x}_i)(y_{i,t}^{*} - T\hat{y}_i) \right) \tag{6.6}$$

其中，

$$y_{i,t}^{*} = (x_{i,t} - \overline{x}_i) - (\hat{\Omega}_{21i} / \hat{\Omega}_{22i})\Delta x_{i,t} \tag{6.7}$$

$$\hat{\gamma}_i = \hat{\Gamma}_{21i} + \hat{\Omega}_{21i}^0 - (\hat{\Omega}_{21i} / \hat{\Omega}_{22i})(\hat{\Gamma}_{22i} - \hat{\Omega}_{22i}^0) \tag{6.8}$$

$\hat{\Omega}$ 和 $\hat{\Gamma}$ 是模型（5）长期协方差矩阵的协方差和自协方差矩阵。OLS 估计量和 FMOLS 估计量的实质性差别在于式（6.7）通过对因变量的变形，实现了对内生性的修正，而式（6.8）中的 $\hat{\gamma}_i$ 实现了序列相关的修正。面板数据的 FMOLS 估计量就是各序列的估计量的一个均值。

本节建立以下实证模型：

$$Y_{i,t} = \alpha_i + \beta_i X_{i,t} + \varepsilon_{i,t}, i = 1, 2, \cdots 28; t = 1, 2, \cdots, 7 \tag{6.9}$$

其中 $Y_{i,t}, X_{i,t}$ 表示 i 省（市）第 t 年的物流效率与地区行政垄断指数，α_i 表示各面板单位的协整关系中存在着不同的固定效应，β_i 表示各面板单位中的协整系数，$\varepsilon_{i,t}$ 表示误差项。所有变量均取自然对数。

对地区行政垄断测度的偏重于市场分割，但地方保护和市场分割只是地区性行政垄断的主要表现形式之一，仅仅测度地方保护程度难以全面反映地区性行政垄断对市场竞争的干预和影响。且物流业的经营涉及相当多的政府职能部门，故笔者借鉴于全国各省区行政垄断指数来代表地区行政能垄断情况。

表 6.6　全国各地区地区性行政垄断指数（2008—2014）[1]

地区	2008	2009	2010	2011	2012	2013	2014
北京	0.404	0.438	0.413	0.421	0.424	0.557	0.505
天津	0.452	0.412	0.457	0.430	0.415	0.469	0.448
河北	0.478	0.491	0.476	0.496	0.502	0.501	0.449
山西	0.545	0.579	0.581	0.550	0.548	0.530	0.489
内蒙古	0.492	0.564	0.507	0.603	0.506	0.498	0.473
辽宁	0.478	0.486	0.425	0.476	0.489	0.547	0.518
吉林	0.565	0.523	0.465	0.496	0.514	0.521	0.528
黑龙江	0.407	0.464	0.432	0.425	0.471	0.492	0.466
上海	0.458	0.400	0.386	0.413	0.408	0.535	0.517
江苏	0.465	0.482	0.477	0.497	0.498	0.543	0.517
浙江	0.495	0.460	0.496	0.491	0.492	0.510	0.505
安徽	0.510	0.552	0.551	0.546	0.537	0.559	0.536
福建	0.503	0.466	0.483	0.506	0.491	0.528	0.473
江西	0.562	0.583	0.363	0.567	0.545	0.726	0.549
山东	0.521	0.515	0.517	0.507	0.514	0.515	0.504
河南	0.532	0.543	0.428	0.540	0.560	0.548	0.500
湖北	0.445	0.504	0.482	0.511	0.525	0.551	0.520
湖南	0.532	0.557	0.539	0.545	1.175	0.553	0.499
广东	0.463	0.407	0.436	0.476	0.483	0.555	0.526
广西	0.538	0.567	0.542	0.548	0.568	0.570	0.570
四川	0.581	0.580	0.592	0.591	0.610	0.586	0.561
贵州	0.720	0.689	0.731	0.715	0.680	0.677	0.640
云南	0.492	0.453	0.515	0.522	0.497	0.560	0.569
陕西	0.535	0.581	0.522	0.549	0.571	0.566	0.511
甘肃	0.621	0.737	0.598	0.594	0.715	0.606	0.584
青海	0.446	0.505	0.484	0.563	0.515	0.509	0.577

---

[1] 数据来自：于良春.中国地区性行政垄断程度的测度研究.经济研究,2009(2):126-127.

续表

地区	2008	2009	2010	2011	2012	2013	2014
宁夏	0.527	0.575	0.668	0.581	0.551	0.558	0.513
新疆	0.769	0.497	0.448	0.775	0.436	0.673	0.476
全国	0.517	0.520	0.499	0.531	0.542	0.553	0.518

6.2.4　物流经济协调度与地区行政垄断指数的面板数据分析结果

1. 面板单位根检验结果

从表 6.7 可以看出，对于各变量的水平值进行检验时，均不能拒绝"存在单位根"的原假设，即各变量均是非平稳过程。而对各变量的一阶差分值进行检验时，检验结果均在 1% 显著水平上拒绝了原假设，即各变量的一阶差分时间序列为平稳过程。因此，两个变量均为一阶单整 $I(1)$ 过程。

表 6.7　各地区物流效率与地区行政垄断指数及其一阶差分的面板单位根检验结果

类型	Levin, Lin & Chut*	Im, Pesaran and Shin W-stat	ADF - Fisher Chi-square	PP - Fisher Chi-square
协调度 水平值	-4.23097 （0.000）	2.89011（0.9981）	24.2145 （0.9999）	51.2165（0.6562）
协调度 一阶差分	-31.1960 （0.000）	-6.25670 （0.000）	130.666（0.000）	152.807 （0.000）
地区行政垄断 指数水平值	-8.91372（0.1357）	-2.02891（0.0823）	85.4392 （0.0461）	112.531（0.0386）
地区行政垄断 指数一阶差分	-18.8767 （0.000）	-5.96793 （0.000）	146.841（0.000）	212.567 （0.000）

2. 面板协整检验结果

本节研究的是小样本数据，对于小样本（$T<20$）来说，Group ADF 统计量是最有效力的，接下来是 Panel-V 统计量和 Panel-Rho 统计量。从协整结果看，这三个统计量在 5%（或 1%）的显著性水平下拒绝"不存在协整关系"的原假设。因此可以认为物流经济协调度与地区行政垄断指数之间存在协整关系见表 6.8。

表 6.8　协调度与行政垄断指数的协整结果

	statistics	Prob
Panel V-Statistic	50.3216	0·0000
Panel Rho-Statistic	4.9344	0·0000
Panel PP-Statistic	1.2987	0.1277
Panel ADF-Statistic	2.9086	0.0063
Group Rho-Statistic	6.8733	0·0000
Group PP-Statistic	3.3316	0.0017
Group ADF-Statistic	4.5326	0·0000

3. 完全修正普通最小二乘法估计（FMOLS）结果

前文得到了物流效率与地区行政垄断指数间存在协整关系的结论。单变量之间作用大小及方向又如何呢？本节采用 Pedroni（2008，2009）的组间 FMOLS 方法进行面板协整估计。结果如表 6.9。

表 6.9　各省区 FMOLS 估计（物流效率为因变量）

地区	估计系数及 t 值	地区	估计系数及 t 值	地区	估计系数及 t 值
北京	-0.1153(-17.6157)	山西	0.1681 (33.1431)	广西	-0.0213(-4.1231)
天津	-0.1334(-20.2632)	内蒙古	0.1283(18.2312)	四川	-0.0189(-2.9056)
河北	-0.0654(-10.3422)	吉林	0.1509(26.7143)	贵州	0.0037(1.0358)
辽宁	-0.0878(-12.7756)	黑龙江	0.1891(35.5683)	云南	-0.0438(-8.2904)
上海	-0.1654(-30.5327)	安徽	0.0775(11.3369)	陕西	0.0107(2.0351)
江苏	-0.1294(-18.8612)	江西	0.0927 (15.3451)	甘肃	0.0344(6.3822)
浙江	-0.1465(-25.7613)	河南	0.1378(23.1629)	宁夏	0.0912 (14.0072)
福建	-0.1397(-22.7435)	湖北	-0.1854(-30.1075)	青海	0.0299(5.1817)
山东	-0.1007(-15.0516)	湖南	0.0644(10.3012)	新疆	-0.1066(-15.4431)
广东	-0.2011(-40.1893)				
东部	-0.1598(28.6532)	中部	0.1473(26.5438)	西部	-0.0501(-9.5513.)
全国			-0.0764(-10.3697)		

FMOLS 结果表明，ln（垄断度）的系数在 1%的水平下统计显著，模型中面板估计系数为负，证实了垄断度对物流效率的发展有负向作用。但各个地区的 FMOLS 系数差距较大，东西部系数均为负，中部系数为正。

且东部系数最小，西部其次，中部最大。分地区来看，东部、中部个体单位的估计系数的符号基本确定，东部系数为负，中部系数为正的较多，而西部个体单位的估计系数的符号不确定，不断出现正负交替，说明在西部地区行政垄断与物流效率的关系较小。

东部地区 FMOLS 系数都为负，说明行政垄断对物流效率有明显负面作用，这里的检验结果与对我国经济现实的直观观察是一致的：东部地区是开放程度最深，改革最为彻底的地区，同时也是中国经济最发达和进出口贸易最频繁的地区，行政垄断程度的提高必然加大商业活动的成本，影响物质要素的流动和经济的正常运行。

系数绝对值排在前五位的依次是广东、上海、浙江、福建、天津。其中广东的系数值为-0.2011，即在其他因素不变的情况下，珠三角地区的行政垄断每提高 1%，则物流效率就会下降 0.201%，同样，垄断度下降 1%，则协调度的上升幅度也是最大的。结果说明越是发达地区，行政垄断对物流效率的负面影响也就越大，在已有经济格局下，如果改革进程放慢甚至出现倒退，将对经济－物流系统的运行产生严重影响。

中部地区的 FMOLS 系数除湖北为负外，其余全部为正，这个结果似乎与理论预期相矛盾。行政垄断的提高势必会影响物流产业的发展，进而影响经济的发展。但在中部地区为什么会出现这种情况。笔者分析可能有以下原因：中部与东部地区在产业与市场竞争力方面存在着较大差距，为了实现追赶目标、最大化地方就业与财税利益、充分显示官员政绩，地方政府存在进行地方保护的积极性。尤其中部地区是我国的粮食和矿产资源的生产基地，支柱型产业大多都以资源为主型，商贸活动主要是农产品和矿产资源，这些均属于刚性消费品，在开放程度不完全，产业结构失衡的背景下，地方政府实施地区封锁与地方保护主义，限制和阻止本地区以外的经营者进入本地区市场参与竞争并不会对经济－物流活动产生不利影响，相反可能会带来一定的收益。

西部地区的情况较为复杂，广西、四川、云南、新疆系数为负，甘肃、青海、宁夏、贵州、陕西为正，但系数都小，笔者分析可能是以下原因。经济发展水平相对落后的西部地区在全国交通基础设施中占有非常显著的位置，但西部的交通基础设施却没有得到充分有效的利用，最终使得物流能力的扩大没有发挥其对经济增长应有的促进作用。行政垄断程度并不是其重要影响因素。但值得注意的是系数为负的几个省份大多处于商贸口岸地带——亚欧大陆桥和东南亚地区入口，便利的贸易条件是经济发展的重要因素。总体而言，这表明了我国各地区经济结构和技术水平的差异性，因此加大对西部地区的经济扶持力度和提高交通设施利用效率是至关重要的，只有这样，才能促进我国各地区经济协调发展，以使整个中国的经济－物流协调发展水平的得以提高。

6.2.5 小结

本节通过复合系统模型计算了我国物流效率在 2008－2014 年的变化情况，在此基础上用面板协整方程估计模型分析了其与地区行政垄断指数间是否存在协整关系，并估计了协整系数，发现垄断程度与经济物流协调度存在协整关系，全国范围内系数为负，但中部和西部部分省份为正，原因在于资源禀赋和产业结构。

上述结论对政策层面具有重要意义。首先，运用复合系统模型可以有效地测评物流与经济的协调发展水平并做纵向比较，各级政府可以考虑以此为基础，建立一套相关的测评体系，作为推进物流产业发展的一项依据。其次，经济与和物流产业共同发展还需要在管理创新、制度创新和提高人员素质等方面大力加强。再次，针对区域经济与物流协调度的差异性，可尝试建立一种多边的或双边的定期交流制度，进一步加强物流产业管理、制度安排等方面的交流和扩散。最后，在实现经济又好又快发展、不断改善人民生活水平的前提下，必须针对国际国内的新形势，依据目前我国经济发展的新要求，切实加快产业结构高级化的步伐，制订相关政策并采取相应措施。

协调度和行业行政垄断程度的关系研究对我国物流业的发展有深刻的现实意义。我国物流业管理体制条块分割，政出多门的问题由来已久，与物流相关的管理机构分属数个部、委、局机关和地方政府。各个机关和部门对与物流的某个部分或环节有干预和管理权力。以经营许可证为例。物流企业若想获得某部门、省份、城市和某种运输方式的多个经营许可证，必须分别向不同的部门、省份、城市和运输管理部门提出申请。这种分散的多元化物流格局，导致专业化流通和集约化经营优势难以发挥作用；物流企业规模经营、规模效应难以实现。笔者在与江苏、广东物流企业家的交流中也有相同体会，企业家普遍认为在珠三角物流经营较长三角地区便利和容易，除开放较早外，一个重要的原因就是珠三角地区都隶属广东，物流管理体制较长三角简单，长三角虽然经济联系紧密，但物流业管理分属三个省份，协调管理成本较高。

从区域层面而言，地方政府采取的限制或排斥公平、有序竞争的各种保护行为，推行保护本地产业的发展政策的根源是维护辖区内经济主体利益（包括其自身利益）。但事实上却是一种明显的短视行为，是以短期业绩指标作为考核行政业绩的必然结果。

各级政府都提出过具有各自倾向的区域发展构想。这些带有政府倾向性的发展战略虽然以各自的利益为基础，但并不矛盾，甚至是相辅相成的。而且，只有得到了相关国家政府的支持和合作，区域经济发展才具可操作性，才能相互协调并解决问题。因此，在发展物流体系的时候，各个地区应该求同存异，在建设各个区域的物流体系的同时，还要考虑到整个国家经济圈的可持续发展，这符合长期利益。

6.3　基于杜邦模型、DEA 模型的竞争战略与运营效率研究——以物流上市公司为例

6.3.1　前言

上一节侧重于地区行政垄断与物流效率的协整关系研究，在本小节中将延续对物流效率的研究，主要是基于杜邦模型、DEA 模型的竞争战略对于物流效率的影响，并以我国的物流上市公司为例。

调整和振兴物流业是国民经济持续快速发展的必要保证。物流业运营水平的提高，不仅是自身升级的需要，更是服务和支撑其他产业调整与发展的需要。但面对跨国物流公司抢占中国市场的现状，国内物流企业运营成本的不断上涨和全球金融危机的影响，国内物流企业正接受着所未有的

考验，以生产要素成本优势为基础的发展模式和战略也面临严峻挑战。作为我国物流业重要代表的物流上市公司凭借什么战略应对挑战？在发展过程中是否有过战略转型？不同战略在物流企业的实施效果是否有区别？针对这些问题，本节展开研究。

本节将财务分析与战略识别结合，DEA 与战略绩效联系，旨在研究不同战略竞争条件下，中国物流上市公司的运营效率问题。采用杜邦模型将42 家物流上市公司分为低成本、差异化、混合战略三种类型，利用NEW-COST 和 SUPER-BCC 模型计算了 42 家公司 2012 和 2014 年的成本效率和纯技术效率。分析发现，各公司成本效率均有下降，而差异化战略公司成本无效是配置效率无效所致，低成本和差异化则是规模与配置效率无效引起。实行差异化战略的物流上市公司多于实施其他战略的公司，其成本效率和纯技术效率明显好于低成本战略和混合战略公司。2014 年，差异化战略公司规模效率上升。实施混合战略的物流公司显著增加。入市和金融危机对差异化战略公司的纯技术效率影响显著，对低成本战略公司的成本效率作用明显。

6.3.2　文献综述

1. 竞争战略与公司绩效的关系

两种战略的关系问题是国际上竞争战略的一个引人注目的领域。自波特提出三种基本竞争战略及夹在中间论以来，质疑与争议就一直不断。Hill（1988）[110]认为波特的模型存在两个方面的缺陷。首先，差异化可以是企业取得低成本地位的一种方式。因此，成本领先与差异化并不是一定不相容的。另外，在很多情况下企业可以通过同时追求低成本和差异化战略建立起持久的竞争优势，因为在很多产业中并不存在独一无二的低成本地位。尤其是在一些成熟的产业中，很多企业有着极为相似的成本最小化结构。

Alamdari and Fagan（2012）[111]采用了七个体现航空公司产品及运作特征的指标，利用相关分析、线性回归等方法，分析和评估了 10 家分别来自于美国和欧洲的具有较长历史的航空公司的绩效及其经营模式。结果表明，对成本领先战略的高度坚持与其赢利性之间具有潜在联系。但航空公司越来越多地采用成本领先和差异化的混合战略，而且这种混合战略确实带来了低运作成本，低费用和较高的边际利润率。

Miller and Friesen[112,113]（1986）用 PIMS（profit impact of market strategy）数据库的资料，对消费品企业进行了研究，发现低成本战略、差异化战略及集中化战略三种混合战略的净资产收益率与市场份额增长等绩效指标，均优于没有明确战略定位的企业。Parker & Helms[114]（1992）以 Dess & Davis（1984）的研究方法为基准框架，对英美两国的纺织业进行了研究，发现追求混合战略与纯战略的企业绩效（如 ROA、销售收入及员工的成长），也比没有明确战略定位的企业高，并发现追求低成本战略的企业其财务绩效显著高于追求差异化、集中化战略的企业。

Campbell-Hunt（2000）[115]利用在 ABI-Inform 中检索到的 17 篇关于"competitive strategy"和"generic strategy"与企业绩效关系实证研究文献的数据，采用主成分因子分析、聚类分析和多元回归分析的结果表明，基本竞争战略可以分为四种类型：强调成本领先、强调差别化、混合战略、没有明显强调，其中混合战略和没有明显强调的战略在企业绩效方面没有明显差异，许多实证研究并没有否定"夹在中间"，而是相反，即"夹在中间"也许是更好的战略选择。Spanos et al（2004）[116]利用对希腊制造业企业的调查数据考察了企业和产业的因素对绩效的影响。他们将波特三种基本竞争战略划分为纯战略（pure strategy）（即波特三种战略中的任何一种）和混合战略（hybrid strategy）（即上述三种战略任何两种的联合），发现企业实施混合战略明显优于实施某一具体的单一战略。特别是如果实施混合战略的企业在实施成本领先战略的同时还实施其他战略，那么企业的利润率就更高。

蔺雷和吴贵生（2007）[117]用因子分析和结构方程模型的方法检验了制造业的差异化服务对企业绩效的影响，发现差异化能有效增强制造企业的竞争力。刘睿智、胥朝阳（2014）[118]利用中国上市公司 2000-2006 年的财务数据，利用验证性因子分析技术考察战略定位对公司短期绩效和长期绩效的影响。研究发现：差异化战略的企业其短期获利能力显著高于采用低成本战略的企业，且差异化战略建立起来的竞争优势则具有可持续性。总体而言，差异化战略在创造竞争优势方面优于低成本战略。

Philip L. Little 等（2009）[119]使用 129 家零售业企业的财务数据，通过杜邦财务比率模型分析识别其战略分类，净经营资产收益率作为业绩变量，假定相对高的净营业收入和相对较低的资金周转的企业为差异化战略，而假定相反的企业为追求成本领先战略。这项研究的结果显示，零售企业的差异化战略追求更有可能实现比那些追求成本领先战略较高的企业经营净资产收益率。这是所见的、本文拟采用的财务数据和杜邦体系识别战略类型的最新文献。

Sum and Teo（1999）[120]和 Yeung，J et al（2006）[121]对第三方物流企业竞争战略关注较早。他们分别研究了新加坡和香港第三方物流企业的战略态势、绩效未来战略类型。Yeung J et al[121]则是将物流企业的战略与财务指标挂钩，发现同时采取低成本和差异化战略的企业财务绩效好于只采用差异化的企业，更优于只采用成本领先战略的企业。王强、Kenneth Zantow（2006）[122]等利用调查问卷首次研究了中国大陆第三方企业的战略态势问题，发现实行差异化战略企业绩效好于实施成本领先的企业，且实施低成本战略的企业为面对日益激烈的物流业竞争正在向差异化战略转型。

从上述文献回顾可以看出：首先，企业选择差异化战略和混合战略时多半取得更好的效果；其次，上述文献变量和方法有所差别，但大都采用多元统计和问卷调查的研究方法，判别指标多是现有的财务指标，没有进一步的发展。最后，所选取的行业有制造业、零售业、以及物流业，但对中国大陆的物流上市公司的研究还是空白。

就此本节从以下方面展开研究，首先在前人文献的基础上将杜邦财务体系和国泰安上市公司财务数据库引入竞争战略的研究，利用 Philip L. Little 改进的杜邦财务比率模型对 2012-2014 年各年度的物流上市公司进行战略类别划分；其次，将 DEA 方法用到上市公司战略绩效分析，Hambrick and MacMillan（1982）[123]最早通过财务数据库实证分析指出，波特的低成本战略主要维度是效率，而数据包络分析恰恰提供了方法，采用数据包络分析（DEA）方法——成本效率与纯技术效率对于低成本和差异化战略研究极具针对性。利用 NEW-COST DEA 和 SUPER-BCC DEA 模型分别计算不同战略下物流公司的成本和技术效率。

2．物流效率研究

有关物流上市公司效率的研究近几年开始出现。Hokey（2006）利用 DEA 模型对美国物流企业的效率进行了研究，并分析了物流企业服务绩效及服务广度对生产效率的影响[124]。张宝友、达庆利等（2014）研究了国内物流上市公司的技术效率问题，发现其总体绩效不佳，有下滑趋势[125]。邓学平等（2014）研究了 8 家物流上市公司五年的情况，发现综合效率和纯技术效率有所下降，规模效率上升[126]，接着又研究了企业规模与效率的关系，发现物流企业生产成本是影响企业生产效率的主要因素；大企业并不具备显著效率优势[127]，数据是 2006 年 55 家物流上市公司的财务报表。匡海波（2007）运用超效率的 CCR-DEA 模型对港口上市公司 2004-2012 成本效率，实际上是技术效率做了评价和研究[128]，不仅计算了港口类上市公司的技术效率，还对效率为 1 的公司做了进一步评价。Shao Wei Lam，Joyce M.W. Low 与 Loon Ching Tang（2009）运用 DEA 模型，将外部宏观经济与价格因素考虑在内，分析了 2001-2012 年亚太主要机场包括成本效率在内的运营效率问题。认为各国国情和运输效率存在的差异导致主要机场的成本效率差距较大[129]。

6.3.3　数据与方法

1．数据来源

根据报表中相关指标数据完整、非异常；与本文相关性等条件，共筛选出 42 家物流上市公司，根据经营性质可做如下划分[130]：

类型	物流上市公司名称
主营物流业（6）	渤海物流、炎黄物流、外高桥、外运发展、招商轮船、中储股份
港口码头、集装箱类（11）	盐田港、天津港、深赤港、营口港、上港集团、锦州港、中集集团、北海港、南京港、厦门港务、连云港
内河、远洋、近海运输类（8）	中远航运、中海海盛、宁波海运、中海发展、中国远洋、中海集运、长航油运、亚通股份

续表

类型	物流上市公司名称
航空机场类（10）	上海航空、海南航空、东方航空、南方航空、深圳机场、厦门空港、上海机场、白云机场、海特高新、山航 B
铁路运输及其他类（7）	铁龙物流、大秦铁路、广深铁路、江西长运、现代投资、中国中期、天奇股份

所选公司都与物流业务相关，中国中期前身为哈尔滨捷利国际集装箱货运报关股份有限公司，海特高新属于机场及航空运输辅助业。中集集团所属行业是与物流紧密相关的集装箱和金属包装物品制造业，更重要的原因在于中集集团是公认的低成本战略公司[131,132]，中集集团赵小平也指出：对于中集来说，也是执行低成本战略[133]。42 家公司中还包括了 3 家 ST公司❶，目的在于增加研究对象的多样性。研究数据为 2012 和 2014 每年年末的资产负债表等 6 张财务报表，来源于国泰安数据库。

2．杜邦分析法

杜邦分析法是一种用来评价公司赢利能力和股东权益回报水平，从财务角度评价企业绩效的一种经典方法。其基本思想是将企业净资产收益率逐级分解为多项财务比率乘积，这样有助于深入分析比较企业经营业绩。本文借鉴 Philip L Little 方法，根据 2012、2014 各年的 Operating Profit Margin 和 Asset Turnover 对 42 家物流上市公司进行了战略类型划分：高营运利润率，低资产周转率是差异化战略；低营运利润率，高资产周转率是低成本战略。介于中间的公司归为混合战略。见表 6.10。

表 6.10　2012、2014 年 42 家物流上市公司战略类型划分

物流上市公司	2012	2014	物流上市公司	2012	2014
中远航运	低成本	低成本	北海港	差异化	差异化
中集集团	低成本	低成本	白云机场	差异化	差异化
中海集运	低成本	低成本	*ST 炎黄	差异化	差异化
中国远洋	低成本	低成本	南京港	差异化	差异化

续表

物流上市公司	2012	2014	物流上市公司	2012	2014
中储股份	低成本	低成本	海南航空	混合	混合
外运发展	低成本	低成本	长航油运	混合	混合
南方航空	低成本	低成本	渤海物流	混合	混合
ST 东航	低成本	低成本	江西长运	混合	混合
*ST 上航	低成本	低成本	天奇股份	混合	混合
招商轮船	差异化	差异化	中海发展	混合	混合
营口港	差异化	差异化	亚通股份	混合	混合
盐田港	差异化	差异化	厦门港务	差异化	低成本
现代投资	差异化	差异化	外高桥	差异化	混合
厦门空港	差异化	差异化	铁龙物流	差异化	混合
深圳机场	差异化	差异化	天津港	差异化	混合
深赤湾 A	差异化	差异化	连云港	差异化	混合
上海机场	差异化	差异化	广深铁路	差异化	混合
上港集团	差异化	差异化	中海海盛	低成本	混合
锦州港	差异化	差异化	山航 B	低成本	混合
海特高新	差异化	差异化	宁波海运	混合	差异化
大秦铁路	差异化	差异化	中国中期	混合	差异化

注：成本代表低成本战略，差异代表差异化战略，混合代表两种战略都采用。

从表 6.10 可以发现：采用差异化战略的物流公司都要多于采用成本领先战略的公司，采用混合战略的物流公司数量显著增加。2012 年差异化战略的物流上市公司有 22 家，占到样本的 52.4%，11 家公司采用低成本战略，9 家是混合战略。2014 年差异化战略公司为 18 家仍多于低成本公司的10 家，但 6 家差异化公司做了战略调整，厦门港务转而实施低成本战略，外高桥等都转为混合战略，中海海盛和山航 B 也由低成本变为混合战略，使得采用混合战略的公司增加到 14 家。两年中，32 家公司一直采用一种战略，占到总数的 76.2%。外运发展等 9 家公司都是低成本战略，招商轮船等 16 家都是差异化战略，海南航空等 7 家均为混合战略。

那么这些公司在实施各种战略的过程中，各种战略对效率有什么影响，战略的变化是否能改善效率？下面将通过计算成本效率❶与纯技术效率来分析上述问题。

技术效率是从投入产出之间的数量关系来衡量生产者的效率，技术效率高仅是物流企业获得良好经济效益的必要条件，不是充分条件。而提高物流企业的经济效益还要考虑投入要素资源的配置效率。成本效率研究在成本前沿的基础上，既考虑投入与产出之间的技术效率，又要考虑要素价格因素所带来的配置效率。限于篇幅，不再赘述基本理论。

借鉴银行业成本效率的成果，经过认真分析、比较和试算，最终筛选出本节的投入产出指标体系。投入指标 3 个：（1）固定资产净值。（2）主营业务成本[134,135]。（3）劳动力成本。产出指标 3 个：（1）主营业务收入。（2）净利润。（3）每股收益。

投入指标中，固定资产价格=当年固定资产折旧/固定资产净值，杨大强、张爱武等采用该指标[136,137]。营业成本投入价格是由营业成本/当年资产总额得到。劳动力成本用应付员工薪酬代替❷，劳动力价格=应付员工薪酬/当年资产总额，刘玲玲，李西新采用该指标[138]。借鉴匡海波数据处理方法，将主营业务成本、营业总收入、应付职工薪酬、固定资产净值和主营业务收入都除以 10^9。税后净利润先除以 10^9，再以数 e 为底数，以净利润数据为幂进行变换。由于试算中纯技术效率为 1 的单位较多，采用 SUPER-BCC 计算出技术效率值。投入指标（1）固定资产净值。（2）主营业务成本。（3）劳动力成本，产出指标：（1）主营业务收入。（2）净利润。（3）每股收益。相应数据剔除物价因素影响。为进一步分析，同时计算了规模效率、配置效率，限于篇幅只增列了规模效率。全部用 DEA-solver-lv(v3)软件计算得到。

6.3.4 结果

表 6.11 是各物流上市公司效率计算结果。重点分析：长期使用低成本

---

❶ 新成本效率考虑价格因素不同的实际情况，故本节采用该方法，下文统一称之为成本效率。

❷ Hokey 认为物流业是劳动密集型产业，工资总额更能清楚的反映企业在人力资源上的投入，因此应付员工薪酬作为输入变量。王学平也认为物流业操作员工的流动性很大，临时职工或短期雇佣工占据企业员工总数很大比例，将职工人数作为输入变量对物流企业的效率分析并不合理。

战略和坚持采用差异化战略的物流公司在成本效率与纯技术效率方面有什么差异？同一公司实施不同战略时效率有无区别？

表 6.11 物流公司成本效率、SUPER 纯技术效率、规模效率计算结果

企业名称	2012 年			2014 年		
	CE	SB	SC	CE	SB	SC
中远航运	1.000	4.049	0.796	0.268	0.939	0.878
中集集团	1.000	1.000	1.000	0.421	2.005	0.931
中海集运	0.549	1.787	0.843	0.559	4.173	0.576
中海海盛	0.225	1.201	1.000	0.219	0.601	0.997
中海发展	0.773	0.922	0.835	0.503	1.149	0.733
中国中期	0.552	4.841	1.000	0.566	1.640	0.902
中国远洋	1.000	1.000	0.795	1.000	1.000	1.000
中储股份	0.094	2.650	1.000	0.080	2.495	1.000
招商轮船	0.589	0.802	0.930	0.883	1.140	0.990
营口港	0.440	3.337	0.762	0.439	2.300	1.000
盐田港	1.000	0.996	0.691	1.000	1.042	1.000
亚通股份	0.241	0.797	0.993	0.160	0.650	0.892
现代投资	1.000	2.362	1.000	1.000	1.574	1.000
厦门空港	0.576	0.728	0.825	0.376	0.709	0.999
厦门港务	0.513	0.854	0.958	0.168	0.758	0.993
外运发展	0.175	0.982	0.969	0.170	0.848	0.999
外高桥	0.908	0.848	0.957	0.400	1.060	1.000
铁龙物流	0.448	0.661	0.999	0.271	0.943	0.980
天奇股份	1.000	8.885	1.000	0.240	1.046	1.000
天津港	0.349	0.673	0.918	0.415	1.073	0.647
深圳机场	0.572	0.776	0.988	0.550	0.899	0.998
深赤湾 A	1.000	3.430	1.000	0.824	1.104	1.000
上海机场	0.679	1.354	0.972	0.502	1.164	1.000
上港集团	1.000	1.311	0.975	1.000	1.159	0.871
山航 B	0.212	1.139	0.657	0.205	0.632	0.788

企业名称	2012 年			2014 年		
	CE	SB	SC	CE	SB	SC
宁波海运	0.534	0.800	0.976	0.524	0.684	0.995
南京港	0.992	1.139	1.000	0.448	0.750	0.997
南方航空	1.000	1.000	0.650	0.674	0.747	0.695
连云港	0.958	0.757	0.800	0.354	0.726	0.994
锦州港	0.614	0.528	1.000	0.413	0.602	0.999
江西长运	0.283	0.782	0.996	0.223	0.693	1.000
海特高新	1.000	1.686	1.000	1.000	10.200	1.000
海南航空	0.294	0.938	0.607	0.337	0.638	0.682
广深铁路	0.642	2.926	1.000	0.462	0.717	0.813
大秦铁路	1.000	2.346	0.881	1.000	1.123	0.884
长航油运	0.329	0.749	0.981	0.521	2.657	1.000
渤海物流	0.388	4.604	1.000	0.224	0.864	0.999
北海港	0.763	0.723	0.998	0.355	0.717	0.938
白云机场	0.356	0.529	0.972	0.391	0.602	0.938
ST 东航	0.824	0.892	0.707	0.599	0.661	0.713
*ST 炎黄	1.000	62.830	1.000	1.000	1.000	1.000
*ST 上航	0.204	1.619	0.801	0.181	1.092	0.687
均值	0.645	3.148	0.910	0.498	1.347	0.917

注：CE 代表成本效率，SB 代表 SUPER 纯技术效率，SC 代表规模效率。

1. 总体分析

对表 6.11 分析可以发现：受物流市场开放和金融危机的影响，42 家公司的三项效率均值呈下降趋势。CE、SB 分别由 2012 年的 0.645、3.148 降低为 2014 年的 0.498、1.347，只有规模效率由 2012 年的 0.910 升至 2014 年的 0.917。结果说明，市场开放和金融危机对 42 家物流公司在投入要素配比、投入要素数量的控制方面产生不利影响，效率显著下降，但 42 家物流公司在规模效率方面有所提高，说明大多数物流公司通过扩大规模来降低物流成本，应对激烈的竞争。

42 家公司中只有 6 家公司的成本和纯技术效率上升,它们是招商轮船、中海集运、天津港、长航油运、海特高新、盐田港。

通过效率分析发现, 6 家公司成本效率上升得益于纯技术效率的提高(由于规模效率下降),SB 均值由 2012 年的 1.116 升至 2014 年的 3.381,即有效地控制了投入要素的数量,另外, 6 家公司在投入要素配比, 投入资产组合方面有了进一步的提高, AE 由 0.818 提高为 0.838。促进了成本效率的改善。反映了这些逆势而上的物流公司主要通过技术创新来提高成本效率。其中招商轮船、盐田港、海特高新为差异化战略公司,中海集运为低成本战略公司,长航油运为混合战略公司,天津港前期是差异化战略,后改为混合战略。两年中 CE、SB、SC 都有效也是 6 家公司,它们是中国远洋、大秦铁路、上港集团、海特高新、现代投资和*ST 炎黄,其成本效率有效的原因是规模效率的上升。6 家公司一直实施一种战略,除中国远洋是低成本战略外,其余全部实施差异化战略。海特高新成为唯一的 DEA 有效,且效率值上升的物流公司。

2．不同战略类型公司效率分析

由表 6.12 可知,受经市场开放和金融危机的影响,实施各种战略的物流公司纯技术效率均值仍然为 DEA 有效,差异化战略的公司效率最高,说明其有效地减少了投入要素数量。三种战略的成本效率都无效,但差异化战略公司源自配置效率无效, 即在投入资产组合方面还不太合理。低成本战略和混合战略则是规模、配置都无效。但二者又不相同,低成本效率无效多是由于规模无效,其规模效率均值是三种战略中最低的,这充分反映了低成本战略物流公司规模不合理的现状,人员过多,机构庞杂导致了其规模效率较低。而混合战略的成本无效更多是因为配置效率无效,即最优投入要素配置方面还有待于提高。

表 6.12　实施一种战略的公司效率均值表

项目	CE		SB		SC		AE	
	2012	2014	2012	2014	2012	2014	2012	2014
差异化	0.786	0.699	5.305	1.63	0.937	0.976	0.956	0.787

续表

项目	CE		SB		SC		AE	
	2012	2014	2012	2014	2012	2014	2012	2014
低成本	0.65	0.439	1.664	1.551	0.84	0.831	0.838	0.652
混合	0.473	0.315	2.525	1.1	0.916	0.901	0.575	0.44

注：CE 代表成本效率，SB 代表 SUPER 纯技术效率，SC 代表规模效率。AE 代表平均效率

实施差异化战略的公司，无论成本效率均值、纯技术效率均值以及规模效率和配置效率都好于低成本战略公司，这与王强的结论一致。Jeff Hoi Yan Yeung 等也发现，无论跨国制造企业还是国内企业在华的生产活动均表现出一种共性，即使付出较多也愿意把与物流相关的业务外包给能提供专业化服务和高附加值的物流公司，规模经济的形成使得差异化战略公司在成本效率方面并不处于劣势。表 6.12 的结果也证明了这一点。差异化战略的公司 2014 年的规模效率比 2012 年增加了 4.16%，达到 0.976，是唯一上升的 DEA 效率。低成本公司为保持成本优势，仅限于提供基本的物流服务。面对日益复杂的客户需求和具有高附加值的物流活动时，这些物流服务是远远不够的。且实施低成本战略的进入壁垒较低，不可避免的会导致更激烈的竞争，导致价格和利润率下降，也不利于成本效率的改善。所以，低成本战略的公司必须培养新的能力，提供差异化的服务。

研究还发现，受物流市场开放和金融危机影响后，所有物流上市公司的效率值都出现下降，差异化战略公司，纯技术效率下降幅度高达 69.27%，是其成本效率降幅的 6 倍多，低成本战略的公司，成本效率下降幅度 32.46%，是其纯技术效率降幅的 5 倍多，而混合战略公司，两个效率降幅差距不大。可见入市和金融危机对低成本战略物流公司的成本效率作用明显，对差异化战略物流公司的纯技术效率影响显著，不难理解，实施低成本战略的公司，4 年中竞争加剧，同时经历了原油、土地、原材料等要素价格的上升，降低成本的难度加大，成本效率下降。面对跨国公司的技术优势和资金优势，差异化战略的物流公司必须加大投入以应对激烈的竞争，使得其纯技术效率降低。

3．战略转变前后效率分析

不难发现，越来越多的公司力求在成本和差异化方面同时取得竞争优势——即选择混合战略。见表 6.13。但大多数公司在战略调整中，效率值都有下降，且纯技术效率下降显著。

表 6.13　公司战略调整前后效率变化表

企业名称	战略		CE		SBCC		SCALE		AE	
	2012	2014	2012	2014	2012	2014	2012	2014	2012	2014
外高桥	差异化	混合	0.908	0.400	0.848	1.060	0.957	1.000	1.118	0.400
铁龙物流	差异化	混合	0.448	0.271	0.661	0.943	0.999	0.980	0.679	0.293
天津港	差异化	混合	0.349	0.415	0.673	1.073	0.918	0.647	0.566	0.642
连云港	差异化	混合	0.958	0.354	0.757	0.726	0.800	0.994	1.581	0.491
广深铁路	差异化	混合	0.642	0.462	2.926	0.717	1.000	0.813	0.642	0.792
宁波海运	混合	差异化	0.534	0.524	0.800	0.684	0.976	0.995	0.684	0.770
中国中期	混合	差异化	0.552	0.566	4.841	1.640	1.000	0.902	0.552	0.628
中海海盛	低成本	混合	0.225	0.219	1.201	0.601	1.000	0.997	0.225	0.366
山航 B	低成本	混合	0.212	0.205	1.139	0.632	0.657	0.788	0.323	0.412
厦门港务	差异化	低成本	0.513	0.168	0.854	0.758	0.958	0.993	0.627	0.223

Jeff Hoi Yan Yeung 也认为混合战略可以使第三方物流公司取得更好的财务绩效，所以越来越多的公司采用混合战略。这与本节阐述的结论一致。但怎样理解实施混合战略后，物流公司的效率下降呢？首先，财务绩效与 DEA 效率内涵并不一样，Jeff Hoi Yan Yeung 选择的是市场份额、年销售增长率、净资产回报率等财务指标，DEA 则是反映若干决策单位中投入产出有效性的相对评价：成本效率衡量的是在产出一定情况下，物流公司最小化成本的有效程度；技术效率衡量的是物流公司在产出既定，使投入要素数量最小的有效程度。DEA 效率低并不意味着财务绩效一定差；第二，公司做战略调整或转型，难免会与原有战略下组织结构产生更多的冲突和矛盾，加之石油、土地、劳动力等要素价格明显上涨，资源投入的数量、资源配置的效率受到了影响。即便如此，在由低成本向混合战略转变中，2家公司的配置效率也有所上升，在差异化转变为混合战略的 5 家公司中，仍有 3 家公司纯技术效率、2 家公司规模效率、1 家公司配置效率上升。尤

其天津港的纯技术效率和配置效率都显著改善，推动了成本效率的提高。虽然很大程度上受益于 2006 年天津滨海新区开发,环渤海经济中心的区位优势，但不可否认混合战略的重要作用。而且在其他战略转型中，同样存在效率下降的问题：如混合战略向差异化战略转型中，纯属技术效率下降明显。差异化战略向低成本战略转变中，成本效率下降明显。公司的战略转型需要较长的时间，不可避免地在中间出现过调整，一直实施混合战略的公司两种效率值较低也是转型过程中的阶段。

4．不同类型物流公司战略与效率分析

各类公司战略特征明显，但大都实施同一种战略。如港口类、机场类公司主要实施差异化战略，远洋、近海运输的公司多采用低成本战略。

各种战略在主营物流业的公司都得到均等实施，且两年的战略大多保持一致。外运发展、中储股份是低成本战略，招商轮船、炎黄物流是差异化战略，渤海物流是混合战略。只有外高桥的战略从差异化变为混合。

港口码头、集装箱类：该类物流上市公司特征显著，尤其是港口公司，性质、特点、发展过程大都相似，面对来自国内外的不同客户，必须提供专业化的服务才能在众多同行中保持竞争优势。营口港、盐田港、深赤湾A、上港集团、锦州港、北海港、南京港一直都是差异化战略，中集集团始终坚持低成本战略（验证了舆论报道），厦门港务变为低成本，天津港、连云港则由差异化变为混合战略。

内河、远洋、近海运输类：8 家公司的特征恰好与港口类相反——以低成本和混合战略为主，这是由国际市场特点和其经营性质决定的。中国远洋、中海集运、中远航运一直都采用低成本战略，在激烈的国际市场上，中国物流企业只能先凭借成本方面的优势获取竞争优势。长航油运、中海发展、亚通股份则都是混合战略，宁波海运、中海海盛的战略做过调整，宁波海运 2014 实施了差异化战略。

航空机场类：航空公司多实施低成本战略（上海航空、东方航空、南方航空），机场则以差异化战略见长（厦门空港、深圳机场、上海机场、白云机场、海特高新），海南航空是混合战略，山航 B 先是低成本，后改为混合战略。铁路运输类和其他相关类都采用差异化和混合战略。3 家 ST 公

司中，ST 炎黄一直是差异化战略，ST 上航和 ST 东航都是低成本战略。

如表 6.14 所示，内河远洋类和航空机场类公司的纯技术效率上升，说明其在投入要素数量控制上日渐成熟，港口码头、主营物流类和航空机场类公司的规模效率有所改善，反映了这几类物流公司对庞杂的组织机构和人员做了精简。但所有类型物流公司的成本效率都出现下降，内河、远洋运输类成本效率下降是由于规模效率和配置效率无效所致。主营物流类和港口码头、集装箱类则是因纯技术效率和配置效率无效所致。航空机场类仅是由于配置效率无效导致成本效率下降。

表 6.14   不同类型公司效率比较

类型	CE		SB		SC		AE	
	2012	2014	2012	2014	2012	2014	2012	2014
内河、远洋、近海运输类	0.581	0.469	1.413	1.482	0.902	0.884	0.729	0.614
港口码头、集装箱类	0.784	0.531	1.341	1.112	0.918	0.943	1.004	0.639
主营物流业	0.526	0.460	12.119	1.235	0.976	0.998	0.596	0.472
航空机场类	0.572	0.482	1.066	1.734	0.818	0.850	0.804	0.736
铁路运输及其他类	0.704	0.537	3.258	1.105	0.982	0.940	0.767	0.629

6.3.5   小结

1. 结论

（1）42 家上市公司的成本效率均值较低，2014 年甚至没有超过 0.5。由规模无效和配置效率无效所致，但说明我国上市物流公司的成本效率提升空间很大，且 2014 年规模效率均值上升，反映了我国物流公司可喜的变化。

（2）实行差异化战略的物流上市公司多于实施其他战略的公司。且各项效率值都好于低成本战略物流公司。其成本效率无效是由于配置效率无效。而低成本战略公司则是规模无效。反映了我国物流公司规模普遍较小，单纯的低成本竞争的加剧以及市场风险的加大是整体效率水平下降的重要原因。

（3）虽然战略转变后效率没有显著提高，但采用混合战略的物流公司明显增加。

（4）港口类、机场类公司主要实施差异化战略，航空公司、远洋和近海运输的公司多采用低成本战略。内河远洋类和航空机场类公司的纯技术效率上升，港口码头、主营物流类和航空机场类公司的规模效率有所改善。

2．建议

1）企业层面

从推动成本效率提升角度，物流公司应当注意升级路径中的战略选择问题。虽然许多差异化战略物流公司成本效率与纯技术效率同时有效，但也有中国远洋、中集集团等低成本战略公司取得不错的投入产出效率。实际上，本节的研究只是对 42 家物流公司的战略做了一个相对的划分，如果与跨国物流公司比较的话，很可能大多数国内公司都是低成本战略。

低成本战略过去和现在是中国企业参与国际竞争的主要手段，今后长时期依然是不能放弃的战略武器，实施低成本战略并不代表中国劳动密集型企业（国内大多物流企业都属于）只能依靠低价格、低成本来获取国际市场，也不代表所有的企业都要实施成本领先战略。而是企业要改变以往仅依靠原材料、劳动力等成本外生驱动因素的态势。通过不断地对创新性价值驱动因素和成本内生驱动因素的投资来迈向更高的成本阶梯，实现国际产业分工中的地位的提高。

在我国经济迅速发展的过程中，一些企业在坚持成本领先的前提下，促进了企业的持续发展并创造了越来越好的经营绩效，并将成本领先模式延伸到产业的高层次，在中高端产品中以相对较低的成本和价格赢得了国际竞争优势。更有部分企业通过不断创新实现可持续成本领先战略，提升了市场地位和战略层次，掌握了一批自主知识产权，成功地实现了产品和经营模式的升级，开创了战略与创新驱动结合的一种新模式。

2）产业角度

对物流业管理不能盲目提高产业集中度。上市物流企业成本效率低下，源于市场过度竞争、企业规模较小。而固定资产规模较大的公司其成本效率优势并不显著。看似矛盾的结果并不矛盾，其关键在于一方面我国物流企业经营规模较小，资源利用效率不高，大多还处在中低端市场，而中低端市场需求相对零散，需求层次较低，供给主体较多；另一方面是规模较大的企业不具备巨大的信息化、基础设施建设等方面的投入条件，无法提供更加专业化和高附加值的物流服务，进入需求相对集中的物流高端市场，实现集约化、网络化的物流运作。

相应部门应出台更为细化的针对性措施。对于规模较大的物流公司应支持其完成技术设备的更新改造，为其进入高端物流市场创造条件。这样既可以缓解低端物流市场的激烈竞争，又可通过集约化的物流运作实现成本效率的提高；对于中、低端物流市场，应进一步完善市场机制，支持规模较小，且成本效率较高的公司行业内的联盟重组，减少不必要的资源浪费。

除了中国上市物流公司的竞争策略对于物流效率的研究，物流快递业的效率影响因素也是影响物流效率的重要因素之一，下面的小节中我们将着重讨论物流快递业的效率影响因素。

6.4 物流快递业效率影响因素研究——基于灰色关联方法和顺丰快运问卷调查

6.4.1 前言

本章中 6.2 节、6.3 节都是对于中国的物流效率的研究，分别是地区行政垄断、中国上市物流公司的竞争战略对于物流效率的影响和协整关系研究。6.4 节将基于灰色关联方法和顺丰快运问卷调查对于微观物流快递业的效率进行研究。

经济全球化和移动互联化的发展使人类社会进入了"互联网+"的新时代，也为我国第三产业的繁荣创造了机遇与条件。尤其是在近年来电子商务产业迅猛发展的浪潮下，众多的物流快递公司如雨后春笋般产生、壮大。国内物流快递行业竞争愈演愈烈，无论是已经占有一定市场份额的业内豪强 EMS、顺丰、"四通一达"，还是刚刚崭露头角的新兴企业，都想在国内激烈的竞争中获得长远发展。另一方面，随着我国对国际政治、经济的影响力越来越大，国内企业向海外发展已是大势所趋，特别是国家"一带一路"战略的推出更是向众多国内企业吹响了"走出国门，走向世界"的号角。谁能把握时代的浪潮，谁就能站在行业的顶端。作为一种现代服务业，物流快递业的竞争实质上是服务质量的竞争，而效率则是企业服务质量最直观也是最客观的反映。据中国物流采购与联合会公布，2015 年，快递服务、快递遗失和快递延误成为导致效率损失的三大原因，其中快递服务占比最高，其次是快递延误和快递丢失，而快递服务水平的提高直接影响着效率的提高，因此，对物流快递业效率影响因素的研究，有助于企业定位自身缺陷并制定有效的经营策略，从而不断提升自身核心竞争力，在复杂而激烈的国内外竞争环境中处于不败之地。这对于物流快递业的快速、健康发展是十分重要且必要的。基于上述背景，笔者将深入研究影响快递业效率的影响因素。

根据 PZB（Parasuraman，Zeithaml and Berry，PZB）（1988）所提出的服务质量概念及一般调查机构所采用的衡量指标，影响快递效率的因子是：员工服务态度、是否主动为客户着想、业务处理弹性、服务速度、收费是否合理、业务错误发生率、服务点便利性、周边服务便利性、营业大厅与柜台设计等九项。根据太原顺丰快运营业点实施效率问卷调查结果，应用灰色关联理论分析所有影响快递效率因子的优先级，整体而言，根据次为业务处理弹性、主动为客户着想、服务速度、员工服务态度、业务错误发生次数、周边服务便利性、营业点服务环境、收取费用合理、服务点便利性。本节进一步对不同的客户群进行分析，得到的结论是：不同的客户群，其影响效率因子的优先级，就有所不同，因此，快递决策者可根据个别的客户群需要，注重其最优先满意度因子，制定最有利的经营策略，最能有效提高效率。

6.4.2 理论基础和相关研究

1. 效率研究

效率即顾客对服务质量的满意程度，而影响顾客满意的服务特性包括服务的有形性、可靠性、反应力、确实性以及关怀性等方面，PZB（1985）

曾提出一个服务质量概念性模式，并整理出十个服务质量向度，分别是可靠性、反应性、能力、接近性、礼貌、沟通、信誉、安全性、了解顾客以及有形性等。由于上述的质量方面并未经过实证数据的验证，PZB（1988）遂以上述 10 个服务质量方面为基础，发出 97 项问题，并采用顾客的期望与顾客对服务结果知觉的差距用来定义服务质量，在挑选了五种服务产业进行调查分析后，他们利用因素的方式，整理出具良好信度、效度且重复度低的五个因素结构。它们分别是有形性、可靠性、反应性、确实性及关怀性。此服务质量衡量量表即著名的 SERVQUAL。经过了数度的修正后，最新版的 SERVQUAL 为 PZB（1946b）所提出的九点尺度，包含 21 项问题量表，至今，SERVQUAL 已成为目前广受学界及实务界人士使用服务质量分类模式，亦即衡量顾客对服务质量满意度的指针。

SERVQUAL 意义如下：有形性，包括了实体设施，提供服务的工具设备以及服务人员的仪表等。可靠性，可正确且可靠地执行服务承诺能力。反应性，服务人员帮助顾客的意愿及提供快速服务的能力。确实性，服务人员所具备的知识、礼貌以及服务执行结果获得顾客信赖的能力。关怀性，提供顾客关心及个人化的服务。近年来，各国的学者就此五方面展开了深入的研究，Lee，Jongho（2016）[139]认为要提高物流服务质量，不仅仅要加强物流硬件设施的建设，而且要完善政策和提高物流从业人员的素养，才可能提高客户满意度。Nachiappan Subramanian（2014）[140]的研究发现服务质量和购买经历的可靠性是电子商务购物中影响客户满意度的重要因素，而物流服务水平的好坏是影响企业竞争力的关键因素。Yu，Jie；Subramanian（2015）[141]指出在一个包括电子商务零售商、产品交付服务提供商以及客户的三维模型中，灵活性完全调节着软硬件基础设施和客户满意度之间的关系，借此在物联网时代达到协同增值，实现客户满意度的上升。

然而随着物联网时代的到来，电子商务发展迅速，在电子商务零售商—服务提供商—客户这个三维模型中，服务提供商在零售商和客户之间起着中介作用，直接影响二者关系的传递，其服务质量的高低决定了电子商务零售商的企业绩效和客户的满意度，因此受到了学者的关注，涉及以下研究：（1）效率模型和测评的研究。杨浩雄（2011）[142]构建了第三方物流企业效率测评体系，并以快递业为代表进行了验证，指出了不同企业影响效率的因素千差万别，因此应该有针对性的采取改进措施；（2）效率与服务水平、忠诚度、企业绩效等相关的研究。Ltifi，Moez；Gharbi，Jameleddine（2015）[143]的研究表明在零售领域，物流效率的高低会直接影响顾客的满意度和幸福感的；Yeo，Gitae；（2015）[144]对韩国集装箱港口的服务管理质量与客户满意度进行研究，发现了二者的正相关性。吴忠华（2014）[145]从心理契约理论的角度说明了第三方物流公司心理契约对效率的重要影响，进而影响了顾客忠诚度，强调了效率在二者之间的中介作用。

2. 影响快递效率因子

快递属服务业，根据 PZB（1988）所提五方面及一般调查及专业机构（如哈里森国际调查机构）所采用的衡量指标因素，影响快递效率主要因素有：员工服务态度、是否为客户主动着想、业务处理弹性、服务速度、收费是否合理、业务错误发生率、服务点便利性、周边服务便利性、营业点服务环境等九项。在 SERVQUAL 的五项服务质量方面中，有形性方面衡量的是快递的实体设施及提供服务设备等硬件方面，其衡量的问题，则包括了"员工的服务态度""快递为客户主动着想""服务点便利性""周边服务便利性""营业点服务环境"等项。可靠性方面衡量的是正确且可靠地执行服务承诺能力，其衡量问题，则包括了"员工的服务态度""快递为客户主动着想""服务速度""业务错误发生率"。反应性方面衡量的是服务人员帮助顾客的意愿及提供快速服务的能力，其衡量问题，则包括了"员工的服务态度""快递为客户主动着想""业务处理有弹性""服务速度""业务错误发生率"。确实性方面衡量的是服务人员具备的知识、礼貌以及服务执行结果获得顾客信赖的能力。其衡量问题，则包括了"员工的服务态度""快递为客户主动着想""服务速度""业务错误发生次数"等项。关怀性方面衡量的是提供客户关心及个人化的服务，其衡量问题则包括了"员工的服务态度""快递为客户主动着想""业务处理有弹性""服务速度""快递收取费用合理""周边服务便利性""营业点服务环境"等项。影响快递效率的九项因子与 PZB 所提的五方面的意涵是一致的。

3．其他理论

期望失验理论。Churchill and Surprenant（1982）曾提出，顾客满意为消费前的期望与消费后的认知所结合而成的函数，此为失验理论的一项应用；Bearden and Teel（1983）、Oliver（1980）也都曾先后提出有关失验的顾客满意理论。所谓失验是指期望与实际绩效互相比较所得的结果：（1）当实际绩效等于期望时，则无失验产出；（2）当实际绩效大于期望时，会产生正面的失验；（3）当实际绩效小于期望时，则产生负面的失验（Anderson，1973）

类化理论。此理论是由 Festinger（1957）所提出，亦可称为认知失调理论（CognitiveDissonanceTheory），其认为认知失调是因为消费者对实际绩效的评价与先前的产品评价（即期望）有所差距而来的，此理论假设，消费者不愿意承受这个差距所带来的认知失调，而会将其实际感受类化成原来的期望水平（Anderson，1973；Olshavsky and Miller，1972；Olson and Dover，1976，1979）。因此，当消费者具有较低的绩效评价与较高的期望水平时，为了避免失调情形的产生，他会将绩效评价提高以减少失调感，并因而提高满意度。另外，Latour，Stephen and Peat（1979）亦认为当期望与实际绩效间产生失验时,消费者会试图去改变对产品的实际绩效认知，以求得心理的一致（psychological-consistency），而提高满意度。

绩效决定理论。20 世纪 80 年代初期,许多学者（Churchill and Surprenant，1982；Oliver and Desarbo，1988；Tse and Wilton，1988）开始认为影响顾客满意的因素中，应该还包括绩效此项因素。例如 Churchill＆Surprenant（1982）就曾以 VCR 为实验对象，他们发现绩效可以直接影响效率，甚至还可能单独决定效率，而不受期望和失验的影响。事实上，绩效除了可以直接影响顾客满意以外，亦有可能通过失验来间接影响想顾客满意度，亦即，绩效对于效率的影响，有直接也有间接效果。

6.4.3.　研究方法

灰关联分析（grey relational analysis，GRA）是对于系统动态过程的量化分析，它根据因素间发展态势的异同，来衡量因素间接近的程度。其核心是要求出灰关联序，通过排序顺位的前后判定其优劣，以辅助决策。这一分析离散序列间相关程度的测度方法，能衡量各因素间关联程度大小。计算过程简单且清楚、不须庞大的数据、条件限制较传统理论宽松、量化结果不会产生与定性分析相互矛盾结论，能有效处理离散数据。

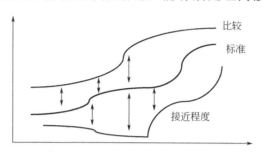

图 6.2　灰色关联分析几何图

本节拟对快递业消费者进行问卷调查，由于其中涉及专业性判断，因此无法成为有规律的数据分布而采用传统概率统计方法加以分析。而灰色系统理论主张充分利用灰色系统中的白色信息来解决问题，主要针对系统内部的系统模型不明确、信息不完整的情况下，进行系统的关联分析及模型构建，以了解系统特征及系统行为（邓聚龙，2000）。

近年来，学者们在此基础上也进行了大量的拓展研究，如 Kim, Gol（2014）[146]提出了一种包括相对接近度灰色 TOPSIS 法，灰关联相对接近度、灰关联相对隶属度、利用最大熵灰色关联相对接近度法的多属性混合决策模型；Xie, Naiming 等（2014）[147]研究系统的主要变量预测与灰数信息的问题，其中关于变量的真实值是不完全知道的，潜在价值集可以被定义为分析系统的主要变量的发展趋势的预测区间，建立了一个新的单变量离散灰色预测模型 IN-DGM 模型。Yuan, Chaoqing 等（2016）[148]分别利用 ARIMA 模型和 GM(1,1)模型对中国一次能源消耗进行预测，并进行了比较，指出中国一次能源消耗从 2014 到 2020 年比较大，但相对于新世纪头十年还是较少。Yuan, Chaoqing（2014）[149]针对时间序列分析法的弊端提出了一种接近和相似的基于灰色关联的模型，为解决小样本、非稳定关系，随机约束分布等问题提供了思路。虽然这些改进的方法在很大程度上拓宽了灰关联分析方法的应用范围，但与这些改进算法相比，邓提出的经典 GRA 算法具有较好的稳健性，适合本研究的职能特性分析。

目前灰关联分析运用相当广泛如工程、质量、计算机、与绩效评估等范围。Zeng，Fanhui 等（2015）[150]将模糊逻辑和灰关联分析方法结合应用于致密气地质层的质量评价，克服了以往信息不完全和不确定的缺点。因其能处理管理上不确定信息及其计算上的简单性，近十几年来逐渐广泛应用在管理决策领域（Wu，2002；　Chen&Ting，2002）。ZhangYi（2010）[151]利用灰色关联分析法对南京市货运量与各产业间的互动关系进行了定量分析。然回顾过去以 GRA 为研究方法的相关研究后发现在消费者研究领域中的运用仍相当少见；有鉴于此，本文即寻求以 GRA 研究，识别消费者满意度的影响因素，以给予业界重要的实践方面建议。

下将灰关联分析法模型与执行步骤说明如下：$R=Y\times W$

式中，R 为 M 个被评价对象的综合评价结果向量；W 为 N 个评价指标的权重向量；E 为各指标的评判矩阵。$\xi_i(k)$ 为第 i 个被评价对象的第 K 个指标与第 K 个最优指标的关联系数。根据 R 的数值，进行排序。

1）确定最优指标集

设 $F=[j_1^*,j_1^*,\cdots,j_n^*]$，式中 j_k^* 为第 k 个指标的最优值。此最优序列的每个指标值可以是诸评价对象的最优值，也可以是评估者公认的最优值。选定最优指标集后，可构造矩阵 D。式中 j_k^i 为第 i 个期货公司第 k 个指标的原始数值。

2）指标的规范化处理

由于评判指标间通常是有不同的量纲和数量级，故不能直接进行比较，为了保证结果的可靠性，因此需要对原始指标进行规范处理。设第 k 个指标的变化区间为 $[j_{k1},j_{k2}]$，j_{k1} 为第 k 个指标在所有被评价对象中的最小值，j_{k2} 为第 k 个指标在所有被评价对象中的最大值，则可以用下式将上式中的原始数值变成无量纲值 $C_k^i\in(0,1)$。

$$C_k^i=\frac{j_k^i-j_{k1}}{j_{k2}-j_k^i}\quad(i=1,2,\cdots,m,k=1,2,\cdots,n)\qquad（6.10）$$

（3）计算综合评判结果

根据灰色系统理论，将 $\{C^*\}=[C_1^*,C_2^*,\cdots,C_n^*]$ 作为参考数列，将 $\{C\}=[C_1^i,$

$C_2^i, \cdots, C_n^i$]作为被比较数列，则用关联分析法分别求得第 i 个被评价对象的第 k 个指标与第 k 个指标最优指标的关联系数，即

$$\xi_i(k) = \frac{\min_i \min_k \left| C_k^* - C_k^i \right| + \rho \max_i \max_k \left| C_k^* - C_k^i \right|}{\left| C_k^* - C_k^i \right| + \rho \max_i \max_k \left| C_k^* - C_k^i \right|}$$ （6.11）

式中，$\rho \in (0,1)$，一般取 $\rho = 0.5$。

这样综合评价结果为：$R = E \times W$。

若关联度 r_i 最大，说明 $\{C\}$ 与最优指标 $\{C^*\}$ 最接近，即第 i 个被评价对象优于其他被评价对象，据此可以排出各被评价对象的优劣次序。

6.4.4 研究设计

1. 变量操作型定义

本节所采用变量的定义采 PZB 所提五方面及专业调查及机构所根据据评比指标。变量操作定义如下。受访客户特征指标包括：婚否、性别、年龄、教育程度、职业。满意度指标包括前文所提到的九项指标，具体如下：

员工服务态度：包括员工服务态度亲切、友善、有礼貌，员工服装干净整洁，员工能周全回答有关业务咨询，员工具有专业知识及丰富的作业经验，员工与客户关系良好，对客户抱怨能圆满处理。快递为客户主动着想：包括营业时间能配合客户需要，对客户数据保密良好，重视客户人身与货物的安全，快递会主动将处理客户快递的结果和信息反馈给客户。

业务处理有弹性：快递作业手续相当简易，客户申请授信核准容易，快递员对客户服务程度好。服务速度：客户等候快递作业时间不会太长，快递作业本身时间不会太久，快递作业过程有效率，员工动作快速、反应敏捷，员工具有专业敬业精神。快递收取费用合理：快递省内外、国内外收费合理，快递各项手续费费率合理，称重准确。业务错误发生次数：快递事务数据正确性高，员工人为疏忽情形少，快递计算机作业错误率低，快递将对账单准时寄达客户。服务点便利性：快递地址交通便捷，快递停车方便，快递设有停车场，服务人员足够。周边服务便利性：快递各种业务种类齐全，电话语音服务功能佳，网络快递服务功能佳，能上门收取快

递，办理一般业务。营业点服务环境：营业点宽敞、整洁，业务种类标示清楚，设有引导员或服务人员。

2．问卷与对象

本节的问卷设计是根据据研究架构来设定变量的项目，而对问题的描述及语意，则是参考相关文献加以修订而成。定量性变数采李克（Likert）五点尺度法：1 代表"非常不满意"，2 代表"不满意"，3 代表"普通"，4 代表"满意"，5 代表"非常满意"。问卷主要以现场访问客户为主。本文问卷主要分两部分：第一部分为受访客户对于九项影响顾客整体满意度的因子表达看法，再对第十项（顾客整体满意度）表达看法；第二部分为受访客户个人基本资料。为了提高受访者填写意愿，采取匿名方式，希望能达到受访者独立判断，勿受干扰。顺丰速运是目前中国速递行业中投递速度最快，同时也是发展最快的快递公司一，本文以顺风速运为研究对象，从其太原地区营业点中，抽取十家营业点来进行调查，一方面方便抽样调查的进行，另一方面便于比较。

6.4.5 实证结果

本节分别对顺风速运，其在太原地区的十家营业点，当场在营业点或附近小区向客户发出问卷，每家营业点发出 100 份，共发出 1000 份问卷，总共收回 668 份有效问卷，有效问卷回收率 66.8%，其中丽华营业点是较大的营业点，居太原地区重要地位，柳巷营业点与亲贤营业点则位于市区繁华地带，坞城、坝陵、北营、义井、小店、松庄、晋源分散于市区。有效问卷回收率以北营业点最佳，达 90%，而小店营业点最差，仅达 43%，整体而言，达 66% 以上回收率。问卷收回情形见表 6.15。

表 6.15　问卷回收统计表

项目	丽华营业点	柳巷营业点	坞城营业点	坝陵营业点	北营营业点	亲贤营业点	义井营业点	小店营业点	松庄营业点	晋源营业点	合计
寄出份数	100	100	100	100	100	100	100	100	100	100	1,000
有效回收份数	57	68	72	58	90	82	54	43	61	83	668
有效回收率(%)	57%	68%	72%	58%	90%	82%	54%	43%	61%	83%	66.8%

受访者中，男性 43%，女性 57%，个别而言，男性以丽华营业点最高（56%），坝陵营业点最低（23%），女性以坝陵营业点最高（77%），丽华营业点最低（44%），见表 6.16。

表 6.16 受访者基本资料统计——根据性别

性别	单位	丽华营业点	柳巷营业点	坞城营业点	坝陵营业点	北营营业点	亲贤营业点	义井营业点	小店营业点	松庄营业点	晋源营业点	合计
男	个数	31	16	27	13	46	35	26	25	24	44	286
女	个数	25	51	46	44	44	44	29	26	35	39	382

整体而言，受访者年龄层以 31 岁至 40 岁最多，有 281 人，而 71 岁以上则有 3 人。个别而言，30 岁以下者，以北营营业点最多 28 人，31～40 岁者也是北营最多 39 人，41～50 岁者以亲贤营业点最多 21 人，51 岁以亲贤营业点最多 11 人，61～70 岁者以丽华营业点最多，5 人，见表 6.17。

表 6.17 受访者基本资料统计——根据年龄

年龄	丽华营业点	柳巷营业点	坞城营业点	坝陵营业点	北营营业点	亲贤营业点	义井营业点	小店营业点	松庄营业点	晋源营业点	合计
30 岁以下	9	18	19	11	28	25	17	11	14	22	175
31-40 岁	26	27	30	27	39	21	25	21	32	35	281
41-50 岁	11	15	18	10	13	21	11	9	4	20	133
51-60 岁	5	8	5	7	9	11	2	5	5	6	61
61-70 岁	5	0	1	2	1	1	0	3	3	0	15
71 岁以上	0	0	0	0	0	0	0	2	1	0	3
合计	56	67	73	57	90	79	55	50	59	82	668

整体而言，受访者受教育程度以专科毕业的最多达 312 人，而研究生以上仅 22 人。个别来看，高中职高以下者，以柳巷营业点、北营营业点、松庄营业点最较多，专科毕业者，以晋源最多，大学毕业者，以小店营业点最多，研究生以上者，以丽华营业点最多，见表 6.18。

表 6.18　受访者基本资料统计——根据受教育程度

受教育程度	丽华营业点	柳巷营业点	坞城营业点	坝陵营业点	北营营业点	亲贤营业点	义井营业点	小店营业点	松庄营业点	晋源营业点	合计
高中职高及以下	9	24	21	16	31	22	8	9	21	18	178
专科	28	30	27	31	34	40	34	15	24	47	312
本科	13	13	23	8	22	15	11	26	10	15	156
研究生	5	0	2	2	3	2	2	1	4	2	22

整体而言，以服务业者最多，达 228 人；退休人员最少，22 人。个别而言，军人等职业，以柳巷营业点最多，达 25 人。坝陵营业点最少 1 人；自由职业者，以亲贤营业点最多，19 人，柳巷营业点最少 4 人，服务业者以坞城营业点最多 28 人，而柳巷营业点最少 11 人，制造业者以坞城营业点最多 21 人，而松庄营业点最少 1 人；退休人员，以丽华和松庄营业点最多各 4 人，而坞城营业点最少（无），其他行业，以晋源营业点最多 26 人，而小店营业点最少 1 人，见表 6.19。

表 6.19　受访者基本资料统计——根据职业

职业	丽华营业点	柳巷营业点	坞城营业点	坝陵营业点	北营营业点	亲贤营业点	义井营业点	小店营业点	松庄营业点	晋源营业点	合计
军人、教师、医生、公务员	6	25	2	1	10	14	3	5	6	10	81
自由职业	7	4	6	8	15	19	8	5	9	10	90
服务业	24	11	28	27	23	23	21	26	25	22	228
制造业	9	20	21	7	16	9	8	11	1	11	112
退休人员	4	1	0	1	3	3	1	3	4	3	22
其他	8	7	16	14	23	11	15	1	14	26	135

1. 基本灰关联分析结果

本节的原始数据为问卷调查快递丽华地区十家营业点所得资料，共有十个问题，以 X1 至 X9 等九项为影响顾客整体满意度的因子，而 X0 为整体效率。受访者针对 X1 至 X9 等九项因子分别给分，再针对 X0 整体效率独立给分，营业点以所回收有效问卷算出营业点各项平均分数，即 X1 至 X9 各营业点的各项平均分数如表 6.20,员工服务态度等九项影响因子数值为满意指数。

表 6.20　快递效率调查表

项目	因子	丽华	柳巷	坞城	坝陵	北营	亲贤	义井	小店	松庄	晋源	平均
整体效率	X0	3.5153	3.5627	3.6385	3.7806	3.5248	3.5058	3.6100	3.1268	3.3353	3.5248	3.5124
员工服务态度	X1	3.6574	3.7616	3.9511	4.1880	3.5248	3.6385	3.6006	3.4300	3.5627	3.4869	3.6802
为客户主动着想	X2	3.6574	3.4774	3.6574	3.8374	3.2500	3.5153	3.6100	3.3542	3.4300	3.4869	3.5276
业务处理有弹性	X3	3.1647	3.3637	3.3921	3.4869	3.1931	3.1837	3.4016	3.0700	3.2689	3.3163	3.2841
服务速度快速	X4	3.3637	3.5153	3.6006	3.9132	3.2310	3.4300	3.4111	3.2405	3.2974	3.5342	3.4537
收取费用合理	X5	3.5153	3.1458	3.1552	3.0036	2.3688	3.1552	3.2879	2.6815	3.0321	3.2026	3.0548
业务错误发生次数	X6	3.5627	3.5248	3.4490	3.8564	3.3542	3.5153	3.5342	2.8805	3.4963	3.4584	3.4632
服务点便利	X7	3.0605	3.3447	3.4490	2.9468	3.1552	3.0321	3.4205	2.4541	3.1363	3.4679	3.1467
周边服务便利	X8	3.4963	3.6764	3.5248	3.7806	3.2974	3.6290	3.4679	3.2216	3.5153	3.5342	3.5143
营业点服务环境	X9	3.5721	3.6479	3.4490	3.9985	3.2216	3.4584	3.6479	3.0794	3.4016	3.3447	3.4821

　　根据前述灰色系统理论，将数据规范化，进行灰关联分析，计算Δ值。Δ值的计算是九项影响因子与整体满意度比例的差异，并取其中最大差异与最小差异数值，以计算灰关联系数，见表 6.21、表 6.22。

表 6.21　快递效率Δ值

项目	丽华	柳巷	坞城	坝陵	北营	亲贤	义井	小店	松庄	晋源	最大值	最小值
员工服务态度	0.0066	0.0074	0.0358	0.0585	0.0433	0.0089	0.0468	0.0396	0.0175	0.0531	0.0585	0.0066
为客户主动着想	0.0341	0.0270	0.0009	0.0109	0.0779	0.0015	0.0042	0.0574	0.0216	0.0143	0.0779	0.0009
业务处理有弹性	0.0352	0.0094	0.0028	0.0138	0.0296	0.0272	0.0076	0.0423	0.0434	0.0060	0.0434	0.0028
服务速度快速	0.0255	0.0033	0.0063	0.0537	0.0644	0.0047	0.0380	0.0456	0.0049	0.0188	0.0644	0.0033
收取费用合理	0.1420	0.0147	0.0028	0.0882	0.2161	0.0330	0.0460	0.0117	0.0407	0.0425	0.2161	0.0028

续表

项目	丽华	柳巷	坞城	坝陵	北营	亲贤	义井	小店	松庄	晋源	最大值	最小值
业务错误发生次数	0.0264	0.0033	0.0379	0.0352	0.0332	0.0160	0.0069	0.0554	0.0569	0.0046	0.0569	0.0033
服务点便利	0.0267	0.0460	0.0570	0.1326	0.0008	0.0327	0.0561	0.1045	0.0446	0.0934	0.1326	0.0008
周边服务便利	0.0056	0.0301	0.0312	0.0006	0.0618	0.0327	0.0388	0.0251	0.0480	0.0021	0.0618	0.0006
营业点服务环境	0.0291	0.0370	0.0379	0.0741	0.0695	0.0005	0.0277	0.0009	0.0310	0.0357	0.0741	0.0005
最大与最小值											0.2161	0.0005

表 6.22　快递效率灰关联系数及关联度，辨识系数 ζ =0.5

项目	丽华	柳巷	坞城	坝陵	北营	亲贤	义井	小店	松庄	晋源	关联度
员工服务态度	0.8928	0.8865	0.7119	0.6150	0.6763	0.8750	0.6611	0.6933	0.8151	0.6353	0.7586
为客户主动着想	0.7202	0.7579	0.9399	0.8608	0.5506	0.9343	0.9122	0.6185	0.7898	0.8370	0.7871
业务处理有弹性	0.7146	0.8715	0.9234	0.8400	0.7440	0.7571	0.8855	0.6812	0.6759	0.8979	0.7881
服务速度快速	0.7668	0.9190	0.8953	0.6328	0.5936	0.9079	0.7009	0.6666	0.9064	0.8073	0.7766
收取费用合理	0.4093	0.8343	0.9233	0.5217	0.3158	0.7262	0.6647	0.8545	0.6881	0.6799	0.6598
业务错误发生次数	0.7611	0.9194	0.7015	0.7144	0.7251	0.8250	0.8908	0.6264	0.6208	0.9087	0.7538
服务点便利	0.7596	0.6642	0.6202	0.4255	0.9410	0.7272	0.6236	0.4816	0.6705	0.5082	0.6570
周边服务便利	0.9007	0.7409	0.7353	0.9427	0.6027	0.7274	0.6970	0.7689	0.6559	0.9300	0.7523
营业点服务环境	0.7467	0.7058	0.7015	0.5620	0.5768	0.9433	0.7546	0.9392	0.7366	0.7121	0.7407

应用灰关联模式，可求得顺风快运效率灰关联序，见表 6.23。

表 6.23　快递效率灰关联序表

影响因子	Γ1	Γ2	Γ3	Γ4	Γ5	Γ6	Γ7	Γ8	Γ9
关联度	0.7586	0.7871	0.7881	0.7766	0.6598	0.7538	0.6570	0.7523	0.7407
排序	4	2	1	3	8	5	9	6	7

可知快递效率与影响因子关联程度大小：Γ3＞Γ2＞Γ4＞Γ1＞Γ6＞Γ8＞Γ9＞Γ5＞Γ7，即业务处理有弹性＞为客户主动着想＞服务速度快速＞员工

服务态度＞业务错误发生次数＞周边服务便利＞营业点服务环境＞收取费用合理＞服务点便利。即业务处理有弹性与快递效率的关联度最大，其次为客户主动着想与服务速度快速，再次为员工服务态度，业务错误发生次数，周边服务便利，营业点服务环境，收取费用合理等顺序排列，而服务点便利关联度最小。这一结果反映出当前太原地区消费者对快递业的最迫切要求是业务处理有弹性，能灵活应变满足消费者需求，既反映出我国物流快递业消费群体的不断成熟，也充分说明物流快递业的发展，已经从过去单纯追求速度和低价进入到提供多样化增值服务，满足日益增长需求的时代。

2．不同背景变量灰关联分析结果

根据上述十家营业点问卷调查所取得全部有效资料，再按性别、年龄、教育程度、职业进行个别应用灰色系统理论，将数据均值化，进行灰关联分析，所得各项灰关联序结果分别如下：

1）性别分析（见表6.24、6.25）

男性的灰关联度大小如下：Γ2＞Γ4＞Γ9＞Γ1＞Γ6＞Γ8＞Γ5＞Γ3＞Γ7，即为客户主动着想与快递效率的关联度最大，而服务点便利性关联度最小。这一结果不难理解，性别差异决定了男性在办理这一问题时不如女性考虑周到，如果快递企业能够针对男性顾客特点，多从其角度出发，会争取到更多市场份额。

表 6.24　快递效率灰关联序表——男性

影响因子	Γ1	Γ2	Γ3	Γ4	Γ5	Γ6	Γ7	Γ8	Γ9
关联度	0.6868	0.7588	0.6280	0.7266	0.6490	0.6857	0.5305	0.6583	0.7195
排序	4	1	8	2	7	5	9	6	3

女性的灰关联度大小如下：Γ3＞Γ4＞Γ2＞Γ8＞Γ6＞Γ1＞Γ9＞Γ7＞Γ5，即业务处理有弹性与快递效率的关联度最大，而收取费用合理的关联度最小。反映出女性日益增长的快递需求，是电商和快递业的消费主体，满足其需求是重中重，且费用已经不是重要问题了，笔者猜测电商的打折力度已经使得消费者对快递费用价格敏感性大大降低了。

表 6.25 快递效率灰关联序表——女性

影响因子	Γ1	Γ2	Γ3	Γ4	Γ5	Γ6	Γ7	Γ8	Γ9
关联度	0.7450	0.7700	0.8037	0.7799	0.6509	0.7500	0.7054	0.7632	0.7235
排序	6	3	1	2	9	5	8	4	7

2）年龄分析（见表 6.26、表 6.27、表 6.28、表 6.29）

根据年龄分析。30 岁以下的灰关联度大小如下：Γ3＞Γ1＞Γ6＞Γ4＞Γ9＞Γ8＞Γ2＞Γ7＞Γ5，即业务处理有弹性与快递效率的关联度最大，而收费是否合理关联度最小。年轻人是网销的积极主体，其消费理念超前新颖，所以对业务需求是层出不穷，不断出新的。

表 6.26 快递效率灰关联序表——30 岁以下

影响因子	Γ1	Γ2	Γ3	Γ4	Γ5	Γ6	Γ7	Γ8	Γ9
关联度	0.7814	0.7465	0.7842	0.7678	0.7008	0.7718	0.7302	0.7523	0.7563
排序	2	7	1	4	9	3	8	6	5

31～40 岁的灰关联度大小如下：Γ2＞Γ4＞Γ1＞Γ9＞Γ8＞Γ3＞Γ6＞Γ5＞Γ7。即为客户主动着想与快递效率的关联度最大，而服务点便利性关联度最小。这部分群体是快递业的主体，也是社会的骨干力量，工作和生活压力使得其没有太多精力顾及，所以为这部分群体主动着想是稳定和争取他们的首要因素。

表 6.27 快递效率灰关联序表——31 岁～40 岁

影响因子	Γ1	Γ2	Γ3	Γ4	Γ5	Γ6	Γ7	Γ8	Γ9
关联度	0.7479	0.8093	0.6866	0.7556	0.5994	0.6812	0.5448	0.7176	0.7191
排序	3	1	6	2	8	7	9	5	4

41～50 岁的灰关联度大小如下：Γ6＞Γ4＞Γ9＞Γ2＞Γ8＞Γ3＞Γ1＞Γ5＞Γ7，即业务错误发生次数与快递效率的关联度最大，而服务点便利性关联度最小。这部分群体事业家庭都比较稳定，但社会和家庭责任是最重的，对业务错误发生次数是无法容忍的，所以提高其订单准确率，建立良好口碑，不仅对于个人，对其家庭和人际交往圈都是至关重要，有深刻影响的。

表 6.28　快递效率灰关联序表——41 岁～50 岁

影响因子	Γ1	Γ2	Γ3	Γ4	Γ5	Γ6	Γ7	Γ8	Γ9
关联度	0.6236	0.6549	0.6251	0.6896	0.5684	0.7214	0.5476	0.6311	0.6748
排序	7	4	6	2	8	1	9	5	3

51～60 岁的灰关联度，灰关联度大小如下：Γ4＞Γ3＞Γ1＞Γ9＞Γ8＞Γ6＞Γ5＞Γ7＞Γ2，即服务速度与快递效率的关联度最大，而为顾客主动着想关联度最小。

表 6.29　快递效率灰关联序表——51 岁～60 岁

影响因子	Γ1	Γ2	Γ3	Γ4	Γ5	Γ6	Γ7	Γ8	Γ9
关联度	0.7148	0.6655	0.7540	0.7688	0.6969	0.7017	0.6754	0.7113	0.7141
排序	3	9	2	1	7	6	8	5	4

61～70 岁及 70 岁以上者，因所占比例其微，予以省略。

3）受教育程度分析（见表 6.30、表 6.31、表 6.32、表 6.33）

高中职高及以下的灰关联度，灰关联度大小如下：Γ4＞Γ9＞Γ8＞Γ2＞Γ1＞Γ6＞Γ3＞Γ5＞Γ7，即服务速度与快递效率的关联度最大，而服务点的便利性关联度最小。

表 6.30　快递效率灰关联序表——高中职高及以下

影响因子	Γ1	Γ2	Γ3	Γ4	Γ5	Γ6	Γ7	Γ8	Γ9
关联度	0.6706	0.6781	0.6613	0.6944	0.6220	0.6668	0.5893	0.6844	0.6936
排序	5	4	7	1	8	6	9	3	2

专科毕业的灰关联度，灰关联度大小如下：Γ4＞Γ2＞Γ3＞Γ1＞Γ8＞Γ6＞Γ9＞Γ5＞Γ7，即服务速度与快递效率的关联度最大，而服务点便利性关联度最小。

表 6.31　快递效率灰关联序表——专科毕业

影响因子	Γ1	Γ2	Γ3	Γ4	Γ5	Γ6	Γ7	Γ8	Γ9
关联度	0.7540	0.7810	0.7807	0.7997	0.7100	0.7374	0.6614	0.7387	0.7353
排序	4	2	3	1	8	6	9	5	7

上述结果说明，年轻人生活节奏快，对速度要求是第一位的。

大学毕业的灰关联度，灰关联度大小如下：Γ9>Γ1>Γ8>Γ3>Γ4>Γ6>Γ2>Γ5>Γ7，即营业点服务环境与快递效率的关联度最大，而服务点的便利性最小。

表 6.32　快递效率灰关联序表——大学毕业

影响因子	Γ1	Γ2	Γ3	Γ4	Γ5	Γ6	Γ7	Γ8	Γ9
关联度	0.7220	0.6053	0.6915	0.6825	0.5668	0.6488	0.5136	0.7157	0.7655
排序	2	7	4	5	8	6	9	3	1

研究生以上的灰关联度，灰关联度大小如下：Γ2>Γ9>Γ3>Γ8>Γ6>Γ1>Γ7>Γ4>Γ5，即为客户主动着想与快递效率的关联度最大，而收费合理性关联度最小。这和生活工作状态有关，高学历的人，无暇顾及更多，需要贴心服务。

表 6.33　快递效率灰关联序表——研究生以上

影响因子	Γ1	Γ2	Γ3	Γ4	Γ5	Γ6	Γ7	Γ8	Γ9
关联度	0.6641	0.7633	0.7583	0.6365	0.6175	0.6979	0.6594	0.7509	0.7632
排序	6	1	3	8	9	5	7	4	2

4）职业分析（见表 6.34、6.35、6.36、6.37、6.38、6.39）

军人、公务员、教师和医生的灰关联度，灰关联度大小如下。Γ2>Γ9>Γ4>Γ6>Γ8>Γ1>Γ5>Γ3>Γ7，即为客户主动着想与快递效率的关联度最大，而服务点便利性关联度最小。

表 6.34　快递效率灰关联序表——军人、教师、医生、公务员

影响因子	Γ1	Γ2	Γ3	Γ4	Γ5	Γ6	Γ7	Γ8	Γ9
关联度	0.6599	0.7119	0.5919	0.7022	0.6102	0.6858	0.5803	0.6750	0.7023
排序	6	1	8	3	7	4	9	5	2

自由职业者的灰关联度，灰关联度大小如下。Γ6>Γ4>Γ3>Γ8>Γ5>Γ7>Γ2>Γ9>Γ1，即业务错误发生次数与快递效率的关联度最大，而员工服务态度关联度最小。

表 6.35　快递效率灰关联序表——自由职业者

影响因子	Γ1	Γ2	Γ3	Γ4	Γ5	Γ6	Γ7	Γ8	Γ9
关联度	0.5805	0.6101	0.6256	0.6301	0.6178	0.6431	0.6102	0.6188	0.5949
排序	9	7	3	2	5	1	6	4	8

就职服务业人员的灰关联度，灰关联度大小如下。Γ1>Γ4>Γ2>Γ8>Γ3>Γ9>Γ6>Γ5>Γ7，即员工服务态度与快递效率的关联度最大，而服务点便利性关联度最小。同行对这一问题最敏感，也最为了解。

表 6.36　快递效率灰关联序表——服务业

影响因子	Γ1	Γ2	Γ3	Γ4	Γ5	Γ6	Γ7	Γ8	Γ9
关联度	0.8397	0.8090	0.7450	0.8118	0.6546	0.7313	0.5278	0.7464	0.7396
排序	1	3	5	2	8	7	9	4	6

就职制造业的灰关联度，灰关联度大小如下 Γ9>Γ4>Γ2>Γ8>Γ3>Γ1>Γ6>Γ5>Γ7，即营业点服务环境与快递效率的关联度最大，而服务点便利性关联度最小。

表 6.37　快递效率灰关联序表——制造业

影响因子	Γ1	Γ2	Γ3	Γ4	Γ5	Γ6	Γ7	Γ8	Γ9
关联度	0.7625	0.7938	0.7678	0.8183	0.6511	0.7312	0.6129	0.7916	0.8187
排序	6	3	5	2	8	7	9	4	1

退休人员的灰关联度，灰关联度大小如下。Γ9>Γ3>Γ8>Γ4>Γ7>Γ1>Γ2>Γ5>Γ6，即营业点服务环境与快递效率的关联度最大，而业务错误发生次数关联度最小。年龄大的人对事务有一定包容和涵养。

表 6.38　快递效率灰关联序表——退休人员

影响因子	Γ1	Γ2	Γ3	Γ4	Γ5	Γ6	Γ7	Γ8	Γ9
关联度	0.6893	0.6770	0.7288	0.7105	0.6470	0.6184	0.6928	0.7195	0.7339
排序	6	7	2	4	8	9	5	3	1

其他行业从业人员的灰关联度，灰关联度大小如下。Γ6>Γ8>Γ9>Γ2>Γ4>Γ3>Γ1>Γ7>Γ5，即业务错误发生次数与快递效率的关联度最大，而收取费用合理关联度最小。

表 6.39　快递效率灰关联序表——其他行业人员

影响因子	Γ1	Γ2	Γ3	Γ4	Γ5	Γ6	Γ7	Γ8	Γ9
关联度	0.7313	0.7754	0.7517	0.7739	0.6731	0.8065	0.7238	0.7886	0.7787
排序	7	4	6	5	9	1	8	2	3

6.4.6　小结

1．综合分析

各项影响因子与效率关联度，根据性别、职业等项目，关联度各有不同，以下列出关联度最大与关联度最小项目（见表 6.40）。

第一，与员工服务态度关联度最大的项目为从事服务业的客户，服务业讲求服务态度，得到印证。而自由职业者的客户，则最不在乎员工的服务态度。

第二，与为客户主动着想关联度最大的项目是男性、31 岁到 40 岁、研究生以上、军人、教师、医生、公务员人员等五项，而关联度最小的项目有 51 岁至 60 岁一项。

第三，与业务处理有弹性关联度最大的项目是女性、30 岁以下等二项。关联度最小的项目则无。

第四，与服务速度关联度最大的项目是 51 岁至 60 岁、高中职高及以下、专科毕业。关联度最小的项目则无。

第五，与收取费用合理关联度最大的项目无，关联度最小的项目有：女性、30 岁以下、研究生以上、其他行业。

第六，与业务错误发生次数关联度最大的项目是 41 岁至 50 岁、自由职业者其他行业、关联度最小的项目有退休人员。

第七，与服务点便利性关联度最大的项目无，而关联度最小的项目是男性、已婚、31 岁至 40 岁、高中职高及以下、专科以下、大学毕业、军人、教师、医生、公务员、服务业、制造业等九项。

第八，与周边服务便利性关联度最大的项目无，关联度最小者亦无。

第九，与营业点服务环境关联度最大的项目是大学毕业、制造业、退休人员等三项，而关联度最小者无。

表 6.40　关联度最大与最小的项目表

影响因子	关联度最大项目	关联度最小项目
员工服务态度	服务业	自由职业者
为客户主动着想	男性；31 岁至 40 岁；研究生以上；军人、教师、医生、公务员	51 岁至 60 岁
业务处理有弹性	女性；30 岁以下	
服务速度	51 岁至 60 岁；高中职高以下、专科毕业	
收取费用合理		女性；30 岁以下；研究生以上；其他行业
业务错误发生次数	41 岁至 50 岁；自由职业者、其他行业	退休人员
服务点便利性		男性，31 岁至 40 岁；高中职高及以下、专科以下、大学毕业；军人、教师、医生、公务员；服务业、制造业
周边服务便利性		
营业点服务环境	大学毕业；制造业；退休人员	

2．对策与建议

效率就是服务质量和顾客满意，因此要提升质量必须从提高效率着手。顾客满意与否并非凭空想象或随意揣测，必须要真正由顾客来评估，因此效率调查成为了解顾客需求的最佳工具。本书通过效率调查，让顾客实际评估快递的服务质量。结果发现顾客对服务质量有认知差异，因此快递应该做好沟通协调工作，并针对效率较低的项目反思和改进改善。由本书调查结果发现对效率影响程度最大的因子是业务处理有弹性，快递应努力于简化作业手续、简化授信快件的手续、方便客户沟通，才能快速有效提高效率，亦才能提升快递的竞争力。

要落实顾客满意经营除了要针对效率低的部分进行反思和改进外，本文对物流快递业者提出下列建议：

第一，持续实施效率调查：效率调查必须是持续不断进行的，才能随时掌握顾客需求的变化，发现顾客不满的原因，实时找出改善对策。

第二，由经营者和管理者主导：为了避免"顾客满意"落为口号，卓越的领导者必先要有以顾客为主的信念和价值观，才能带领组织实现顾客满意的经营理念。员工对顾客满意的重视程度往往会受经营者和管理者的影响，员工才会关心注意。

第三，全员参与：快递是"人"的组织，快递服务的提供都是快递员人员表现的结果，因此任何一项服务的推展，都必须要全体员工共同参与才能达成整体绩效。员工参与程度高，更容易建立工作的满足感与成就感，离职率与缺席率将因此降低。

第四，建立顾客满意的企业文化：要落实顾客满意，必须塑造使顾客满意的环境，亦即建立顾客满意的企业文化，除了经营者与管理阶层要以身作则，不断强调顾客满意的重要性外，更应通过教育训练的方式建立全体员工，培养员工主动追求顾客满意的工作态度。

第五，不同的客户群，其影响顾客满意因子优先级有所不同：各快递营业点应掌握客户群的影响因子，例如客户群是男性、军人、教师、医生、公务员，则最优先影响因子是"为客户主动着想"。

6.5　本章小结

针对本章，笔者一方面从影响物流行业获利能力的两因素运营效率结构与市场力量来探讨物流效率，指出我国物流产业主要生产专利过期产品并以内需市场为据点，存在相当程度的改善空间；在提升竞争力方面，可通过内部有效配置资源与提高外在市场力量的互补战略，据此来发展潜能。

第7章 中国物流产业政策研究

7.1 引言

前面几章分别从宏观城市物流、微观企业物流、上市物流公司的效率、成长及获利能力方面展开了一系列密切相关的研究。但无论是改进方法、完善数据，还是精准指标内涵，其根本目的都是为了准确刻画当前物流业效率的实际，为政府、企业提供更科学、可操作的对策建议。所以，本章将基于上述实证研究，开展政策比较和分析。

作为国民经济的命脉，物流业的发展关系到社会生产与生活的方方面面。它创造了大量就业岗位，奠定了整个经济与社会发展的基础，并在促进宏观经济增长、优化产业结构、提升我国经济地位等方面起着决定性作用。物流业虽然是一个新兴行业，但由于其对经济和社会的重要影响已经受到世界各国的广泛重视，美日欧等发达国家和地区已把物流定位为其经济发展的支柱产业之一，并通过法律、法规、大纲、规划等形式积极地引导和扶持物流产业的发展。然而在我国，物流业兴起较晚，学术界从产业的视角系统研究物流管理政策及体制的文献较少。

本章试图精确梳理日本、美国、欧洲等发达地区与国家的物流产业政策，同时理清中国物流产业政策的发展脉络和发展现状，并根据实证结果，借鉴国外成熟的物流产业政策的发展经验，提出对中国物流产业政策发展的建议。

7.2　相关概念的界定

7.2.1　物流业是复合型产业

　　物流有七大功能，分别为包装、运输、仓储、装卸搬运、流通加工、配送、信息处理。每一项功能在生产和生活中都会形成相应的行业，如仓储业、运输业、快递业等，且每个行业又根据侧重不同细分为具体的子行业，如运输业可分为公路、铁路、水路、航空等运输方式，也可分为客运业和货运业等。这些行业在制造业、农业、流通业等领域中交叉整合，就形成了物流产业这样一种新兴的服务性产业。在物流产业中，每一种物流资源都不是单独运作的，且物流产业是对所有物流资源的优化整合而非简单叠加，所以说物流业是复合型产业[152]。

7.2.2　物流业是生产性服务业

　　人类在参与生产和再生产的过程中，所扮演角色可以归纳为两类：一类为"生产者"，另一类为"消费者"，二者是相互依存并可相互转化的。但不论生产还是消费，都必须要有与之相对应的服务，满足生产者的服务业叫生产性服务业，而满足消费者的服务业叫消费性服务业。20世纪六七十年代以来，全球经济格局逐步发生转变，发达国家的跨国企业逐渐将制造业等劳动密集型产业通过外包的方式转移到发展中国家，自己则集中资源发展生产性服务业，把握经济发展的前沿。世界上主要的国际化大都市，引领经济全球化与区域经济一体化的潮流，从过去以制造业为支柱的劳动密集型发展模式逐步转型为以服务业为主导的发展模式。当今世界，生产性服务业发达与否已经成为判别一个城市发展力与竞争力的标准之一。现代物流业作为复合性产业，一方面因为是一个主要为生产者服务的产业，故属于生产性服务业，另一方面也为消费者服务，如为消费者配送商品的快递服务，所以也带有消费性服务业的某些特性。

7.2.3　现代物流业不同于传统物流业

物流作为一种传统的经济活动，在人类文明史上有着悠久的历史。早在人类商品生产出现的时候，物流活动就应运而生了。传统物流的主要功能是为了改变商品的空间位置和延长商品的储存时间，这两个功能需要通过运输和仓储来实现，所以传统物流业主要以交通运输和仓储业的形式存在。而现代物流业则起源于19世纪末的美国，由军事中的后勤保障扩展到经济领域，历经100多年的发展，已进入供应链管理的新时代。现代物流业区别于传统物流业主要在于以下几个特征。

（1）物流业是适应经济的全球化，全球采购、全球生产、全球流通、全球消费而出现的一种新的产业分工。

（2）物流业重视供应链集成的运作模式，它将原材料供应方、生产方、分销方甚至最终客户有机地连接在一起，优化管理，以取得共赢。

（3）物流业通过整合各项物流资源，优化配置，达到各部门协同、多功能一体化运作。

（4）物流业重视计算机网络技术在整个产业运行中的支撑作用，追求物流运作全程信息化。

（5）物流业第三方物流公司的出现，成为专业物流服务提供商。

（6）物流业在世界各国大力发展的基础上已形成连通全球的国际物流市场，并已成为全球经济稳健发展的重要保障。

需要注意的是，现代物流业并不否定"传统"，与传统物流业一样，物流运作的核心功能仍是仓储和运输[153]。

7.2.4　产业政策的内涵

政策是政府为了实现目标而制订的一系列手段、活动，目标则多为提升国家经济、辅助产业、增加社会福利等，且为了要达成政策目标，通常不会只从某一部分施行，而是会从经济、社会、企业、学校等各个方面着手。产业政策是由政府考虑国内外的总体环境、产业本身条件和国家总体目标而制订的一系列政策的总和，因此，产业政策具有特定的目的，如改善经济、提升国家经济与发展、鼓励产业升级等。而在产业政策的执行过程中，除了政府是最重要的因素之外，组织与制度的结构程度也会影响产业政策的执行结果。一个完整的产业政策，必须包含政府、总体环境、法律、产业之间等几项因素。

现代物流在我国起步较晚，但在日本、美国、欧洲等发达国家和地区，现代物流产业早已形成先进的发展理念。研究发达国家物流产业政策发展状况，对发展我国物流产业政策体系具有指导意义。

7.3　日本物流产业政策综述

日本物流业之所以基础好、发展快、质量高，得益于政府积极发展行业管理政策，大力对物流业采取宏观政策引导。日本政府设有专门的物流管理部门——通产省和运输省，行使物流行政管理职能，制定物流政策与法规。纵观日本物流产业政策，可以归纳为三个方面。

7.3.1　放松管制，促进发展

在制定物流业政策与法规上，日本政府并没有在财税方面采取更多优惠政策，而是逐渐放松政府的行政管制，从而激活市场，形成积极运作、良好竞争的市场环境。

其中，1989 年制定、1990 年 12 月开始实施的《货物自动车运送事业法》和《货物运输经营事业法》就是政府在交通运输业立法放松管制的典型代表，被称为"物流二法"。《货物汽车运输事业法》规定只要具备必要的设备条件即可获得汽车运营许可，取消了过去烦琐的政府审批程序，放开了汽车运输的市场准入。另外，该法规定实行运费申报制，运输定价方式由过去的统一定价变为弹性运价（周建敏，2011）[154]。而《货物运输经营事业法》则对运输代理企业的业务进行了调整，取消了政府对联运业务的行政限制（刘斌，2002）[155]。再如，日本政府 1998 年出台了新的《港口运输事业法》，放松了政府对港口运输业的行政管理；1998 年颁布了新的放松管制三年计划，并于 1999 年向下届国会提交了引导自由竞争的立法提案。

这些政策法令的出台，放宽了政府对物流业的控制，使更多的企业参与到运输业中，从而促进了物流业的自由发展，同时使第三方、第四方物流企业迅速兴起。例如，在"物流二法"实施的十年间，有一万多家新公司（包括物流子公司）进入了物流行业[156]，为物流市场增添了活力，带来了竞争。

7.3.2　绿色高效，可持续发展

20 世纪中叶，日本许多新兴零售业进入到市中心和交通枢纽地区，从而导致道路通行拥堵。为了规范市场，促进物流业可持续发展，日本政府于 1966 年和 1974 年分别出台了《流通业务城市街道整备法》和《大规模零售店铺布局法》。《流通业务城市街道整备法》统筹了大城市中心地带的流通，此外还规划了商业设施的布局，将市内物流设施搬至郊区，改善了越来越严重的市内交通拥堵的状况。《大规模零售店铺布局法》的调整对象为大型零售企业，为了保护消费者权益，并促进企业供应链管理的优化及绿色、环保发展，减少环境污染，该法案明确规定了企业设立店铺时必须遵守的地理位置、营业时间、对周围环境影响等，甚至对进出车辆的噪声、等候场所设置了严格的标准。

20 世纪 90 年代，随着生产及销售活动的多样化，日本物流在质量上也发生了巨大的变化。这种变化带来了物流需求的不均衡、物流成本上升、物流整体效率下降、外部不经济等一系列问题。另外，物流业快速发展带来的环境问题也越来越严峻。为了在提高物流活动效率的同时确保物流业绿色发展、可持续发展，日本政府于 1992 年 10 月颁布了《中小企业流通业务效率化促进法》，通过补贴积极加入共同配送模式中的中小企业，得以间接规范物流行为，这样不但降低了企业物流成本，同时也有效减轻了物流行为对环境的污染。直接采取的针对环境保护的措施还包括：研发并推广小排量环保型汽车；铺装降噪路面、设置消音板和环保隔离带，以减少大型车辆带来的噪声污染；根据《干线公路沿线整备法》要求，对路边住宅实施隔音化处理；港口设施在建设规划时要考虑到周围可再生资源的回收利用问题等。此外，在"绿色物流"方面的立法还有《地球温室效益措施推进大纲》《资源有效利用促进法》《废物回收促进法》《环境污染控制基本法》等（周建敏，2011）[125]。

7.3.3 综合施策，一体化发展[157~159]

1996 年 12 月，日本政府在《经济结构的变革和创造规划》中明确了物流改革在调整经济结构中的重要地位，提出到 2001 年要同时完成物流成本效率化和物流服务水平国际化的双重目标，并要求各相关部门联合推进物流政策和措施的制定。于是，日本物流产业政策开始了由内阁议会四年一制定的综合施策阶段。

1997 年 4 月 4 日，日本政府颁布了第一部《综合物流施策大纲》（下称"97 年《大纲》"），"97 年《大纲》"以"提高物流服务质量与水平的同时限制物流成本上升"为宗旨，规划期为四年，以 2001 年为期，落地实施全部规划目标。明确了在 2001 年前必须达到的 3 项基本目标：①在亚洲太平洋地区建起一个最为方便、最具魅力的物流服务体系；②在达成以上服务标准的基础上，保持企业物流成本水平在业内具有竞争力；③在发展物流业的同时要妥善处理与之相关的环保、安全、节能等问题❶。

"1997 年《大纲》"制定实施后，日本逐步落实了各项政策和措施，然而随着世界经济全球化与信息化的逐步发展，日本要想提高本国物流产业的国际竞争力，打造更具吸引力的生产经营和生活空间，一方面必须推动物流基础设施的高效化建设，另一方面必须解决日益严峻的环保问题并建立可持续发展社会。为了应对这种环境变化，2001 年 7 月 6 日，日本内阁会议颁布了第二部《综合物流施策大纲》（下称"01 年《大纲》"）。"01 年《大纲》"在总结评价"97 年《大纲》"的基础上，以 2005 年为实现目标的时间节点，重新提出了三大新目标：①构建一个面向 21 世纪的、与日本经济社会相适应的有效率的新型物流系统；②整体提升日本物流市场的国际竞争力水平；③创建一个能减少环境污染的可持续的物流体系，并对构建可持续性社会具有积极作用❷。

2005 年 11 月 15 日，"01 年《大纲》"在日本已实施四年，各项工作有条不紊地进行，此时日本内阁议会颁布了第三部《综合物流施策大纲》（下称"05 年《大纲》"）。"05 年《大纲》"以 2009 年为节点，提出了四项目标，

---

❶ 日本国土交通省. 综合物流施策大纲（1997—2001）[Z]. 东京：日本国土交通省，1997：1-13.
❷ 日本国土交通省. 综合物流施策大纲（2001—2005）[Z]. 东京：日本国土交通省，2001：1-22.

分别为：①建立成本低、服务好、协同性高的一体化的物流系统；②建立绿色的环境友好型物流系统；③建设需求拉动的高效物流系统；④建设保障国民生产生活安全的安全型物流系统❶。"05 年《大纲》"不仅明确了日本物流业 2006—2009 年的发展规划，而且特别为加快绿色物流发展，针对日益严峻的环保问题，从两个方面引导了物流业发展的环境政策制定：一是提出要解决温室效应及大气污染问题，二是提出要构建可持续社会的静脉物流系统。

随着世界经济全球化与信息化趋势的迅猛推进，为进一步实现日本物流的高效化，2009 年 7 月 14 日，日本政府再次颁布新的《综合物流施策大纲》（下称"09 年《大纲》"）。"09 年《大纲》"以 2013 年为时间节点，提出三大目标：①进一步提高物流系统效能使其支持全球化供应链；②全面建成环境友好型的绿色物流系统；③实现安全可靠的物流系统❷。"09 年《大纲》"从全局的角度提出了加强日本与国外的物流项目合作，以及持续评价日本报关制度的措施。同时，"09 年《大纲》"还将过去由上而下的跟踪追溯体制变成自下而上的由企业积极参与的新形式。另外，还决定根据实际情况每年修订综合物流措施推进计划，从而有效加强了政策的推进与实施。

2013 年 6 月，日本政府对前四部《综合物流施策大纲》（下称"13 年《大纲》"）进行了总结，指出前几次综合物流施策大纲在整体内容上仅仅是政策的罗列，政策实施时的优先顺序也不明确，而且一些政策未能在计划期间达到预期效果。鉴于此，日本政府出台了第五部《综合物流施策大纲》，新的大纲提出了"作为经济重建与成长的支撑，构建完善的物流体系"等内容，提出了在日本国内外物流上实现消除"浪费严重、效率低、不平等"等现象，提出要通过提高政策的综合性、一体化程度来提高物流效率，从而在整体上完成建立最优化的物流体系的目标，同时还提出要强化货主与物流业界以及相关者之间的相互合作关系。"13 年《大纲》"主要提出了以下目标。①要致力于构建支撑产业活动与国民生活的高效物流体系：第一，要促进日本物流体系向国际化方向发展；第二，完善并有效利用物流

❶ 日本国土交通省.综合物流施策大纲（2001—2005）[Z].东京：日本国土交通省，2005：1-10.
❷ 日本国土交通省.综合物流施策大纲（2009—2013）[Z].东京：日本国土交通省，2009：1-15.

基础设施，提升日本区域竞争力；第三，加强货主与物流企业之间的相互配合，调整日本物流产业结构，实现物流的效率化；第四，通过物流业的发展，提高日本国民的生活质量；第五，培养并确保各类物流人才。②要致力于进一步降低环境压力。③要致力于建立安全、安心的物流体系：第一，进一步推进物流领域的灾害防治措施；第二，建立合理的物流管理体系，有效利用社会资本；第三，兼顾安全保障与物流的效率化；第四，保障运输安全❶。

7.4　美国物流产业政策综述

众所周知，美国崇尚自由主义市场经济，强调经济发展要充分发挥"看不见的手"的调控作用。因此，与日本物流产业政策发展截然不同，美国物流业发展的主要动力来自企业在市场中利益分配的内在需要。但是，政府在物流发展中依然发挥着无可替代的作用。在美国物流业发展的每个历史阶段，联邦政府和州政府都扮演了重要角色。美国政府主要通过管理和支持两方面的手段对物流发展发挥积极的引导作用：一方面，美国政府建立了比较完整的物流法律体系和高效的物流管理体制，推动物流业健康发展；另一方面，美国政府建设了完善的物流基础设施和发达的交通运输体系，州政府还会在财政政策方面给予物流企业优惠[160]。

与日本不同，美国政府主要通过制定完善的市场法律法规体系对物流业进行宏观管控，而行政政策、措施及规划只是作为辅助手段。根据政府对物流市场的管制情况可将美国物流立法分为以下 4 个阶段。

7.4.1　开放准入，自由发展阶段

美国自建国以来便走上了工业化和现代化的强国之路，为物流业的逐步发展奠定了基础。1815 年第二次独立战争结束后，美国制造业快速发展，迫切需要物流业紧跟其发展的脚步。但这一阶段，统一的市场经济还没有

---

❶ 日本国土交通省. 综合物流施策大纲（2013～2017）[Z]. 东京：日本国土交通省，2013：1-16.

形成，物流立法并不完善，只有部分涉及运输管理的相关法律法规，如《美国关于开放港口的法令》（1776）、《美国收费公路法》（1806）、《美国蒸汽船舶监察法》（1836）和《太平洋铁路法》（1862）。这些法律条令主要以开放准入、鼓励发展为目的，使美国物流业在这一阶段的法律导向下自由而迅速地发展起来。

7.4.2 建立管制，反垄断阶段

美国政府对物流业的管制起源于对铁路运输业的管制。一方面，由于在铁路发展初期，美国交通运输经济法规系统未建立，运输市场的发展缺少监管，恶性竞争，混乱无序，而政府采取的是放任其自由发展的政策，使得 19 世纪中后期美国铁路运输业寡头垄断现象极其严重，堪称典型，铁路公司动辄向托运人索要过高的运价，并经常对某些地区或某些人实施不公平的差别服务；另一方面，美国作为联邦制国家，各州拥有独立的立法权，普遍存在基于保护本州商业利益的歧视性规定，这些规定对州际商务包括物流业的发展产生了严重阻碍。为了消除物流业的自然垄断和地方保护主义的阻碍，美国联邦政府开始了一系列的立法活动，开始建立对铁路运输业的管制，如国会在 1887 年 2 月 4 日通过的《州际商务调整法案》便是最具代表性的法案之一。该法案旨在反垄断和反渎职，规定铁路公司的运价必须"公平合理"，禁止价格歧视和长短途运输歧视，禁止不正当竞争等。同时，国会还专门设立了五人州际商务委员会（Interstate Commerce Commission，ICC），负责管制法案的实施。这是美国第一个在联邦政府的层面上设立的独立经济管制委员会。法案要求铁路公司公布运价费率表并在 ICC 备案，且必须按照公布的价目表提供服务。法案规定 ICC 有权调查铁路公司管理状况，要求铁路公司提供年度报告和统一会计报表格式。法案还规定了货主和承运人的投诉程序，并明确了授权 ICC 决定执行管制的范围和制定具体的程序规则[161]。

7.4.3 全面管制，规范市场阶段

联邦政府管制铁路运输旨在保护公众利益。在颁布《州际商务调整法

案》和设立 ICC 后，联邦政府于 1903 年通过了《埃尔金斯法》，要求铁路
运价公开，减少私下回扣和贴别减让现象的发生；1906 年颁布了《海伯恩
法》，明确了联邦政府对运输费率的管制权，并限制了最高运价；1910 年
通过了《曼尼—埃尔金斯法》，规定当费率出现不公平现象时可强制废止，
从而进一步加强对铁路运输的管控； 1920 年通过了《埃斯克-卡明斯运输
法》，从而完成了对铁路运输业的全面加强管制，并将 1887 年的《州际商
务调整法案》更名为《州际商务法》。

在完成对铁路运输业的全面管制之后，联邦政府将铁路运输管制的基
本模式扩展到其他运输方式：1935 通过的《汽车承运人法案》将汽车承运
人置于 ICC 的管辖之下，希望开办汽车运输服务的人，须到 ICC 申请批准
并领取执照；1938 年通过的《民用航空法》确立了民用航空局（CAA）对
航空运输的管制权；1940 年通过的《运输法案》使得 ICC 有权管制除了豁
免以外的水路运输公司，同时首次公布国家运输政策说明；1942 年通过的
《货运代理法案》规定了 ICC 对水陆货运代理服务的管辖权，并将其纳入
《州际商务法》的调整范畴。至此，美国政府对各类运输服务都建立了完善
的法律管制体系。除了空运仍由民用航空委员会（CAB）管制以外，所有
的运输管制法规都由 ICC 负责执行。

7.4.4 放松管制，灵活发展阶段

20 世纪 70 年代，联邦政府认识到，虽然严格管控运输业对保障公民
的合法权益方面具有积极作用，然而另一方面，全面管控有效抑制了运
输业的垄断现象，但也抑制了物流业的发展，出现了体制僵化、效率低
下等各种问题[162]。为适应社会发展的需求，营造良好的行业发展环境，
1976 年，美国国会成立国家运输政策研究委员会，加强对物流法律法规
的研究。同年通过了《铁路复兴和管制改革法案》，决定为铁路公司提供
财政资助，为 ICC 提供有关"公正和合理"费率的指导原则，并定义了
"市场操控"的解释。由此拉开了放松运输管制的序幕。

1. 航空运输

对航空运输管制的解除始于 1977 年对《联邦航空法》的修订。该修订

案解除了对国内航空货运承运人、货运代理人及托运人协会等在有关定价和市场准入方面的管制；随后于 1978 年通过了《航线管制解除法》，责令行政部门在 1985 年 1 月 1 日之前解散民用航空委员会（CAB），对各种形式的航空客运业务开放美国的天空。

2. 汽车运输

1980 年通过的《汽车承运人法》要求开放市场准入条件，具体包括：只要申请者有从业能力并适合汽车运输行业，ICC 就应当发放运营许可证；放开对运输线路的管制，承运人可以运营循环路线；私营承运人可以回程带货；合同运输市场放开；运输费率可以在一定的范围内浮动；运输经纪人市场放开；限制运费管理局的权力；允许管制的和豁免的货物混装；公共承运人也可以做合同承运人等。该法案大大促进了汽车运输业的竞争和提高效率。

1994 年通过的《卡车运输行业规章制度改革法案》进一步放松了汽车承运人的入市条件，主要考察安全和保险方面的标准；取消各种运输报备的要求，承运人无须再向 ICC 报备运输费率；以及扩大汽车承运人运输豁免权的适用范围。至此，ICC 的作用被大大削弱，实际上变成了运输纠纷的调停人。

3. 铁路运输

自 1976 年通过《铁路复兴和管制改革法案》后，1980 年通过的《斯泰格斯铁路法》解除了政府对铁路运输行业的管制，旨在为铁路运输行业恢复活力提供必要的自由空间，并通过费率改革的方法来改善铁路公司的财务状况。该法案在很大程度上限制了 ICC 管制铁路运输费率的权力，消减了费率制定办公室的权限，准许铁路承运人与发货人签订长期合同和协议费率。铁路承运人为了应对竞争，拥有了降低费率的权利，此外还有权提高费率以弥补经营成本的上升，因此可以针对特定的市场快速调整价格和设备配置、开发新的服务品种、设计合同费率和客户激励办法、淘汰无利可图的线路，以及按照服务创新的要求来管理铁路运输。

4．水路运输

1984 年通过的《航运法》部分解除了远洋航运业的管制，使承运人在制定船期表、定价及签合同方面具有更大的灵活性。允许航运公司采用联营和配载的方式，可以指定港口、控制船期、公开港口到港口或者点到点的运价费率，可以与托运人签署私下协议，允许托运人成立非营利性的机构获得大批量货物运输的较低费率等。由此促进了合同运输和多式联运的发展，这必然给客户提供更多可选择的物流解决方案。同年通过的《水陆货运代理人解除管制法》和《报关行法》则标志着对各种运输服务方式的解除管制基本完成。

1995 年 12 月 31 日，美国通过《ICC 终结法案》，废除了曾在美国运输业管制发挥重要作用的 ICC，结束了美国政府部门对物流运输业的严格管控。放松管制的立法为美国物流业的发展奠定了良好的基础，为美国物流服务的一体化和个性化以至供应链管理的开发扫清了政策障碍。

7.5　欧洲物流产业政策综述

欧洲运输政策的主要原则有三个：第一是符合社会市场经济模式。欧洲物流业认为提高效率和加速技术进步是获取更广阔市场竞争的必要条件。第二是社会边际成本定价原则。社会边际成本定价（SMCP）指出，在运输定价中，消费者只需支付运输过程中的变动成本，而基础设施投资与建设等固定成本则由公共财政支付。第三是"污染支付"原则。这意味着用户不仅要支付私人成本，还要为了社会成本，才能最大限度地发挥社会剩余。"污染者付费"原则是一个基本原则，无论是庇古税还是排污权的经济政策都旨在减少环境的外部性。而"污染支付"原则，即庇古税和可交易的许可证，有一个明确的分配选择：产权分配给公民受污染不污染企业或污染的汽车或卡车车主或污染空气或海运公司。

7.5.1　新基础设施的规划与推广

到目前为止，欧洲运输更重要的作用来自欧洲运输的跨欧洲网络的定义（ten-t）在 1994 埃森欧洲理事会。这些网络，公路和铁路，被划为极长的"通道"（数千公里）；唯一明显的理由是他们的多或少线形形状。

放松对公共支出的财政约束的政治压力（目前的"黄金法则"和发光的欧洲债券"担保的欧洲金融机构），旨在促进基础设施投资。欧洲债券可能有助于克服欧洲基础设施建设目前的僵局。明显的缺点是，债券的存在可能使国家项目的实现，即使没有严重的和独立的评价。如果使用不适，欧元债券可能导致经济增长对环境的影响或可疑，但将有助于普及和地方发起人的政治上的成功。

7.5.2 竞争与规制政策

欧洲第二主要政策与联盟的核心目标是：扩大和促进竞争，在任何可能的情况下，通过有效的调节促进效率。竞争和经济调节只是针对同一目标的政策。事实上，经济管制的目的是在竞争压力下运作的情况下，在技术上的原因（自然垄断）的效率，或政治选择（法律垄断）。这两种情况都主要存在于交通运输部门：基础设施是一个明显的例子，第一种情况下，和公共交通服务（在几种形式）的第二个。欧洲的竞争政策显然只关心服务。

例如货运业。开放的欧洲货运业自由竞争由来已久。结合对现有定义一组车辆标准提高；有部分开放竞争的小丘，和禁止从单一国家的反竞争行为（如设置最低关税）。进一步放开，预计在沿海，与这一行动的部门将是放开。这一成功很可能是由于这两个因素：这个类型的运输服务的欧洲生产商的主导作用（有时物流链中的垂直整合，问题的产业是完全私有的，即没有国有企业的股份。在一些欧洲国家，高度分散的货运业补贴路障的永久的威胁下。然而，这种补贴是由卡车车主和司机（财产和燃料支付的税的一小部分税），平均的货运业的补贴比铁路货运服务所带来的营业额的百分比）。存在补贴不仅解释了为什么自由化已经停走的过程中，还可以支持的观点，市场化的新的欧洲包装（由于被讨论很快）会遇到很多障碍。

尽管取得了有限的成功，但欧洲委员会的自由化进程得到了积极的评价。虽然步伐缓慢，但方向是正确的，而过程已经走了这么远。这一政策偏差可以理解为战略性技术产业而言，但远不如服务活动，这在运输部门占主导地位。这里的"捕获"机制，甚至是"反向捕获"，似乎是一种更有效的解释。有时国有大企业的行为好像他们是大多数政府股东（捕获）。有时候，国家和地方政客利用国有企业在为自己的政治目的臂长（反向捕获）。无论是哪种方式摩擦增加到任何自由化进程。然而这是唯一公平，效益（较低的价格和质量改进）所带来的自由化在很大程度上取决于开放的行业受益于高需求的增长或快速的技术进步。除了航空运输需求的急剧增加外，其他运输方式的需求预计不会像 20 世纪后半段的速度增长。也没有技术进步，可以预期，以配合在电信行业中所经历的一个经验。因此，预期交通运输业自由化的好处远远不如航空运输和电信所获得的壮观。

7.6　我国物流产业政策现状综述

7.6.1　中国物流产业政策体系

经过近四十年的发展，我国物流产业政策不断完善和发展，目前已形成一套基本完整的体系。从形式上来说，我国现行物流政策分为两类：一类为"法令""条例"等规范和调整物流活动的法律法规类政策，另一类为"通知""意见"等指导和干预物流活动的行政规划类政策。从层次上来说，我国现行物流政策既包括从总体上规划、高屋建瓴的宏观物流类政策，又包括从各类交通运输、仓储、物流园区等基础物流环节着手的基础设施与物流网点类政策，也包括物流信息化、物流标准化等旨在提高我国物流运行效率的物流效率化政策，还包括邮政快递业、电商物流、农业物流、冷链物流等物流子行业政策。接下来将从我国物流产业政策的各个层次来介绍我国物流产业政策发展脉络及现状。

7.6.2　宏观物流政策发展脉络及现状

物流的概念从 1978 年才引入到国内，直到 2006 年国家"十一五"规划才明确了物流的产业地位,这对我国物流业的发展起到了推动性的作用,对经济的发展更是产生了很大的贡献。物流业是国民经济的重要组成部分,对调整经济结构有着重大影响，对国民经济的发展起着重要的支撑作用，同时在带动就业方面也有明显效果。

　　然而随着物流业的快速发展，很多隐藏在表层现象之后的问题也渐渐浮出水面，尤其是 2008 年下半年以来，由于国际金融危机的影响，物流市场需求增长缓慢，物流服务价格下跌，物流企业遭遇了前所未有的寒冬。为了应对这一系列的危机及物流业客观发展的需要，2009 年 3 月 10 日，党中央、国务院发布了《国务院关于印发物流业调整和振兴规划的通知》❶（以下简称"《规划》"）这次规划的时间是 2009—2011 年。这是我国政府出台的关于物流业的首部专项规划，也是首次从国务院的高度出台相关文件指导物流业的发展，还是我国政府调整与振兴的十大产业中仅有的服务产业，更是首次系统地明确了物流业在国民经济中的地位和作用，提出物流业的调整和振兴不但事关物流业本身的发展，更关乎整个国民经济发展的命脉。《规划》围绕"建设现代物流服务体系"从以下 6 个方面重点展开。

　　（1）首次完整、科学地提出了物流业在国民经济中的地位与作用，《规划》指出：物流业作为国民经济发展的重要基础，交叉整合了运输业、仓储业、货代业和邮政业等行业，涉及生产生活的各个领域，创造了大量的就业岗位，在调整产业结构、转变经济发展方式和提升国民经济竞争力等方面有着十分积极的影响，也从物流业各个环节和与其他产业的联系强调了物流业的重要作用。

　　（2）明确了物流业短期和中长期的十项任务，其中，包括推进物流服务的社会化和专业化，扩大物流需求，加快物流企业的兼并重组，加快国际物流和保税物流发展，推动重点领域物流发展，优化物流业发展的区域布局等。

　　（3）重点规划了九大物流工程，包括物流基础设施建设方面的、物流管理技术应用方面的、物流基础工程方面的建设等。

　　（4）描绘了中国物流业点线面结合的三维空间布局，点即是物流节点，线即是运输方式和运输路线，面即是全国性的面和各个省市的面。

　　（5）明确了物流业本身的发展思路和应该达到的目标，《规划》对物流

---

❶ 国务院办公厅. 国务院关于印发物流业调整和振兴规划的通知[EB/OL]. 中央政府门户网站（2009-03-13），http://www.gov.cn/zwgk/2009-03/13/content_1259194.htm. [2015-11-16].

的发展提出了 10 条要求或发展思路。

（6）提出了物流业发展所必要的政策环境，政策环境是物流业积极健康发展的必备条件，也是《规划》的主要内容。尤其是第五部分单独列出了具体实施方案，提出了"加强组织和协调""完善物流政策法规体系""制订落实专项规划"和"继续推进物流业对外开放和国际合作"等实施重点。

2011 年 8 月，国务院办公厅发布了业内称"物流国九条"的《关于促进物流业健康发展政策措施的意见》❶。2012 年，为了落实"物流国九条"，我国相继出台了许多促进物流业发展的政策。"物流国九条"政策及实际落实情况如下[163]。

（1）要着重降低物流相关企业的税收水平，正式开始在运输业等部分现代服务业上实施营改增试点工作。经过一段时间的实施，效果差强人意：营业税差额纳税试点工作取得明显效果；但营改增试点的企业实际缴纳税赋增加较多，尤其是在交通运输业，中物联发布的《关于减轻物流企业负担的调查报告》中的数据显示，90.6%的试点企业 2012 年上半年实际缴纳增值税比以前有所增加。

（2）要着力满足我国物流业的用地需求。随着我国城镇化普及速度的加快，各城市纷纷扩建，使得已有的物流用地逐步缩水，而计划新建的物流用地又难以为继。《关于减轻物流企业负担的调查报告》（2012 年）显示，物流企业用地价格平均每亩❷为 30.7 万元，与 2011 年相比上涨 10%左右。经过一定时间的实施，我国大部分地区执行了此项政策，但也有部分地区发现落实过程中新的问题又层出不穷，希望有新的政策来应对这些问题，导致该政策的减负效应有所削弱，土地使用税减半征收政策需要进一步落实。

（3）要促进物流运输车辆便利通行。公路通行收费不合理及乱收费、收费过高、乱罚款问题是影响物流企业持续健康发展的重要因素。企业认为虽然路桥费比过去同期有了一定的下降，但对于企业来说，过桥过路费依然是物流企业较重的负担。

（4）推行物流管理体制的改革。物流业是将仓储业、运输业、信息业、

❶ 国务院办公厅．关于促进物流业健康发展政策措施的意见[EB/OL]．中央政府门户网站（2011-08-19），http://www.gov.cn/zwgk/2011-08/19/content_1928314.htm.　[2015-11-16].
❷ 1 亩≈666.67m2。

货代业等融合在一起的复合型服务产业。21世纪以来，依托国民经济的快速发展和国家产业政策的支持，我国物流业得到了快速发展。然而物流业的发展与现行管理体制仍然有矛盾。

（5）要鼓励整合物流设施资源。物流园区、配送中心、仓库货场等物流基础设施土地和资金投入较大，短期内难以回收成本。而且很多物流用地因城市规模扩大和改建被占作他用，而新建的设施受投资周期与土地资源的制约严重短缺，迫使城市的仓库租金呈现出持续上涨趋势。

（6）要推进物流技术创新和应用。物流技术的创新和应用有助于企业提高物流效率，需要政府加以扶持引导，而企业认为物流信息建设缺乏引导，物流企业申请高新技术企业的门槛很高。

（7）加大对物流业的投入力度。目前物流业资金需求量很大，投资回收周期较长。企业自有资金并不能满足大量的需要，大多物流企业都存在融资瓶颈。整体来说，物流企业的融资渠道很单一。首先企业最主要的融资渠道依然是银行贷款。《关于减轻物流企业负担的调查报告》显示，在被调查的物流企业中，选择银行贷款融资的企业占78.2%，而选择民间借贷的企业仅占6.4%，1.8%的企业选择了上市融资。其次是民间资本难以流入物流行业。

（8）要促进农产品物流业的发展。一方面，我国土地广人口多，农产品生产、消费、贸易等方面都在世界上占很大比例；另一方面，随着经济的调整与发展，我国农业产业结构也发生了重大变化，这就要求在农产品流通上必须跟得上产业结构调整的步伐。减少流通过程中的损耗和浪费，相当于间接增加了实际产出，因此促进农产品物流业的发展迫在眉睫。

2014年9月12日，国务院正式印发了物流行业的政策纲领性文件《物流业发展中长期规划（2014—2020年）》（下称"《中长期规划》"）❶。《中长期规划》的正式印发，一方面标志着我国物流业在国家产业战略中的地位进一步提升，另一方面也为物流行业的进一步发展提供了良好的政策环境。这是物流产业地位的提升和快速发展的现实需要。《中长期规划》在对

---

❶ 国务院. 国务院关于印发物流业发展中长期规划（2014—2020年）的通知[EB/OL]. 政府信息公开专栏（2014-14-04），http://www.gov.cn/zhengce/content/2014-10/04/content_9120.htm. [2015-11-18].

我国物流业发展现状深入分析的基础上，提出了主要原则、发展目标和指导思想，并围绕三个发展重点、七个主要任务、十二项重点工程、九个保障措施展开。

三个发展重点具有十分明确的方向。一是要大力降低企业的物流成本。重点消除地方保护主义带来的区域封锁，降低政府的行政干预程度；加大力度整治公路运输中的乱收费、乱罚款现象；加大对国内外主要经济区域物流通道的建设力度，大力发展多式联运等具体措施。二是要努力提高我国物流企业的集约化、规模化水平。通过规模化的经营模式提高物流服务一体化和网络化的水平，促进物流企业协同发展的积极环境的形成。三是要大力加强网络化的物流基础设施建设。建设完善的综合交通运输体系，在全国范围内实现网络化的高效率物流基础设施，有利于顺畅衔接多种运输方式，提升物流体系的综合竞争力。三大发展重点找准了物流业长远发展的关键，为建设我国物流业奠定了基石。

十二项重点工程根据侧重点不同可分为五种类型。一是基础设施建设类：包括多式联运工程和物流园区工程两种；二是产品物流类：包括农产品物流工程、资源型产品物流工程、制造业物流与供应链管理工程四种；三是运行方式类：包括城乡物流配送工程、电子商务物流工程两类；四是行业基础工作类：包括物流标准化工程、物流新技术开发应用工程、物流信息平台工程三种；五是社会责任类：包括再生资源回收物流工程和应急物流工程两种。以上重点工程符合了我国当前物流行业的发展趋势，是《中长期规划》落实的重点，同时也是地方政府发展物流业的突破口。以此为纲，《中长期规划》从三个层面提出了七项主要任务，首先是从提高物流业的效率和质量层面上，提出要大力促进物流业专业化程度的提高，着力提升物流业的信息化、标准化水准，大力发展先进的物流技术装备；其次是从物流业区域协调发展层面上，提出要推进区域物流和国际物流协同发展；最后是从环保的角度，指出要重点发展环境友好型的绿色物流。重点工程和主要任务层次分明，能有针对性地指导我国物流业的发展。

从 1978 年以来，我国物流业呈现出良好的发展趋势，国家加大了对物流业发展的重视力度，各方面的机制改革也稳步推进、政策环境持续得到了改善。从《物流业调整和振兴规划》、"物流国九条"到《中长期规划》

的出台，可以看出国家对宏观物流都给予了高度的重视。

7.6.3 基础设施与物流网点政策发展现状

1．交通运输业政策

我国在交通运输业方面的政策法规比较全面，大致可归纳为法律类政策和行政类政策两类。法律类政策有《中华人民共和国海商法》《中华人民共和国公路法》《中华人民共和国铁路法》《中华人民共和国公路管理条例》《中华人民共和国航空法》《中华人民共和国国际海运条例》《中华人民共和国邮政法》《中华人民共和国航道管理条例》《中华人民共和国铁路运输安全保护条例（2005）》等；行政类政策有《国务院关于促进海运业健康发展的若干意见》《公路、水路、铁路、航空货物运输合同实施细则》《国际货物运输代理业管理规定及实施细则》《关于加强国内水路客运液货危险品运输市场准入管理的通知》《中国民用航空货物国内运输规则》《道路运输业"十二五"发展规划纲要》《水路危险货物运输规则》《国内水路货物运输规则》《汽车货物运输规则》《道路运输从业人员管理规定》《国内水路运输经营资质管理规定》《国际道路运输管理规定》《关于国际集装箱班轮运价备案实施办法的公告》《水路重点物资应急运输管理办法》《国家发展改革委、铁道部、交通部关于加强联运行业管理工作的通知》《关于进一步加强国际海运市场监管的通告》《公路甩挂运输试点专项资金管理暂行办法》《关于促进甩挂运输发展的通知》等。这些法律法规在很大程度上保障了我国交通运输业运行的基本秩序。

2．仓储业政策

长期以来，我国的仓储业一直没有形成专业的法律法规。商务部为了消除仓储业在规划建设和经营管理中存在的乱象，于 2012 年提出将出台《仓储业管理办法》，2014 年又在发展物流业的《三年行动计划》中重提该管理办法，并要求商务部与国家发展和改革委员会在 2015 年完成该计划的制定。该管理办法的出台填补了我国仓储物流业法律与制度建设的空白，不仅扫除了仓储业经营管理上的障碍，还维持了仓储市场的平稳发展，更大大提高了仓储业运行的安全程度，从而保障了仓储业的积极健康发展。

3．物流网点政策

2013 年 9 月，商务部等 12 部委联合印发《全国物流园区发展规划（2013—2020 年）》[1]，对全国物流园区的发展目标和总体布局做出了总体规划，为我国物流园区的发展描绘出"路线图"，确定了北京、唐山、上海、杭州等 29 个一级物流园区布局城市，以及石家庄、太原、南昌、海口等 70 个二级物流园区布局城市。按照不同功能，物流园区建设类型可分为货运枢纽型、商贸服务型、口岸服务型、生产服务型和综合服务型等，到 2020 年，我国的物流园区建设可以基本形成布局合理、功能齐全、规模适度、绿色高效的网络体系。

2015 年 5 月，商务部领衔的十部门联合印发《全国流通节点城市布局规划（2015—2020 年）》[2]，旨在全面建设全国流通骨干网络节点，充分发挥物流节点城市的积极作用，从而进一步激发和提高流通产业的消费能力。该规划根据国家区域发展总体战略及"一带一路"、京津冀协同发展战略及长江经济带战略等战略部署，参照国家新型城镇化规划、全国主体功能区规划等，提出要在 2015—2020 年于全国范围内建成"五横三纵"八条骨干流通大通道体系，把全国物流节点城市根据战略位置划分为国家级、区域级和地区级三级，并提出健全流通大通道基础设施、构建公共流通设施体系、提高节点城市物流信息化程度、加快商贸物流园区建设、构建城市共同配送网络、发展国家电子商务示范基地等九项重点任务。

7.6.4　物流效率化政策发展现状

物流效率化政策是指旨在提高物流效率而制定的有关物流政策，包括

---

❶ 交通运输部．《全国物流园区发展规划（2013—2020 年）》发布[EB/OL]. 中央政府门户网站（2013-10-18），http://www.gov.cn/gzdt/2013-10/18/content_2509728.htm. [2015-11-18].

❷ 商务部．商务部等 10 部门联合印发《全国流通节点城市布局规划（2015—2020 年）》[EB/OL]．中央政府门户网站（2015-06-01）．http://www.gov.cn/xinwen/2015/06/01/content_2871426.htm. [2015-11-18].

三方面的内容：物流标准化政策、物流信息化政策和共同化物流政策❶。鉴于我国目前实际情况，本书只讨论前两方面政策。

1. 物流标准化政策

物流标准是指物流领域中每一项重复性的技术事项在一定时间和空间范围内的规范化标准。物流标准按照制定层面可分为物流国家标准和物流行业标准。物流国家标准是在全国范围内统一的，对物流业健康发展具有十分重要的作用的产业标准，由国家标准化管理委员会统一制定。

2005年6月，由国家标准化管理委员会等8部委联合发布了《全国物流标准2005—2010年发展规划》❷，该规划以我国物流业与标准化工作的现实情况为基础，根据目前物流业标准体系不完善、标准执行不规范、标准制定工作跟不上物流业发展的实际问题，针对性地推进物流业各项标准的制定和修订工作，实现物流业相关各产业在标准化方面的完美衔接。

2015年11月，国家标准化管理委员会等15部门联合发布了《物流业发展中长期规划（2014—2020年）》，强调了要以《物流业发展中长期规划（2014—2020年）》与《深化标准化工作改革方案》为指导，以"物流标准化升级"为工作主线，根据注重实效、协同推进、创新机制、突出重点等原则，结合物流标准化改革存在的问题，如体系的建立、实施、修订、监督、管理等，制定出2014—2020年物流标准化工作的重点方向。

为了规范、统一地管理物流行业中的现有企业及潜在进入企业，国家质量监督检验检疫总局、国家标准化管理委员会于2005年3月23日出台《物流企业分类与评估指标》（GB/T 19680—2005），标准规定了物流企业类型与评估指标和物流企业的分类原则，既适用于物流企业的规范与管理，也适用于物流企业的界定、分类与评估。根据现阶段物流企业发展的现状和未来发展趋势，结合物流行业的当前发展环境及社会进步对物流企业提

---

❶ 中国管理科学学会编. 管理大辞典. 中央文献出版社，2008.12.

❷ 国务院八部委：发布《全国物流标准2005—2010年发展规划》[A]；中国物流与采购联合会会员通讯总第85- 95期（2005年）[C]；2005年.

出的新挑战，2013年国家标准化管理委员会以实际的物流企业的现状为基础，在继续保持现行国家标准的大框架的基础上，修订出台了《物流企业分类与评估指标》（GB/T 19680—2013）。

物流活动的技术性、复杂性特点决定物流法律规范将包括大量的技术规范，以指导物流活动。现行的物流标准有：《物流术语》《中国联运通用托盘外形尺寸及公差》《中国联运托盘技术条件》《中国联运通用托盘实验方法》等相关文件。

2．物流信息化政策

2013年1月，工业和信息化部出台了我国物流信息化领域目前唯一的专门性政策文件——《工业和信息化部关于推进物流信息化工作的指导意见》（下称《指导意见》）❶，作为物流信息化的主管部门，这表明工业和信息化部对物流工作的重视。而且该《指导意见》首次系统整理了物流信息化的结构框架，描绘了完善的物流信息化蓝图。《指导意见》还指出要完善评价物流信息化水准的指标体系，持续跟进对物流信息化的评价工作，建立健全物流信息化评价机制与方法，增大物流信息化评价数据的覆盖面，构建由政府、企业及社会行业协会共同评价的协同机制。2013年1月出台的《指导意见》提出要在物流信息化应用试点示范、物流公共信息服务、标准规范制定与应用、关键共性技术开发、重大装备研制、重大政策研究、基础理论研究等方面加强投资，强力推动物流信息化的发展。

7.6.5　物流子行业政策发展脉络及现状

1．邮政快递业政策

得益于电子商务的快速发展，我国快递业呈现快速发展的趋势，2012年快递业占全国物流总量的比例已经超过60%。所以，2015年10月，国

---

❶ 信息化推进司. 工业和信息化部印发推进物流信息化工作指导意见[EB/OL]. 工信部网站，（2013-10-18）. http://www.miit.gov.cn/n11293472/n11293832/n11293907/n11368223/15121520.html. [2015-11-18].

务院发布《关于促进快递业发展的若干意见》（以下简称《意见》），提出了我国快递业发展的四大内容、五项任务、六大举措，来规范快递业在高速发展的过程中暴露出的众多问题。《意见》的出台使得我国快递政策变得系统性、完整性，并在国家层面促进了快递业的发展，释放出一个积极的信号，使得快递业发展过程中遇到的关键性问题得以更好地解决。《意见》还提出要落实快递"上车上船上机"链接工程，保证了快递在流通投递过程中高效、准确、流畅地到达客户端。此外，快递业也将进一步加快并购重组的步伐。这是我国首次颁布系统指导快递业发展的专题文件，是快递业发展的关键转折点，由此可见政府对快递业发展的高度重视。❶

除此之外，国家邮政局商务部出台《关于推进"快递向西向下"服务拓展工程的指导意见》来推动落实《物流业发展中长期规划（2014—2020年）》，加强快递在中西部、农村地区与电子商务的协同发展，进一步健全城乡快递服务网络。该《意见》围绕加快"快递向西、乡下"服务拓展工程，以提升中西部、农村地区快递服务与电子商务协同发展为目标，提出了4项重点措施和7项保障措施，其中一项重点措施就是要完善这些地区快递基础设施。此项措施的实施，对丝绸之路的建设、长江经济带等重大战略规划有着重要的意义❷。

2. 电商物流政策

近年来，随着互联网的普及，我国电子商务产业高速发展，在刺激消费的同时也引发了新的投资热潮，同时也创造了大量的就业与创业的新渠道。而且在产业转型升级方面，电子商务逐步渗透到制造业等其他领域，形成新兴业态，在提供公共产品、公共服务的同时，也改变着人们的生活方式，大大促进了社会和经济的发展。为了规范电子商务及相关物流产业的健康发展，2015年，国家出台了《国务院关于

---

❶ 新华社. 国务院印发《关于促进快递业发展的若干意见》[EB/OL]. 中央政府门户网站（2015-10-26），http:// www.gov.cn/xinwen/2015/10/26/content_2953955.htm. [2015-11-20].

❷ 邮政局商务部关于推进"快递向西向下"服务拓展工程的指导意见[J]. 中华人民共和国国务院公报，2015，29：86-88.

大力发展电子商务加快培育经济新动力的意见》❶，提出了完善物流基础设施、构筑安全保障防线、提升对外开放水平、健全支撑体系等措施，从而大力促进了电子商务的发展。同年，为进一步促进电子商务的发展，国务院办公厅出台了《关于推进线上线下互动加快商贸流通创新发展转型升级的意见》，该意见提出要积极发展线上线下互动模式，对促进实体经济商业模式的创新与转型发展、调整我国经济增长方式、落实"大众创业万众创新"具有积极的推动作用。该意见从"鼓励线上线下互动创新""激发实体商业发展活力""健全现代市场体系""完善政策措施"四方面来展开。为了更加细化各物流市场，国家针对不同产业的电商物流也各自出台了相应的政策。例如，为了鼓励电子商务更好地"向西、向下"发展，国务院办公厅出台了《关于促进农村电子商务加快发展的指导意见》❷，更加具体地指出了"向西、向下"的途径。该意见指出，农村电子商务是农业转型与创新发展的有效途径，是政府落实精准扶贫政策的创新平台。该意见明确了三方面的重点任务和七方面的政策措施，再一次强调了扶持农村电子商务从业主体、创造农村电子商务发展政策环境的重要性。2015 年，国务院办公厅还印发《关于促进跨境电子商务健康快速发展的指导意见》❸来指导跨境电子商务的发展，该意见提出 12 项措施来鼓励和规范跨境电子商务的发展。这些措施有利于发挥我国强大的制造业优势，通过"互联网+外贸"模式，对外扩大贸易顺差，对内促进国民消费，并支持贸易流通企业转型升级、跨越发展；另外，这些措施还创造了大量就业岗位，为"大众创业、万众创新"提供了平台，促进经济增长方式的转变与优化；同时，这些措施有利于"一带一路"等国家战略的建设与实施，有利于我国经济的优化调整和升级。

---

❶ 国务院．国务院关于大力发展电子商务加快培育经济新动力的意见[EB/OL]．政府信息公开专栏（2015-05-07），http://www.gov.cn/zhengce/content/2015/05/07/content_9707.htm．[2015-11-22]．

❷ 国务院．国务院办公厅关于促进农村电子商务加快发展的指导意见[EB/OL]．政府信息公开专栏（2015-11-09），http://www.gov.cn/zhengce/content/2015/11/09/content_10279.htm．[2015-11-22]．

❸ 新华社．国务院办公厅印发《关于促进跨境电子商务健康快速发展的指导意见》[EB/OL]．中央政府门户网站（2015-06-20），http://www.gov.cn/xinwen/2015/06/20/content_2882205.htm．[2015-11-22]．

3．农业物流政策

2015 年 3 月 16 日，交通运输部、农业部、国家邮政局联合发布了《关于协同推进农村物流健康发展、加快服务农业现代化的若干意见》，该意见提出要鼓励农业流通相关企业积极强化自身信息化水平，大力普及条形码和射频识别等物联网技术，逐渐实现对交易、运输、仓储、配送等全程的追踪与监控，改善企业与农村物流公共信息平台的有效衔接，鼓励农村物流企业开展电子商务模式、O2O 服务模式等创新与变革。

4．冷链物流政策

对于冷链物流的发展，国家发展和改革委员会、财政部等十部门联合发布的《关于进一步促进冷链运输物流企业健康发展的指导意见》指出，要重点提高冷链物流规模化、集约化程度，大力发展专业的第三方冷链物流，鼓励冷链物流企业通过重组、合并、协同发展、资源共享等合作模式提升自身实力，扶持一批规模大、实力强、理念新、经营善的大型冷链物流企业，并通过企业间的合作实现规模化经营，从而提高我国冷链物流服务的效率和专业化水平❶。

7.7 我国物流产业政策存在的问题

7.7.1 政策体系不完善

1．缺乏物流技术创新促进政策

对于现代物流业，物流先进技术的发展是十分重要的，如条形码技术、EDI 技术（电子数据交换技术）、GIS 技术（地理信息系统）、GPS 技术（全球定位系统）、先进的运输技术、包装技术等。特别是物流信息技术实现了对海量的、变化的物流数据进行及时采集和快速处理，增强了物流信息反

---

❶ 发改委．关于进一步促进冷链运输物流企业健康发展的指导意见[EB/OL]．发改委网站（2014-12-26），http://www.sdpc.gov.cn/zcfb/zcfbtz/201501/t20150108_659787.html.［2015-11-25］.

馈功能，从而提高了物流管理能力和客户服务水平，提高了物流运营的效率。然而我国在物流技术创新上却没有行之有效的促进政策。

2．缺乏物流人才培养政策

虽然截至 2010 年年底，全国已经有 378 所本科院校开设了物流专业，此外还有高职院校 824 所、中职院校超过 2000 所开设了物流专业，在校学生总量约 100 万人❶。但在高级物流人才的培养上，和发达国家相比还有很大的差距。由于我国物流教育水平起步较晚，目前很大一部分物流中层管理人员没有接受过物流专业知识的系统教育和培训，尤其是缺少具有国际化视野的战略型、规划型物流中端管理人才。而目前，我国还缺乏明确的物流人才培养政策，这一问题还未得到妥善解决。

3．缺乏对物流领域的专门而系统的法律类政策[164]

目前在我国现行的一些物流政策，很多都是"共用"或"借用"型的，并不是针对物流领域专门制定的，这样就很难对物流系统的各种要素进行"肢解"性规范，从而无法对物流系统进行"系统"性规范。物流是由多个要素构成的系统，而且这些要素之间往往还存在着复杂的相互制约影响的"二律背反"关系，因此，单独规范某个物流要素，不一定能达到对整个物流系统规范的效果。此外，物流系统本身还与整个社会经济系统存在着"二律背反"关系，所以，在规范物流活动时，还需考虑该活动对整个经济社会系统的影响。

4．缺乏规范第三方物流的法律类政策

现代物流是指集仓储、包装、装卸搬运、运输、配送、信息处理、流通加工等在内的多功能、一体化的综合服务。而作为现代物流运营主体的第三方物流运营商因不同物流环节的业务性质，可以作为承运人、代理人、批发商、仓储经营人等不同的法律身份。这些法律身份种类繁多，性质也不尽相同，在责任构成、责任形式、举证责任、责任范围、诉讼时效、诉

---

❶ 何黎明．中国物流学会第五次会员代表大会工作报告[EB/OL]．中国物流学会网站（2010-11-18），http:// csl.chinawuliu.com.cn/html/19881687.html．[2015-11-25]．

讼管辖等方面具有一定差异，会使第三方物流运营人产生法律风险，从而承担不同的法律后果。

7.7.2 政策执行效率低、效果差

1．政出多门，权威性差[165]

现代物流与当代社会经济生活的各个方面都存在着密切联系，是一个跨部门、跨地域、跨行业的复合型产业。我国现代物流的发展涉及许多与政府相关的部门。然而，各个部门在表面上采取"齐手抓，共同管理"的模式，实际上则往往都从自身的利益出发，各行其是，政出多门，导致严重的条块分割。中国现在实行的物流法规基本上呈现出一种原生的状态，在统一的规划和整体协调性上有些欠缺，不能满足当代物流业发展所需要的必要条件，有时候甚至会存在职能重叠和政策冲突的现象，使一些执行机关和相关企业无所适从，很难正确认识到当代物流发展的精髓。

2．地方保护，区域失衡

在我国物流产业政策的执行过程中，中央政府为加强政策执行的速度，将行政权力不断下放给各地方政府。然而，受到经济体制改变的影响，权力下放后，地方政府出于对当地经济利益的考虑，往往会在政策执行时出现偏离中央政府政策的现象，使政策实施效果大打折扣，并形成各种区域间发展的失衡现象和壁垒现象。

7.8 我国物流产业政策发展建议

7.8.1 国外物流政策对我国物流产业政策发展的启示

1．结合我国物流业发展环境制定相应的产业政策

我国物流产业政策的建立与发展既不能墨守成规，也不能一味模仿，要在借鉴国外先进经验的基础上，结合我国具体国情和物流业的发展环

境制订。通过前文分析容易看到：日本国土面积狭小，人口稠密，资源紧缺，故采取政府主导的物流产业政策模式，以行政类政策为主，统一规划并实行社会化运作，有利于整合资源和提高效率；美国工业化和信息化基础扎实，法律体系完善，市场经济体制成熟，故采取市场化的物流产业政策模式，以法律类政策为主，政府宏观把握、企业建设经营，有利于物流服务专业化、个性化和一体化发展；欧洲物流产业政策则采取联盟统一发展模式，各成员国政府监督控制、企业自主经营，并由欧洲货代组织积极推行欧洲统一的标准化、共享化和通用化，有利于欧盟的一体化发展。

我国目前经济增长迅速，物流市场需求不断膨胀，但物流总体水平仍旧偏低，包括物流基础设施、物流人才、物流标准化、物流企业、物流信息化、物流科技等，我国的物流业与发达国家相比差 20～30 年，还处于初级发展阶段。因此，我国物流产业政策发展要充分考虑我国物流业现状，政府发挥好指导和规划作用，积极整合资源，完善市场机制，提高物流效率。

2．积极发挥政府的宏观指导与规划作用[166]

现代物流业发展难度大、投入多、技术密集，必须要有政府的扶持才能使现代物流产业稳定发展。而且，物流产业运行涉及许多产业和部门，在发展过程中遇到的一些问题不是其本身所能解决的，需要由政府统筹解决，协调管理，缓解矛盾。因此，政府必须把物流产业的发展纳入到宏观指导之下，并将其列为经济发展总体战略目标，从宏观上制定物流业发展政策，明确物流业发展原则，规划出物流业的发展蓝图，以指导其发展。同时又要通过立法对物流业形成有效的监控、协调和管理，促进市场经济及物流业的健康发展。从美国、日本物流发展的历程中可以看到政府在对物流业进行规划、指导、监控、协调等宏观管理的重要性。政府对物流业发展的宏观规划可以保障现代物流行业的快速发展，这是社会经济协调发展的需要，也是现代物流自身发展的需要。

3．积极发挥物流协会等中介机构的作用[167]

现代物流经营跨行业、跨地区的性质造成行业协调十分困难。根据一些发达国家的物流管理经验，要建立健全的物流中介机构，使得其在行业管理中的桥梁作用得到充分发挥，可有效协调物流行业出现的矛盾与问题。因此，我国政府要对物流协会等中介机构进行行业管理授权，充分发挥行业协会在物流企业经营、物流市场监管、物流行业自律、物流标准制定、学术研究与交流等方面的组织协调作用。目前，我国物流行业已经成立了中国物流学会、中国物流与采购联合会等中介机构，它们在物流业的发展中发挥了很大的作用。在以后的发展中，需要在目前的基础上进一步扩大覆盖面并加以健全和完善，构建能够协调中国现代物流业发展的行业组织。此外，政府还需加强对物流协会的支持、引导、规范、监督，从而为物流协会功能的发挥提供必要的条件。

4．建立健全物流法律体系

通过制定相应的法律法规，可以对物流业进行约束。发达国家物流业发展的过程中，都建立了完善的运输及商品流通法律体系，并以此为基础不断完善和修改物流法律体系，使之逐步健全、配套，从而促进了物流业的协调、健康发展，保障了物流市场的平稳运行和行业经营的规范化。

与发达国家相比，我国物流业不仅立法层次低，并且存在滞后性和真空性，难以适应现代物流业的发展。因此，我国应及时修改或废除不合时宜的法律法规，整合相互重合的法律法规，制定尚未立法环节的法律法规，建立基于我国国情的物流法律体系。并且在完善物流法律体系的过程中，应该放松管制，由法律规制向市场规制的方向转变，同时强化市场监管，形成自由、公平竞争的市场氛围。

7.8.2　我国物流产业政策发展重点

1．促进我国物流业效率化

根据理论和国外的实践经验来看，影响当前社会物流效率提高最突出的因素主要是物流标准化、物流信息化、物流协作化等各种物流方式的有效组合。但就目前来看，虽然在物流标准化和信息化方面出台了几部相关"标准"和"规划"，但真正行之有效的效率化政策还很少，这是我国物流产业政策的一大缺失。

2. 促进我国物流业国际化

物流国际化包括两个方面：一方面是物流主体业务领域的国际化，不仅要求我国物流企业走出去，也要求国外物流企业走进来；另一方面是物流资本的国际化，不仅要求我国物流资本投入国际市场，也要求国外物流资本引进中国市场。近年来，这两个方面的物流国际化在我国都已逐步出现，国内物流市场的激烈竞争已经展开。因此，促进我国物流业国际化的政策法规应当在我国未来物流政策体系中占有一席之地。其政策重点包括：保障进入我国物流市场的国外物流资本和企业的合法权益，维护由国内和国际物流资本共同组成的物流市场秩序，保证公平竞争；鼓励并支持国内物流资本联合、重组，提高经营管理水平，增强国际竞争力；鼓励并支持国内物流企业与国外物流资本合作，共同对国际物流市场进行开发；鼓励地方政府根据实际情况加入跨国性区域物流联合体，积极开展跨国性区域物流合作，促进区域经济的协调发展，提高区域物流的增殖能力。

3. 促进我国物流业可持续发展

根据国内和国外的经验，制定物流政策的基本目标有两个，首先是提高全社会的物流效率，其次是最大限度地降低物流对社会发展造成的影响，特别是对环境的负外部性，如交通拥堵、噪声污染、大气污染、生存空间缩小、居住成本提高等。随着环境压力的日益增大，加强环境保护，提高生存质量，推动经济社会可持续发展，是世界各国所面临的重要问题。而物流领域不仅有很大的效率与效益空间，同时也存在很大的环保空间。发达国家的物流政策不仅关注物流效率与效益的提高，更注重可持续发展。所以，在我国构建物流政策体系的同时，也应该坚持可持续发展的原则，使效率、社会与环境目标兼顾。

参 考 文 献

[1] Morita Hirohi Koichiro Hirokawa, Joe Zhu.A Slack-based Measure of Efficiency in Context-dependent Data Envelopment Analysis[J].The International Journal of Management Science, 2005, 33(4): 357-362.

[2] 张毅等. 考虑地区技术差距的区域物流业生产率指数研究[J]. 数理统计与管理，2013，32(6): 1100-1115.

[3] Sarkis J, Talluri S. Performance-based clustering for benchmarking of US airports[J].Transportation Research Part A 2004(38):329-346.

[4] Yoshida Y, Fujimoto H. Japanese-airport benchmarking with DEA and endogenous-weight TFP methods:testing the criticism of over-investment in Japanese regional airports[J].Transportation Research Part, 2004(40): 533-546.

[5] 张越, 胡华清. 基于 Malmquist 生产力指数的中国民用机场运营效率分析[J]. 系统工程, 2006 (12):57.

[6] Barros C P, Dieke P U C. Performance Evaluation of Italian Airports with Data Envelopment Analysis[J]. Journal of Air Transport Management.2007 (13): 184-191.

[7] Fung M K Y, Wan K K H, Hui Y V, Law J. S.Productivity changes in Chinese airports 1995—2004[J]. Transportation Research Part E .2008, 44(3): 521-542.

[8] 张宝友,达庆利,黄祖庆. 中国上市物流公司动态效率评价及对策[J]. 系统工程, 2008,26(4): 6-10

[9] 邓学平,王旭, Ada Suk Fung Ng. 我国物流企业全要素生产效率分析[J]. 系统工程,2008,26(6):1-7.

[10] 贺竹磐,孙林岩我国区域物流相对有效性分析[J].科研管理,2006,l 27(6):144-150.

[11] 田刚,李南. 中国物流业技术进步与技术效率研究[J]. 数量经济技术经济研究 2009(2):76-87.

[12] 田刚,李南.中国物流业全要素生产率变动与地区差异——基于随机前沿模型的实证分析[J].系统工程,2009(11):62-68.

[13] 刘满芝,周梅华,杨娟.基于 DEA 的城市物流效率评价模型及实证[J].统计与决策,2009(6):50-53.

[14] 王晓珍,党建民.三元结构系统视角的城市物流效率内容构成及综合评价指标体系构建[J].现代管理科学,2013(11):91-93.

[15] 高詹.中原经济区城市物流效率时空测度与比较研究[J].商业研究,2013(12):171-177.

[16] 高詹.中原经济区城市物流效率与经济重心演变分析[J].商业研究,2014(2):178-184.

[17] 高詹.城市物流效率及其空间溢出效应——以河南省为例[J].城市问题,2014(7): 62-68.

[18] 张毅等.中国物流上市公司成本效率的收敛性[J].管理评论,2013,25(9):167-176.

[19] 张毅等.考虑区域技术差距的中国上市物流公司成本效率及其影响因素研究[J].研究与发展管理,2011,23(6):79-90.

[20] 张毅等.我国上市物流公司规模效率及影响因素研究[J].数理统计与管理,2013,32(3):135-144.

[21] 张毅等.中国上市物流企业的多元化战略与绩效:成本效率中介作用研究[J].管理评论,2013,25(2): 167-176.

[22] 张毅等.金融危机,竞争战略与财务绩效——基于中国物流上市公司的研究[J]管理学报,2012,9(9): 1388-1396.

[23] Seiford Lawrence M, Joe Zhu. Context-dependent Data Envelopment Analysis-Measuring Attractiveness and Progress[J]. The International Journal of Management Science, 2003(31): 397-408.

[24] Charnes A, Cooper, Rhodes G. Measuring the efficiency of decision making units. Gur. JRes. 1978; 2(6):429-440.

[25] 朱钟棣,李小平.中国工业行业资本形成、全要素生产率变动及其趋异化:基于分行业面板数据的研究[J].世界经济, 2005(9):38-41.

[26] Seiford L M, Zhu J. Profitability and Marketability of the Top 55 U.S. Commercial Banks[J]. Management Science,1999,45(9) :1270-1288.

[27] Chen Y, Morita H, Zhu J. Context-dependent DEA with an Application to Tokyo Public Libraries[J]. International Journal of Information Technology & Decision Making, 2005, 4(3): 385-394.

[28] Ulucan A, KazimBaris A. Efficiency Evaluations with Context-Dependent and Measure- Specific Data Envelopment Approaches: An application in a World Bank Supported Project [M]. Omega: In Press, 2009.

[29] 小宫隆太郎,奥野正宽等.日本的产业政策[M].北京:国际文化出版公司,1988.

[30] Viton P, The question of efficiency in urban bus transportation[J].Journal of Regional Science, 1986(26): 499-513.

[31] Bhattacharyya A, S C Kumbhakar, A Bhattacharyya. Ownership Structure and Cost Efficiency: A Study of Publicly Owned Passenger-Bus Transportation Companies in India[J]. Journal of Productivity Analysis, 1995(6):47-61.

[32] Loizides I, B Giahalis. The performance of public enterprises: a case of the Greek railway

organization[J]. International Journal of Transport Economics, 1995(22): 283-306.

[33] Sakano R, Obeng K, Azam G. Subsidies and inefficiency: stochastic frontier approach[J]. Contemporary Economic Policy, 1997(15):113-127.

[34] Jorgensen F, P A Pedersen, R Volden. Estimating the Inefficiency in the Norwegian Bus Industry from Stochastic Cost Frontier Models[J]. Transportation, 1997 (24):421-433.

[35] Matas A, J L Raymond. Technical Characteristics and Efficiency of Urban Bus Companies: The Case of Spain[J]. Transportation, 1998(25):243-263.

[36] Jha R, S K Singh. Small is Efficient: A Frontier Approach to Cost Inefficiencies in Indian State Road Transport Undertakings[J]. International Journal of Transport Economics, 2001,18 (1): 95-114.

[37] Dalen D M, A Gomez-Lobo. Yardsticks on the Road: Regulatory Contracts and Cost Efficiency in the Norwegian Bus Industry[J]. Transportation, 2003(30): 371-386.

[38] Farsi M, M Filippini, M Kuenzle. Cost efficiency in regional bus companies: An application of new stochastic Frontier Models[J]. Journal of Transport Economics and Policy, 2006,40(1): 95-118.

[39] Piacenza M. Regulatory contracts and cost efficiency:Stochasticfrontier evidence from the Italian local public transport[J]. Journal of Productivity Analysis, 2006(25):257-277.

[40] Abbes S, Bulteau J. Analysis of the Productive Efficiency of the Urban Transport Networks in France[C]. Transportation conference, Alberta, Canada, 2006.

[41] Roy W, Billion A Ownership. Contractual Practices and Technical Efficiency: The Case of Urban Public Transport in France[J]. Forthcoming in the Journal of Transport Economics and Policy,2007.

[42] Barros C P, Guironnet F, Peypoch N, Roy W. Heterogeneity in Technical Efficiency of the French Urban Transport: 1995 to 2002[M]. Working Paper, Department of Economics, School of Economics and Management, Technical University of Lisbon, 2008.

[43] Aigner D J, Lovell C A K, Schmidt P. Formulation and estimation of stochastic frontier production functions[J]. Journal of Econometrics, 1977,6(1):21-37.

[44] Sun K, Kumbhakar S C. Semiparametric smooth-coefficient stochastic frontier model. Economic Letters, 2013,120(2):305-309.

[45] Bhaumik S K, Kumbhakar S C, Sun K. A note on a semiparametric approach to estimating financing constraints in firms.European Journal of Finance ,2014,9(6): 68.

[46] Zhang R, Sun K, Delgado M S, Kumbhakar S C. Productivity in China's hightechnology industry: Regional heterogeneity and R&D[J]. Technological For ecasting and Social Change, 2012(79):

127-141.

[47] 王理同等.基于半参数 EGARCH 模型的 VaR 和 CVaR 度量与实证研究[J].数理统计与管理,2014,33(4):655-659.

[48] 杨爱军,刘晓星,林金官.基于 MCMC 抽样的金融贝叶斯半参数 GARCH 模型研究[J].数理统计与管理,2015,34(3):452-452.

[49] 田凤平,周先波,杨科.基于面板数据的中国菲利普斯曲线的非参数估计及分析[J].数理统计与管理,2014,33(5):810-820.

[50] 梅倩倩,武新乾,田萍.我国农村居民消费与经济增长区域差异性的实证分析[J].数理统计与管理,2015,34(3):392-400.

[51] Parmeter C F, Sun K, Henderson D J, Kumbhakar S C. Estimation and inference under economic restrictions[J]. Journal of Productivity Analysis, 2014(41):111-129.

[52] Robinson P M. Root-n-consistentsemiparametricregression[J]. Econometrica, 1988, 56(4), 931-954.

[53] Cornwell C, Schmidt P, Sickles R C. Production frontiers with cross-sectional and time-series variation in efficiency Level[J]. Journal of Econometrics, 1990,46(1-2),185-200.

[54] Jondrow J, Lovell C A K, Materov I S, Schmidt P. On the estimation of technical in efficiency in the stochastic frontier production function model.Journal of Econometrics, 1982(19): 233-238.

[55] Kumbhakar S C, Sun K. Estimation of TFP growth:A semiparametric smooth coefficient approach[J]. Empirical Economics, 2012(43),1-24.

[56] Orea L. Parametric decomposition of a generalized Malmquist productivity index. Journal of Productivity Analysis, 2002(18):5-22.

[57] Kumbhakar S C, Lien G. Productivity and profitability decomposition:A parametric distance function approach.Acta Agriculturae Scandinavica,SectionC-Food Economics, 2009(6):143-155.

[58] Kumbhakar S C, Lozano-Vivas A. Deregulation and productivity:The case of Spanish banks[J]. Journal of Regulatory Economics, 2005, 27(3),331-351.

[59] 张毅等.考虑地区技术差距的区域物流业生产率指数研究[J].数理统计与管理, 2013, 32(6): 1100-1115.

[60] 张毅等.中国物流上市公司成本效率的收敛性[J].管理评论,2013,25(9):167-176.

[61] 张毅等.考虑区域技术差距的中国上市物流公司成本效率及其影响因素研究[J].研究与发展管理, 2011, 23(6):79-90.

[62] 张毅等.我国上市物流公司规模效率及影响因素研究[J].数理统计与管理,2013,32(3):135-144.

[63] 张毅等.考虑地区技术差距的区域物流业生产率指数研究[J].数理统计与管理, 2013, 32(6): 1100-1115.

[64] 张毅等.中国上市物流企业的多元化战略与绩效：成本效率中介作用研究[J].管理评论, 2013, 25(2):167-176.

[65] 刘秉镰,刘玉海.开放条件下中国物流市场发展现状及趋势分析[J].商业经济与管理, 2009, 209(3):14.

[66] 张少晨.专家为物流商用车行业发展支招[J].中外物流,2008(1):77.

[67] 中国经济信息网. 2009 中国物流行业年度分析报告[EB/OL].2009:20.

[68] 国务院关于印发物流业调整和振兴规划的通知[EB].中央政府门户网站, http://www.gov.cn/zwgk/2009-03/13/content_1259194.htm.

[69] Sapienza H J，E Autio，G George，S Zahra. A capabilities perspective on the effects of early internationalization on firm survival and growth[J]. Academy of Management Review,2006,31(4): 914-933.

[70] T Shehzadab，J De Haanacd，B Scholtensa. The relationship between size，growth and profitability of commercial banks[J].Applied Economics,2013,45(13):89-95.

[71] Sven-Olov Daunfeldt，Niklas Elert，sa Lang. Does Gibrat′s law hold for retailing? Evidence from Sweden[J]. Journal of Retailing and Consumer Services,2012,19(5): 464-469.

[72] Jan Bentzen，Erik Strjer Madsen，Valdemar Smith. Do firms growth rates depend on firm size?[J] Small Business Economics，2012,39(4): 937-947.

[73] 杨林岩,赵驰.企业成长理论综述——基于成长动因的观点[J].软科学,2010(7):106-110.

[74] 杜传忠,郭树龙.经济转轨期中国企业成长的影响因素及其机理分析[J].中国工业经济, 2012(11): 97-109.

[75] 杨其静.企业成长:政治关联还是能力建设?[J].经济研究,2011,10:54-66+94.

[76] 王晓辉.企业社会资本、动态能力对企业成长影响研究[D].辽宁大学,2013.

[77] 程聪.战略生态、制度创业和新创企业成长关系研究[D].浙江工业大学,2013.

[78] 张敬伟.商业模式构建视角下新企业成长过程研究[D].南开大学,2012.

[79] 龚丽敏.新兴经济背景下商业模式对企业成长的影响：中国制造企业的证据[D].浙江大学,2013.

[80] 张巍.互联网企业规模与成长是否遵循 Gibrat 定律[J]. 中央财经大学学报,2013(6): 86-90.

[81] 高宝俊. Gibrat 法则对于 C2C 网店成立吗?[J]. 南开管理评论, 2012,(2): 68-73.

[82] 李秀芳,卞小娇,安超. 寿险企业成长模型:基于 Gibrat 法则的实证检验[J]. 保险研究, 2013(3):

88-99.

[83] 邱立成,潘小春.偶然或趋势?——我国对外投资加速增长的因素分析[J]. 南开学报(哲学社会科学版),2010(6):113-118.

[84] 张秀生,刘伟. 创业板上市企业成长性影响因素研究[J]. 统计与决策,2013(15):181-183.

[85] 张福明. 企业成长与生产率、盈利能力的动态关系研究[D].上海交通大学,2011.

[86] 李洪亚,史学贵,张银杰. 融资约束与中国企业规模分布研究——基于中国制造业上市公司数据的分析[J]. 当代经济科学,2014(2):95-109+127-128.

[87] 周晓珺,陈清华. 上市公司利益相关者对财务治理效率作用机理研究——基于企业"成长场"理论[J]. 世界经济与政治论坛,2013(6):140-152.

[88] 中国物流行业分析报告（2001 年 4 季度-2009 年 1 季度）[EB].中经网统计数据库 2009.

[89] Sarkis J, Talluri S. Performance-based clustering for bench marking of US airports[J]. Transportation Research Part A 2004(38):329-346.

[90] Yoshida Y, Fujimoto H. Japanese-airport benchmarking with DEA and endogenous-weight TFP methods:testing the criticism of over-investment in Japanese regional airports[J].Transportation Research Part E ,2004(40),533-546.

[91] 张越, 胡华清. 基于 Malmquist 生产力指数的中国民用机场运营效率分析[J]. 系统工程, 2006(12).

[92] Barros C P, Dieke P U C. Performance Evaluation of Italian Airports with Data Envelopment Analysis[J].Journal of Air Transport Management.2007 (13), 184-191.

[93] Fung M K Y, Wan K K H, Hui Y V, Law J S. Productivity changes in Chinese airports 1995-2004[J]. Transportation Research Part E .2008, 44(3),521-542.

[94] 张宝友,达庆利,黄祖庆. 中国上市物流公司动态绩效评价及对策[J]. 系统工程, 2008,26(4): 6-10.

[95] 邓学平,王旭, Ada Suk Fung Ng. 我国物流企业全要素生产效率分析[J]. 系统工程, 2008, 26(6): 1-7.

[96] 贺竹磬,孙林岩我国区域物流相对有效性分析[J].科研管理,2006,l 27(6):144-150.

[97] 田刚,李南. 中国物流业技术进步与技术效率研究[J]. 数量经济技术经济研究 2009(2):76-87.

[98] 刘满芝,周梅华,杨娟. 基于 DEA 的城市物流效率评价模型及实证[J]. 统计与决策, 2009(6): 50-52.

[99] 盛昭瀚,朱乔,吴广某. DEA 理论、方法与应用[M]. 北京:科学出版社, 1996.

[100] 朱钟棣,李小平.中国工业行业资本形成、全要素生产率变动及其趋异化:基于分行业面板数据的研究[J]. 世界经济, 2005(9).

[101] 章志刚. 现代物流与城市群经济协调发展研究[D]. 复旦大学博士研究生论文, 2005.

[102] 谭清美，王子龙. 区域经济物流弹性研究[J]. 统计与决策, 2005 (5)： 56-57.

[103] 刘南, 李燕. 现代物流与经济增长的关系研究——基于浙江省的实证分析[J]. 管理工程学报, 2007(1):151-154.

[104] 宋德军, 刘阳. 产业发展阶段与物流业和谐发展研究——以中国绿色食品产业为例的实证及检验[J]. 中国软科学, 2008(1):49-56.

[105] 郑毓盛, 李崇高. 中国地方分割的效率损失[J]. 中国社会科学, 2003(1):64-72.

[106] 胡向婷, 张璐. 地方保护主义对地区产业结构的影响[J]. 经济研究, 2005(2):102-112.

[107] 于良春, 付强. 地区行政垄断与区域产业同构互动关系分析——基于省际的面板数据[J]. 中国工业经济, 2008(6):56-66.

[108] 余东华. 地区行政垄断、产业受保护程度与产业效率——以转型时期中国制造业为例[J]. 南开经济研究, 2008(4):86-96.

[109] 杨蓦, 刘华军. 中国烟草产业行政垄断及其绩效的实证研究[J]. 中国工业经济, 2009(4):51-61.

[110] Hill, Charles W L. Differentiation versus low cost or differentiation and low cost: A contingency framework[J]. Academy of Management Review, 1988,13(3):401-412.

[111] Alamdari F, Fagan S. Impact of the Adherence to the Original Low-cost Model on the Profitability of Low-cost Airlines [J].Transport Reviews, 2012, 25 (3):377-392.

[112] Miller D, P H Friesen. Porter's Generic Strategies and Performance: an Empirical Examination with America Data (Part I: Testing Porter) [J]. Organization Studies, 1986(1):37 -55.

[113] Miller D, P H Friesen. Porter's Generic Strategies and Performance: an Empirical Examination with America Data (Part II: Performance Implications) [J]. Organization Studies, 1986(3): 255-261.

[114] Parker B, M M Helms. Generic Strategies and Firm Performance in a Declining Industry[J]. Management International Review, 1992, 32(1):23 - 39.

[115] Campbell-Hunt, Colin. What have we learned about generic competitive strategy? A meta-analysis[J]. Strategic Management Journal,2000,21(2):127-154.

[116] Spanos, Yiannis E, Zaralis George, Lioukas Spyros. Strategy and industry effects on profitability: evidence from Greece [J]. Strateg Manage Journal,2004, 25(2):139-165.

[117] 蔺雷, 吴贵生. 我国制造企业服务增强差异化机制的实证研究[J]. 管理世界, 2007(6): 103-113

[118] 刘睿智, 胥朝阳. 竞争战略、企业绩效与持续竞争优势——来自中国上市公司的经验证据[J]. 科研管理, 2014(11):36-43.

[119] Philip L Little, Beverly L Little, David Coffee.The Du Pont model: evaluating alternative strategies in the retail industry[J].Academy of Strategic Management Journal. 2009, 8:71-80.

[120] Sum C C, Teo C B. Strategic posture of logistics service providers in Singapore[J], International Journal of Physical Distribution & Logistics Management, 1999,29(9): 588-605.

[121] Yeung J, Selen W, Sum C C, Huo B. Linking financial performance to strategicorientation and operational priorities: an empirical study of third-party logistics providers[J], International Journal of Physical Distribution & Logistics Management, 2006, 36(3): 210-30.

[122] Qiang Wang, Kenneth Zantow, Fujun Lai, et.al. Strategic postures of third-party logistics providers in mainland China[J]. International Journal of Physical Distribution & Logistics Management, 2006, 36(10):793-819.

[123] Hambrick D, MacMillan I, Day D. Strategic Attributes And Performance In The BCG Matrix-A PIMS-Based Analysis Of Industrial Product Businesses[J]. Academy of Management Journal, 1982, 25(3):510-531.

[124] Min H, Joo S J. Benchmarking the operational efficiency of third party logistics providers using data envelopment analysis [J]. Supply Chain Management: An International Journal, 2006, 11(3): 259-265.

[125] 张宝友、达庆利、黄祖庆.中国上市物流公司动态绩效评价及对策[J].系统工程,2014,26(4):6-10.

[126] 邓学平,王旭,Ada Suk Fung Ng. 我国物流企业全要素生产效率分析[J].系统工程. 2014, 26(6): 1-7.

[127] 邓学平,王旭,Ada Suk Fung Ng.我国物流企业生产效率与规模效率[J].系统工程理论与实践. 2009, 29(4):34-42.

[128] 匡海波.基于超效率 CCR-DEA 的中国港口上市公司成本效率评价研究[J].中国管理科学, 2007, 15(3): 142-148.

[129] Shao Wei Lam, Joyce M W Low, Loon Ching Tang. Operational Efficiencies across Asia Pacific Airports[J]. Transportation Research Part E, 2009(45): 654-665.

[130] 龙昊. 分析报告：明年将会是物流类上市公司崛起 [EB].http://finance.sina.com.cn/roll/ 20031210/0902555200.Shtml. 2003.12

[131] 朱羽,高露.中集低成本打造世界级企业[N].经济参考报, 2002-11-06.

[132] 宋维明.中集集团战略行为描述报告 [EB/OL]. 北京林业大学精品课程管理学案例库，http:// jwc.bjfu.edu.cn/jpkch/2004/glx/zixinganliku/q14.htm.

[133] CIO 发展中心. "走近比亚迪"研讨会会后追踪报道[EB] http://www.ileader.com.cn/html/2009/ 9/7/22595.htm 2009.9.

[134] 迟国泰,孙秀峰,芦丹.中国商业银行成本效率实证研究[J].经济研究,2012(6):104-114.

[135] 刘志迎,孙文平,李静.中国财产保险业成本效率及影响因素的实证研究[J].金融研究,2007(4): 87-99.

[136] 杨大强,张爱武.1996-2012 年中国商业银行的效率评价——基于成本效率和利润效率的实证分析[J].金融研究,2007(12):102-112.

[137] 姜帆.基于 DEA 新成本效率方法的我国商业银行效率实证研究[D]. [硕士学位论文].合肥：合肥工业大学.

[138] 刘玲玲,李西新.中国商业银行成本效率的实证分析[J].清华大学学报,2006,46(9):1613-1614.

[139] Lee, Jongho. A Study on the Effects of Satisfaction,Trust and Reuse Intention of Logistics Service Quality by Delivery Agency in China[J]. KoreaLogisticsReview, 2016, 26(1):51-62.

[140] NachiappanSubramanianetal. Customer satisfaction and competitiveness in the Chinese E-retailing: Structural equation modeling(SEM) approach to identify the role of quality factors[J]. Expert Systems with Applications, 2014, 41(1):69-80.

[141] Yu, Wantaoetal. The effects of supply chain integration on customer satisfaction and financial performance[J]. International Journal of Production, 2013, 146(1):346-358.

[142] Yang Hao xiong etal. Research on the Customer Satisfaction Evaluation System of the Third Party Logistics Enterprises[J]. Management review, 2015(1):181-193.

[143] Ltifi, Moezetal.The Effect of Logistics Performance in Retail Store on the Happiness and Satisfaction of Consumers. Procedia Economics and Finance, 2014(23):1347-1353.

[144] Yeo Gitaeetal. An Analysis of Port Service Quality and Customer Satisfaction The Case of Korean Container Ports[J]. The Asian Journal of Shipping and Logistics, 2015,31(4):437-447.

[145] WuZhonghua. The Customer Satisfaction and Loyalty of the Third Party Logistics Company-based on the Research of the Psychological Contract[J].China's Circulation Economy, 2014(5): 101-105.

[146] Gol, Jong, Yuncholetal. Generalized Hybrid Grey Relation Method for Multiple Attribute Mixed Type Decision Making[J]. Journal of Grey System, 2014,26(2):142-153.

[147] Xie Naimingetal. Grey Number Sequence Forecasting Approach for Interval Analysis: A case of China's Gross Domestic Product Prediction[J]. Journal of Grey System, 2014,26(1):45-58.

[148] Yuan Chaoqingetal. Comparison of China's primary energy consumption forecasting by using ARIMA (the autoregressive integrated moving average)model and GM(1,1) model[J]. Energy, 2016(100):384-390.

[149] Yuan Chaoqingetal. Proximity and Similitude of Sequences Based on Grey Relational Analysis[J]. Journal of Grey System, 2014,26(4):57-74.

[150] Zeng Fanhuietal. A Hybrid Model of Fuzzy Logic and Grey Relation Analysis to Evaluate Tight Gas Formation Quality Comprehensively[J]. Journal of Grey System, 2015,27(3):87-98.

[151] Zhangyi. Grey Relational Analyzing Freight Volume of Various Industries In Nanjing. The Journalof Grey System, 2010,22(3):239-249.

[152] 丁俊发.《中国物流》[M].北京:中国物资出版社,2007:329.

[153] 丁俊发.《物流业调整和振兴规划》出台的背景与意义[EB/OL].中国物流与采购网, (2009-04-24) [2015-11-15].http://www.chinawuliu.com.cn/xsyj/200904/24/140838.shtml.

[154] 周建敏.日本物流立法及其启示[J].商业时代,2011(10):29-30.

[155] 刘斌.放松管制与可持续发展——日本物流政策法规研究[J].上海商业，2002(2).

[156] 孙前进. 政府在物流业发展中的重要作用——介绍日本政府引导和推动物流业发展出台的主要政策及措施[J]. 中国物流与采购, 2003(20):44-46.

[157] 堀江正弘,孙前进. 日本物流政策的演变——以《综合物流政策实施大纲》为中心[J]. 中国流通经济, 2010(10):4-7.

[158] 野尻俊明,李晓晖. 关于日本综合物流施策大纲的研究[J]. 中国流通经济,2014(1):24-26.

[159] 姜旭. 关于日本物流四个《综合物流施策大纲》的研究[J]. 中国流通经济,2010(9):26-29.

[160] 丘建华,李舜萱.美国物流对发展我国物流业的几点启示[J]. 北京交通管理干部学院学报, 2004(3): 12-15.

[161] 王佐.美的物流相关产业政策研究——略论美国运输管制政策的演变(二)[J]. 空运商务, 2006(9):32-35.

[162] 宋玉萍. 美国物流法律制度分析[J]. 中国物流与采购,2008,20:66-67.

[163] 中国物流与采购联合会.进展与差距——《关于"物流国九条"政策落实情况的调查报告》节选[J]. 中国物流与采购,2012(8):36-42.

[164] 夏春玉. 中国物流政策体系:缺失与构建[J]. 财贸经济,2004(8):45-50+96.

[165] 任志鹏. 国内外物流管理体制和产业政策研究[D].上海海事大学,2007.

[166] 陈金涛,颜南. 美日物流法律制度比较及对我国的启示[J]. 中国市场,2008(15):16-17.

[167] 何立居. 西方政府物流管理体制的特点及其对我国的借鉴意义[J]. 商场现代化, 2005(28): 150-151.

后　记

这本书总结了我多年来的研究成果，字里行间记录着我这些年来科研工作的点点滴滴。而书稿的编写与整理过程也是我对自己科研历程的梳理和回忆过程。此刻，看着即将完成的书稿，记忆里的时光琴弦缓缓拨动，往事历历在目，内心感慨良多。

紫金山麓，金陵御园。博士三年，一段难忘的求学经历，在如诗如画的南航校园，我结识了许多学识渊博且可爱的人。求学之路是艰辛和坎坷的，我为此付出了极大的心血，期间有过彷徨和痛苦，但也得到了数不尽的关爱和帮助。在此感谢所有支持和引导我的师长和同学。正是你们的支持与帮助让我养成了良好的科研习惯，具备了一名科研人员应有的素质。

博士毕业，我走出学校又回到学校，在科研上，我始终保持着勤恳踏实的态度。数不清有多少次改稿子改到深夜，也数不清有多少次为了科研吃住在学校。在太原理工大学的这些年，经济管理学院严谨的学术态度和浓厚的学术氛围让我获益良多。同时，我在科研方面的成绩离不开学院领导和同事对我的关怀与支持，在此特别感谢经济管理学院牛冲槐院长、栗继祖教授对我的关怀与指导，感谢工商管理系各位同事对我的支持与帮助。

科研过程是辛苦的，也是快乐的，因为有许多学识渊博且可爱的人相伴，尤其是我那三位可爱的学生。在此感谢特别王华、韩志勇、张一丁三位研究生在本书校对和排版过程中的辛勤工作，以及长期以来对我工作的支持，希望你们能青出于蓝而胜于蓝，在今后的求学及科研生涯中走得更远。

　　虽然是多年科研成果的总结，但鉴于本人水平有限，书中错误和疏漏之处还请各位读者批评指正，你们的意见与建议是我最宝贵的财富！最后对书中所引用参考文献的作者表示深深的谢意！正是站在你们坚实的肩膀上，我才能摘取到新的科研果实。成绩属于所有帮助过我的人！

张　毅

2016 年 3 月 22 日于太原